Günter Harnisch

Das große Traumlexikon

Günter Harnisch

Das große Traumlexikon

Über 1500 Traumsymbole von A bis Z
psychologisch gedeutet

AIRA

MIX
Papier aus verantwortungsvollen Quellen
FSC® C019821
www.fsc.org

Neuausgabe 2013
Bisheriger Titel: Das große Traumlexikon

www.herder.de

www.aira-verlag.de
Umschlagkonzeption: Guter Punkt, München
Umschlagmotiv: Doreen Salcher / shutterstock

Druck und Bindung: Druckerei C. H. Beck, Nördlingen
Printed in Germany
ISBN 978-3-95474-105-2

Inhalt

*Ein ungedeuteter Traum
gleicht einem ungelesenen Brief.*

AUS DEM TALMUD

Vorwort zur dritten Auflage

Das große Traumlexikon hat seinen Weg zu den Lesern gefunden. Die beiden ersten Auflagen waren schon nach kurzer Zeit vergriffen. Verlag und Autor haben sich deshalb entschlossen, eine überarbeitete und auf mehr als 1400 Stichwörter erweiterte Neuauflage herauszubringen. Dabei sind vor allem neue Ergebnisse der Traumforschung und in der Zwischenzeit hinzugewonnene Erfahrungen des Autors aus seiner therapeutischen Traumarbeit berücksichtigt worden.

Die meisten archaischen Traumsymbole gehören zum jahrtausendealten Wissen der Völker. Die sprunghafte technische Entwicklung der Neuzeit und die mit ihr verbundenen Veränderungen im Weltbild der Menschen nehmen darin nur eine winzige Zeitspanne ein. Obwohl unser Unbewußtes extrem langsam auf Zeitströmungen und auf veränderte Lebensbedingungen reagiert, zeigen sich neuerdings doch erste Veränderungen in der Beschaffenheit der Traumbilder. Während die Menschen beispielsweise früher einige ihrer Ängste in Traumsymbolen von drachenartigen Ungeheuern ausdrückten, wählt das Unbewußte der modernen Menschen inzwischen immer öfter Bilder von gepanzerten Raupenfahrzeugen oder von Baggern, um diese gleichen Ängste auszudrücken. Solche Veränderungen spürt das große Traumlexikon in seiner Neubearbeitung verstärkt auf und deutet sie.

Immer mehr Menschen in unserer Zeit erkennen, daß die Tagseite ihrer Persönlichkeit längst nicht alles ist. Auf der Suche nach ihrem persönlichen Weg begegnen sie ihrer Nachtseite, ihren Intuitionen, Ahnungen, Wünschen und Ängsten in ihren Träumen. Sie lernen auf diese Weise immer besser, sich selbst wie in einem Spiegel zu sehen, sich anzunehmen und bewußter zu leben – mit all den vielfältigen hellen und dunklen, offenen und verborgenen Seiten ihrer Persönlichkeit. Für sie vor allem ist dieses Buch als Hilfe auf ihrem Weg gedacht.

Steinfurt, im Januar 1993 Dr. Günter Harnisch

Vorwort zur fünften Auflage

Inzwischen erscheint das große Traumlexikon in der fünften Auflage. Sie ist vollkommen überarbeitet und um wichtige Traumsymbole, die in den Träumen moderner Menschen wiederkehren, erweitert worden. Die neuesten Ergebnisse der Traumforschung sind berücksichtigt. Aus den Erfahrungen mit der therapeutischen Traumarbeit heraus ergaben sich bei der Deutung einiger Symbole Ergänzungen. Verlag und Autor hoffen, ihren Leserinnen und Lesern auf diese Weise noch genauere Hilfen für ihre Traumarbeit auf dem Weg zu sich selbst geben zu können.

Warendorf-Einen, im Januar 1996 Dr. Günter Harnisch

Hinführung zur Traumarbeit

1. Der Sinn unserer Träume

Zu allen Zeiten hat die lebhafte, oft bizarre Bilderwelt der Träume die Menschen fasziniert. Zwar vergessen wir die meisten Trauminhalte sofort wieder. Doch die wenigen, die wir in unser Tagesbewußtsein hinüberretten, sind oft außerordentlich ausdrucksstark. Immer wieder versuchen Menschen daher, die Botschaft ihrer Träume zu entschlüsseln.
In biblischer Zeit hielt man Träume für prophetische Ankündigungen bestimmter Ereignisse. Gott sprach mit den Propheten durch Träume und Visionen. Die Deutung der Träume gewann an Gewicht. Die großen Traumdeuter der Bibel, Josef und Daniel, sind eher intellektuelle Berater als Mystiker. Sie verstanden es, Träume zum Nutzen ihrer Herrscher zu interpretieren. Die Indianer in Nordamerika betrachteten ihre Träume als Visionen einer anderen Wirklichkeit, die für sie parallel zur Wach-Welt bestand. Ähnlich verstand man in China die Träume. Man gab ihnen hohe Erlebnisqualität und erlebte sie als so außerordentlich intensiv, daß man sich die Frage stellte: Was ist denn nun die eigentliche Wirklichkeit, der Traum oder das im Wachzustand Erlebte? – Ein alter Text aus China beschreibt diese schwebende Ungewißheit zwischen Traum und Wirklichkeit auf eindrucksvolle Weise:

Einmal träumte ich, daß ich ein Schmetterling sei, hin und her taumelnd, wie ein Schmetterling es tut. In meinem Bewußtsein war ich ganz und gar ein Schmetterling und hatte keine Empfindung mehr für meine Existenz als Mensch. Plötzlich wachte ich auf, und da lag ich, wieder ich selbst. Und nun weiß ich nicht, ob ich ein Mensch gewesen war, der träumte, er sei ein Schmetterling, oder ob ich jetzt ein Schmetterling bin, der träumt, er sei ein Mensch.

Sehr viel nüchterner sah Sigmund Freud in den Träumen einen Hinweis auf verborgene Wünsche des Schlafenden, die im Wachzustand unterdrückt und dann nachts im Traum befriedigt werden. Träume waren für ihn der „Königsweg zum Unbewußten". C. G. Jung ging davon aus, daß der Traum eine Ebene der Kommunikation zwischen dem Bewußten und dem

Unbewußten darstellt. Einige moderne Forscher aus Amerika sehen Träume als mehr oder weniger zufällige Nebenprodukte des Gehirns im Schlaf an. Sie messen ihnen wenig tiefere Bedeutung zu. Dabei muß aber berücksichtigt werden, daß bei wissenschaftlichen Untersuchungen solcher Art heute die Blickrichtung oft einseitig stark auf bestimmte Seiten eines Problems gerichtet ist. Darüber geht eine ganzheitliche Sicht verloren. Viele *auch* vorhandene Erscheinungsformen des untersuchten Problems geraten schlichtweg aus dem Blickfeld.

Traum und Schlaf

Einigkeit besteht in der Wissenschaft inzwischen darüber, daß der Schlaf eines jeden Menschen jede Nacht in fünf verschiedenen Stufen abläuft. Die wichtigste ist die REM-Phase (Rapid Eye Movements). Sie hat ihren Namen nach den schnellen Augenbewegungen bekommen, die man bei den Schlafenden feststellen konnte. In den sich jede Nacht wiederholenden REM-Phasen treten verstärkt Träume auf. Die im EEG (Elektroenzephalogramm) meßbaren Gehirnströme sind dann den Mustern des Wachzustandes sehr ähnlich. Aber auch in den anderen Schlafphasen, die man als Nicht-REM-Schlaf bezeichnet, kommen Träume vor. Sie unter scheiden sich allerdings in ihrer Beschaffenheit von den typischen Träumen der REM-Phasen. Sie haben nicht den in fortgesetzten Handlungsabläufen erzählenden, oft unlogischen, halluzinationsähnlichen Charakter. Ein Erwachsener erlebt in jeder Nacht etwa eineinhalb bis zwei Stunden REM-Schlaf, der sich mit Abständen von rund 90 Minuten auf etwa vier bis fünf Schlafperioden verteilt. Die REM-Phasen werden im Laufe der Nacht immer länger. Anfangs dauern sie nur etwa zehn Minuten. Am Ende einer Nacht sind sie dreißig oder mehr Minuten lang. Die längste Traumphase erleben wir gewöhnlich kurz vor dem Erwachen. An die Träume aus diesem Zeitabschnitt erinnern wir uns meist nach dem Erwachen noch am besten. Aber auch ihren Inhalt vergessen wir im allgemeinen schnell, oft schon nach einer Änderung unserer Lage im Bett oder spätestens nach dem Aufstehen.

2. Wovon wir träumen

Die Träume der Erwachsenen

Amerikanische Traumforscher haben Tausende von Traumberichten gesammelt und ausgewertet*. So ergab sich ein bemerkenswerter Überblick über die häufigsten Traumthemen und -inhalte. Auf Grund dieser Untersuchungen läßt sich heute ziemlich genau sagen, wovon die Menschen – in Amerika – träumen.
In den Träumen der Frauen bestimmen mehr Gefühle und familiäre Inhalte das Geschehen als in den Träumen der Männer. Beide Geschlechter kommen in ihnen gleich oft vor. Männer träumen dagegen öfter von anderen Männern, von Aggressionen, Unglück und Ehrgeiz. Ganz allgemein ist häufigstes Traumthema der Erwachsenen die Familie (44 Prozent), und überwiegend handelt der Traum von der gegenwärtigen Familie des Träumenden, seltener von seinem Elternhaus. Wer seine Träume über längere Zeit aufmerksam beobachtet, weiß jedoch, daß Überschneidungen und Verschränkungen zwischen familiärer Gegenwart und Vergangenheit häufig vorkommen. Die Wurzeln für alle unsere sozialen Reaktionsmuster und Probleme reichen eben meist weit in die Kindheit zurück. In 29 Prozent der Träume kommen gefährdete Angehörige vor. Die Träumenden sehen sie verletzt, bedroht, sterbend oder tot. In acht Prozent der Träume werden die Träumenden verfolgt oder angegriffen. Sechs Prozent handeln vom Beruf, fünf Prozent vom Fallen, von Stürzen; ein Prozent handelt vom Essen, ein bis sechs Prozent von sexuellen Aktivitäten. Ort der Handlung ist in 33 Prozent der Träume das Zuhause, meist das Wohnzimmer. Bei 15 Prozent spielen sich die Träume in Verkehrsmitteln ab, bei zehn Prozent auf der Straße und auf Plätzen, bei weiteren zehn Prozent auf Parties, am Strand, bei Vergnügungen. Meist gehen und sprechen Menschen in ihren Träumen. Und fast immer tritt außer dem Träumenden selbst noch eine weitere Person auf; bei 33 Prozent kommen zwei oder mehr Personen vor, meist Verwandte oder Bekannte. Unglück, Mißgeschick, Mißerfolg (46 Prozent) sind weit häufiger als Erfolg (17 Prozent). An Gefühlen überwiegen: Angst (14 Prozent), Wut (10 Prozent), Überraschung (10 Prozent), Freude (7 Prozent), Traurigkeit (5 Prozent), Scham (1 Prozent). Insgesamt kommen unangenehme

*Calvin Hall/Vernon Nordby: The Individual and His Dreams, New York 1972.

Empfindungen weit häufiger vor als angenehme. Geschlecht und Alter bestimmen den Inhalt der Träume entscheidend, während Bildungsniveau, Rassen- und Schichtenzugehörigkeit fast gar keine Rolle spielen.

Zwar gibt es Träume voll gewaltiger archaischer Gefühle. Doch sie sind selten. Oft fehlen den Träumenden Gefühle, obwohl sie vom Geschehen her eigentlich zu erwarten wären. So hat sich beispielsweise ein Träumender, der in seinem Traum die Nachricht erhielt, er solle verbrannt werden, selbst gewundert, wie wenig ihn diese Nachricht berührte. (Verbrennen muß im Traum eben nicht immer gleich die totale Existenzvernichtung bedeuten.) Die meisten Gefühle entsprechen in ihrer Intensität ungefähr unseren wirklichen Gefühlen. Manchmal sind sie flacher.

Die Themen, Gestalten, Schauplätze und Requisiten unserer Träume stammen meist mitten aus dem gewöhnlichen Alltag. Wir verändern zwar die Realität in unseren Träumen. Aber wir erfinden sie selten ganz neu. Ihren typischen bizarren Charakter erhalten die Träume in erster Linie durch ihre unlogischen abrupten Szenenverwandlungen.

Lange Zeit hat man geglaubt, Träume seien Sache eines Augenblicks, auch wenn sie dem Träumenden noch so lange vorkämen. Diese Ansicht geht zurück auf den französischen Arzt Alfred Maury, der 1853 in seinem Buch „Schlaf und Traum" von einem Traum „so lang wie ein Roman" berichtet. Dieser Traum führt ihn durch die Französische Revolution vor ein Tribunal und schließlich auf die Guillotine. In dem Augenblick, als das Fallbeil herabsauste, erwachte er und stellte fest, daß ihm der Baldachin seines Bettes auf den Hals gefallen war. Also, schloß er, mußte sich der ganze Traum zwischen dem Sturz des Baldachins und dem Erwachen abgespielt haben. Wahrscheinlich traf dieser Schluß nicht zu. An den vielen Träumenden, die man inzwischen in Schlaflabors beobachten konnte, hat sich gezeigt, daß die Träume im gleichen Tempo wie Tagesphantasien ablaufen. Die Länge des Traumberichts entspricht der jeweils verflossenen REM-Zeit.

Bis heute umstritten ist in der Traumforschung, ob die Träume einer Nacht in Beziehung zueinander stehen. Die amerikanische Traumforscherin Rosalind Cartwright ist der Meinung, alle Träume einer Nacht bilden eine Einheit, eine Art Drama in fünf Akten. In jeder REM-Phase spiele ein Akt. Im ersten werde das Problem des letzten Tages rekapituliert und das Thema der ganzen Traumfolge angeschlagen. Akt zwei und drei gingen zurück in die Vergangenheit und wie derholten frühere Szenen zum gleichen Thema. Akt vier greife in die Zukunft vor. Der fünfte und letzte Akt fasse schließlich alle Fäden zu einer Schlußkomposition zusammen.

Bislang läßt sich nicht beweisen, ob diese These richtig oder falsch ist. In meiner eigenen therapeutischen Arbeit mit Menschen, die sich gut an ihre Träume erinnern konnten, finde ich immer wieder bestätigt, daß intensive Tagesprobleme oder stark aufflackernde Konflikte sämtliche Träume einer Nacht beherrschen. Vordergründig gesehen, spielt sich die Handlung dieser Träume in voneinander vollkommen verschiedenen Bildszenen ab. Aber bei der gemeinsamen Arbeit an der Deutung der Träume zeigt sich immer wieder recht schnell, daß zwischen den Träumen einer Nacht eben tatsächlich ein thematischer Zusammenhang besteht, der die einzelnen Träume wie ein roter Faden durchzieht. Doch für einen schlüssigen wissenschaftlichen Beweis reichen diese Beobachtungen aus der therapeutischen Praxis einstweilen nicht aus. Möglicherweise werden sich weitere Aufschlüsse durch die Arbeit der Traumlaboratorien ergeben, wo man die Träumenden sofort nach jeder REM-Phase aufwecken und den Inhalt jedes Traumes sogleich festhalten kann.

Die Träume der Kinder

Seit die Forschung in der Lage ist, die einzelnen Traumphasen anhand der typischen Augenbewegungen im Schlaf und der eindeutigen Gehirnstrommuster zu messen, läßt sich ziemlich sicher sagen: Bereits Säuglinge im Alter von sechs bis acht Monaten träumen. Selbst bei Kindern im Mutterleib hat man geraume Zeit vor der Geburt REM-Phasen messen können, die fast ihre gesamte Schlafenszeit über andauerten und auf eine erhöhte Hirnaktivität hindeuten, wie wir sie von den Träumen älterer Kinder und Erwachsener her kennen. Man nimmt deshalb an, daß auch der Fötus seine Träume hat. Sie sind nur anders beschafften als unsere, bruchstückhafter und sehr wahrscheinlich noch weit ungeordneter als die Träume älterer Kinder.

Eine Untersuchung an 3394 Schulkindern in Amerika hat ergeben, daß Mädchen im allgemeinen über mehr Träume berichten als Jungen. Diese Untersuchung wirft einige Fragen auf, die

die Forschung bisher nicht hat beantworten können: Fällt es Jungen grundsätzlich schwerer, Zugang zu ihren Träumen zu finden? Spielen Erziehungseinflüsse hierbei eine Rolle? Oder halten Jungen es einfach für „unmännlich", sich mit ihren Träumen zu beschäftigen?

Kinder (in Amerika) zwischen drei und vier Jahren träumen kaum je von ihren Eltern; wenn überhaupt von Menschen, dann träumen sie eher von ihren Geschwistern. Dagegen spielen Tiere eine große Rolle in ihren Träumen. Sie kommen in 33 bis 45 Prozent ihrer Träume vor. Meine eigenen Untersuchungen an 582 deutschen, zwischen sechs und zehn Jahre alten Schulkindern* bestätigen zunächst einmal, daß Mädchen rund zehn Prozent mehr Träume erzählten als Jungen. Von ihrem Inhalt her überwogen bei Jungen und Mädchen Angstträume mit 67 Prozent gegenüber 28 Prozent Wunschträumen und fünf Prozent Träumen mit neutralem Inhalt. 36 Prozent der Angstträume nahmen am Schluß eine positive Wendung. Der weit überwiegende Teil der Angstträume handelte von Verfolgung, Bedrohung und Vernichtung durch Indianer, schwarze Männer, Gespenster, Räuber, Feuer, Wasser, gefährliche Tiere wie Gorillas, Haie, Drachen, Krokodile, Löwen sowie durch Autos und Bagger. Häufig richtete sich die Gefahr dabei nicht nur gegen das träumende Kind selbst, sondern zugleich gegen seine Geschwister oder die ganze Familie. Die Wunschträume waren vorwiegend durch Rollen bestimmt, die die Kinder gern spielen möchten: Prinz, Prinzessin, Indianer, Häuptling, Mann in der Fernsehsendung mit der Maus, Soldat, Seeräuber, Seejungfrau; auch durch jüngere Geschwister, die sie sich wünschten, und durch Spielzeugwünsche (Zum Beispiel: ein großes Platzpatronengewehr, ein kleines hab' ich schon; oder wiederholt: Ich hab' eine Schatztruhe gefunden).

3. Die Bildersprache der Träume

Der moderne Mensch hat viel von der Sprache seiner Gefühle vergessen, solange er wach ist. Im Schlaf, in seinen Träumen aber spricht er diese Sprache noch. Es ist die gleiche Sprache, die die Völker seit Jahrtausenden in ihren Mythen und Märchen sprechen. Nur haben wir in unserer abendländischen Kultur verlernt, sie zu verstehen, seit wir uns voll und ganz und einsei-

*Günter Harnisch: Träume lösen Lebenskrisen. Freiburg i.Br. 1985, 18ff.

tig dem rationalen technisch-naturwissenschaftlichen Denken verschrieben haben, in dem die Sprache unserer Träume keinen Platz mehr hat. Wir zahlen einen hohen Preis für allen unseren naturwissenschaftlich-technischen Fortschritt – so hoch, daß er uns selbst immer unheimlicher zu werden beginnt. Wir zahlen durch eine Verkümmerung und Verarmung unserer Gefühlswerte. Sie führt dazu, daß immer mehr Menschen in den westlichen Industrienationen mit ihrer scheinbar selbst gewählten Lebensform scheitern, in der letztlich nur ihr Funktionieren gefragt ist und sonst nichts.

Für Menschen vergangener Zeiten, die in den großen Kulturen des Ostens und des Westens lebten, gab es solche Probleme kaum. Sie lebten trotz aller Bedrohung durch Hunger, Not, Kriege und Krankheiten weit stärker in Einklang mit sich selbst. Für sie gehörten Mythen und Träume zu den bedeutendsten menschlichen Ausdrucksformen, mit deren Botschaft man sich intensiv auseinandersetzte. „Die Mythen und Märchen sind die Träume der Völker", hat C. G. Jung einmal gesagt. Natürlich ist die lebendige Auseinandersetzung mit ihnen nicht das Heilmittel schlechthin gegen alle Übel unserer Zeit. Aber: Versuchen wir, die Sprache unserer Träume wieder zu verstehen, so erhalten wir Zugang zu Schichten unserer Persönlichkeit, die im Begriff sind, kollektiv verschüttet zu werden. Die Symbolsprache der Träume ist die einzige Fremdsprache, die jeder von uns lernen sollte. Wenn wir sie nicht verstehen, verlieren wir den Kontakt zu einem großen Teil von dem, was wir in all den Stunden wissen und sagen, in denen wir nicht damit beschäftigt sind, die Außenwelt zu beherrschen – so Erich Fromm.

Unsere Träume haben eine besondere Eigenart. Sie sprechen in Symbolen, das heißt: Die Bilder, die wir in unseren Träumen sehen, stehen stellvertretend für das, was sie uns mitteilen wollen. Wenn wir beispielsweise von Feuer träumen, so bedeutet das eben nicht nur Feuer im realen Sinne, sondern Feuer in der Traumsprache – das kann etwas Abenteuerliches, Aufregendes, Leidenschaftliches sein, aber auch Bedrohung, Vernichtung, Gefahr. Wie der Begriff Feuer in unserem Wachbewußtsein unterschiedliche Gefühle auslöst, je nachdem ob wir das Feuer im Kamin beobachten oder uns einem Waldbrand ausgesetzt sehen, so können wir das Bild „Feuer" im Traum nur aus seinem Zusammenhang heraus verstehen, in dem es auftaucht. Dieser Zusammenhang kann aber bei jedem Menschen je nach seinen bisherigen Vorerfahrungen andere Vorstellungen und Gefühle auslösen. Während für einen geübten Schwimmer das Traumbild „Wasser" vielleicht die Vorstellung von unbegrenzter Freiheit, Lebensfreude, Frieden auslöst, kann dasselbe Traumbild für den Nichtschwimmer äußerste Lebensbedrohung, Chaos bedeuten. Die Bedeutung eines Traumbildes läßt sich also jeweils nur aus dem gesamten Zusammenhang heraus verstehen, in dem es auftritt. Dazu gehören alle bisherigen Erfahrungen des Träumenden. Nur unter diesen Voraussetzungen ist eine für den Träumenden persönlich gültige Traumdeutung möglich. Manche Symbole bedeuten allerdings, wie C. G. Jung herausgefunden hat, für eine große Zahl von Menschen Gleiches oder Ähnliches, selbst wenn sie aus den unterschiedlichsten Kulturkreisen stammen. Der Grund liegt darin: Vielen Dingen haftet eine über Völker-, Zeit- und Kulturgrenzen hin allgemeingültige, oft archetypische Symbolik an, die die Menschen in ihren Träumen übernehmen. Das überrascht nicht allzu sehr, wenn wir bedenken, daß sich ja auch in den Märchen – sie sind den Träumen eng verwandt – vieler Völker auffallende Ähnlichkeiten finden, selbst wo diese Völker nachweislich niemals in Berührung miteinander gekommen sind.

4. Jeder kann seine Träume im Gedächtnis behalten

Manche Menschen sagen: „Das ist ja alles gut und schön. Aber wenn ich morgens erwache, habe ich alle Träume vergessen." Wenn Sie zu ihnen gehören, so müssen Sie sich damit keineswegs abfinden. Träume zu behalten läßt sich trainieren.
Das Traum-Erinnerungsvermögen ist in erster Linie Sache der Gewohnheit. Jeder kann es lernen. Wichtig ist unsere persönliche Einstellung zu unseren Träumen. Lassen Sie uns Wert legen auf unsere Träume. Schieben wir keinen einzigen von ihnen achtlos beiseite, auch wenn wir zunächst der Meinung sind, er enthalte keine verständliche Botschaft, oder wir hätten ihn ohnehin nur bruchstückhaft im Gedächtnis behalten. Akzeptieren wir unsere Träume so, wie sie sind, gleich ob sie uns fremd, albern, bruchstückhaft oder konfus erscheinen. Immer sind unsere Träume Teile von uns selbst, auch wenn sie ihre Botschaft manchmal nur zögernd hergeben mögen.
Nehmen Sie sich vor dem Einschlafen fest vor, daß Sie sich an Ihre Träume erinnern wollen. Wiederholen Sie sich diesen Vorsatz autosuggestiv immer wieder: Heute nacht will ich mich

an meine Träume erinnern. Erinnern Sie sich sofort beim Erwachen an diese Autosuggestion. Jedesmal, wenn Sie spontan erwachen, wachen Sie aus einem Traum auf. Der letzte Traum am Morgen aber ist der längste in der ganzen nächtlichen Serie. Er dauert oft 30 bis 45 Minuten und liefert Ihnen viel Traummaterial, das Sie behalten können.

Günstig ist es, wenn Sie nicht durch einen Wecker geweckt werden, sondern Ihre Schlafzeit so einrichten können, daß Sie von selbst erwachen, weil so der natürliche Abschluß einer Traumphase nicht abgebrochen wird.

Bleiben Sie nach dem Erwachen zunächst mit geschlossenen Augen liegen. Lassen Sie die Traumbilder noch einmal an sich vorübergleiten. Oft genügt schon das kleinste Bruchstück Ihres letzten Traumes, um die ganze Traumserie der Nacht oder doch wesentliche Teile ins Gedächtnis zurückzuholen. Bleiben Sie still liegen, und denken Sie jetzt noch nicht an alle die Probleme und Vorhaben, die der neue Tag für Sie bereithält.

Schon fünf Minuten nach dem Erwachen erlöschen die meisten Traumeindrücke, wenn wir sie nicht sofort in unserem Gedächtnis festhalten. Nach zehn Minuten sind die Bruchstücke unserer Träume nahezu oder ganz verlorengegangen. Die Schlafforschung konnte das überzeugend nachweisen, indem man Schlafende zu vier verschiedenen Zeiten aufweckte:

1. Mitten in einer REM-Phase: Die geweckten Schläfer berichteten von einer sich eben abspielenden Traumhandlung.
2. Bei einer starken Körperbewegung unmittelbar nach einer REM-Phase: Die Versuchspersonen erzählten vollständige, lebhafte und fest umrissene Träume.
3. Erst fünf Minuten nach Beendigung einer REM-Phase: Die Schläfer erzählten nur unklare Bruchstücke von Traumerlebnissen.
4. Zehn Minuten nach der REM-Phase: Die meisten konnten sich überhaupt nicht mehr an ihre Träume erinnern oder hatten nur noch einen ganz schwachen Eindruck von dem Traumgeschehen.

Zwar fallen uns manchmal noch mitten am Tage Bruchstücke aus der Traumserie der vergangenen Nacht ein, plötzlich, wie aus heiterem Himmel oft, weil uns irgendjemand oder irgendetwas an unseren Traum erinnert hat. Aber das meiste an Traummaterial ist am Tage unrettbar verloren. Wir können es nicht mehr zurückholen, so sehr wir versuchen, uns zu erinnern.

Selbst wenn Sie mitten in der Nacht aus einem Traum erwachen, viel leicht haben Sie das schon erlebt: Sie erkennen, daß dieser Traum für Sie wichtig war; Sie nehmen sich fest vor, ihn im Gedächtnis zu behalten, am nächsten Tag über ihn nachzudenken, ihn Ihrem Partner zu erzählen, ihn aufzuschreiben. Sie lassen ihn deshalb noch einmal in Ihrem Gedächtnis vorüberziehen, ehe Sie wieder einschlafen. Und doch: Am nächsten Morgen haben Sie ihn vergessen. Trotz größten Bemühens gelingt es Ihnen nicht mehr, ihn in Ihr Gedächtnis zurückzurufen. Weil Träume so ungeheuer flüchtig sind, empfiehlt es sich, sie möglichst unmittelbar nach dem Erwachen aufzuschreiben, sie jemandem zu erzählen, sie auf diese Weise spätestens am Frühstückstisch „dingfest" zu machen, damit sie nicht spurlos aus dem Bewußtsein verschwinden, federleicht wie sie sind. Viele Menschen erinnern sich besser an ihre Träume, wenn sie sie irgendjemandem, ihrem Partner oder einem Freund, erzählen konnten. Allein schon das Aussprechen eines Traumes reicht oft aus, die Erinnerung an ihn festzuhalten und so seinen unwiderruflichen Verlust zu verhindern. Am besten bewahren Sie einen Schreibblock und einen Bleistift stets in unmittelbarer Nähe des Bettes auf, damit Sie jederzeit, selbst bei Dunkelheit mitten in der Nacht und ohne erst das Licht anzuschalten, ein paar Stichwörter zu Ihren Träumen notieren können, die genügen, um den Traum am nächsten Tag wieder vollständig ins Gedächtnis zurückzurufen.

Eine besonders wichtige Methode, unsere Träume festzuhalten, ist das Führen eines Traumtagebuches. Mit seiner Hilfe gelingt es, Träume über längere Zeiträume zu verfolgen, zu vergleichen, wie sie sich entwickeln, verändern, wegbleiben, je nachdem wie wir uns entwickeln und verändern.

Je intensiver wir uns mit unseren Träumen beschäftigen, um so leichter fällt es uns, ihre Botschaft zu erfassen. Der berühmte amerikanische Traumforscher Calvin Hall hat einmal gesagt: „Jeder, der sich an einfache Regeln zu halten vermag, kann Träume deuten." Und: „Jeder, der ein Bild ansehen und sagen kann, was es bedeutet, müßte auch in der Lage sein, die eigenen Traumbilder anzusehen und zu sagen, was sie bedeuten. Die Bedeutung eines Traumes ist nicht in irgendeiner Traumtheorie zu finden; sie liegt im Traum selbst."

Jedes Traumbild, so ungewöhnlich, absurd, fremdartig es uns erscheinen mag, stellt einen neu in Erscheinung tretenden Teil von uns selbst dar, aus dem sich ein neues Selbstverständnis entwickeln läßt. Wir können mit anderen über unsere Träume sprechen, mit dem Partner, mit Freunden, mit Experten. Vielleicht werden sie uns hier und da Hinweise und Denkanstöße geben können. Aber am besten verstehen letztlich nur wir selbst unsere Träume, denn sie sind unsere ureigensten Aussagen, so fremd sie uns zunächst auch erscheinen mögen. Je intensiver wir uns mit unseren Träumen auseinandersetzen, um so besser lernen wir uns selbst kennen und um so leichter verstehen wir die Botschaft unserer Träume. Einer meiner Freunde, der sich seit Jahren besonders interessiert mit seinen Träumen befaßt, berichtete mir neulich, er träume inzwischen oft gleich die Deutung seiner Träume mit.

5. Die unterschiedlichen Arten der Träume

Träume lassen sich bestimmten typischen Grundformen zuordnen. Sicherlich liegt darin eine für die Wissenschaft interessante Möglichkeit, mehr Ordnung in das unsystematische Traumgeschehen der Nacht zu bringen. Aber das ist nicht alles. Das Ordnen der Träume nach bestimmten typischen Erscheinungsformen kann eine ganz persönliche Hilfe für Menschen sein, die sich selbst durch den Umgang mit ihren Träumen besser kennenlernen und ihre Persönlichkeit weiterentwickeln wollen. Denn wenn wir den Grundtyp eines Traumes erfaßt haben, ist ein erster wichtiger Schritt zu seiner Deutung getan. Werden Sie sich zunächst darüber klar, zu welchem Traum-Typ Ihr Traum gehört. So gelingt es Ihnen leichter, seine verschlüsselte Botschaft zu enträtseln.
Bei dem hier gegebenen Überblick beschränken wir uns auf verhältnismäßig wenige, aber besonders charakteristische Traumarten:

- *Erlebnisträume* – in ihnen werden Tagerlebnisse verarbeitet.
- *Körperträume* – sie sind oft als Warnungen aufzufassen; körperliches Unbehagen, gesundheitliche Störungen und Krankheiten können sich in ihnen mitteilen.
- *Angstträume* – sie stellen sich meist als Verfolgungs-, Aggressions- oder Todesträume dar.
- *Glücksträume* – sie treten häufig als Ausgleich für im Alltag erlittene Entbehrungen auf.
- *Wunschträume* – sie sind vielfach als Verdrängungs- oder Entlastungsträume aufzufassen.

- *Warnträume* – sie kündigen eine Gefahr oder eine Krankheit an, lassen sich aber durchaus mit unseren Sinneswahrnehmungen, die wir im Alltagsleben empfangen, erklären.
- *Präkognitive Träume* – sie nehmen als Warnträume zukünftige Ereignisse vorweg. In der Fachliteratur gibt es eine Fülle zuverlässiger Berichte und Beispiele zukunftsweisender Träume. Die Forschungen der Parapsychologie versuchen, ihr Auftreten zu erklären.

Unterschiedliche Traumarten überlagern sich oft. So kann ein Angst-oder Verfolgungstraum seinem Ursprung nach gleichzeitig als Erlebnis- oder Körpertraum aufzufassen sein. Oder ein Warntraum kann zugleich präkognitiven Charakter haben, weil er eine auftretende Krankheit signalisiert, noch ehe sie erkennbar zum Ausbruch kommt.

6. Hilfen zum Verständnis der Träume

Ort, Zeit und die Umstände des Traumgeschehens

Ort und Zeit können uns wichtige Aufschlüsse über die Bedeutung unserer Träume geben. Findet ein Traum zum Beispiel in unserer Kindheit statt, so drückt sich darin oft der Wunsch aus, in diese Zeit zurückzukehren. Spielt sich der Traum an Ihrem Arbeitsplatz oder bei Ihnen zu Hause ab, so ist damit schon der Rahmen für Ihre Deutung abgesteckt. Das Haus, in dem man wohnt, verkörpert meist die Person des Träumenden. Die einzelnen Räume, in denen sich das Traumgeschehen abspielt, geben näheren Aufschluß über den Bereich der Persönlichkeit, auf den sich die Traumbotschaft bezieht.

Die Rolle, die wir in unseren Träumen spielen

Achten Sie auch darauf, welche Haltung Sie gegenüber den Vorgängen in Ihrem Traum einnehmen. Greifen Sie aktiv in das Geschehen ein? Oder stehen Sie eher unbeteiligt am Rand? Empfinden Sie „positive" Gefühle oder „negative" wie Angst, Wut, Scham? Fehlt Ihnen vielleicht eins Ihrer Glieder, oder hat Ihr Körper irgendwelche Gebrechen? Sind Sie kleiner oder größer als in Wirklichkeit? Nehmen Sie in Ihrem gegenwärtigen Alter am Traumgeschehen teil? Haben Sie Ihr eigenes Geschlecht? Sind Sie gesund oder krank? Tut Ihnen jemand etwas an? Oder verletzen Sie einen anderen Menschen? Ein großer Teil der im Traum auftretenden Gestalten sind wir selbst, Teile von uns oder Charakterzüge, manchmal recht unliebsame, in denen wir uns selbst nur ungern erkennen mögen. Aber sie geben uns wichtige Einblicke in unsere Persönlichkeitsstruktur und in unsere Konflikte. Halten Sie auch alles scheinbar Unwichtige an Requisiten aus Ihren Träumen fest. Die scheinbar nebensächlichsten Dinge enthalten oft wichtige Botschaften.

Die Gefühle nach dem Erwachen aus dem Traum

Achten Sie auch auf Ihre Gefühle beim Erwachen aus einem Traum. Sie können uns wichtige Aufschlüsse geben. Manchmal erwachen wir mit einem Gefühl der Zuversicht aus einem Traum. Es kann uns signalisieren, daß wir bei der Lösung unserer Probleme und Schwierigkeiten auf dem richtigen Wege sind. Wachen wir aus einem Traum erschreckt auf, so liegen auch dafür Gründe vor. Wir sollten ihnen nachgehen. Mag sein, wir sind im Begriff, uns in einer wichtigen Angelegenheit falsch zu entscheiden. Oder: Wir vertrauen jemandem, der unser Vertrauen nicht verdient. Achten wir auf unsere Traumsignale, so kann uns viel Ärger erspart bleiben.

Träumen Sie zum Beispiel von einer Störung in einem bestimmten Teil Ihres Körpers, so empfiehlt es sich, auf dieses Signal zu achten. Sie brauchen sich deshalb nicht als eingebildeter Kranker zu betrachten. Wenn Sie träumen, etwas materiell oder persönlich Wertvolles zu verlieren, so besteht Grund, im Wachleben besonders achtsam zu sein. Vielleicht sind unserem Bewußtsein Sinneswahrnehmungen entgangen, die das Unterbewußtsein dennoch registriert hat und uns jetzt warnen will. Sprechen Sie über Ihre Ängste und Befürchtungen, die Ihnen Ihr Traum signalisiert, mit jemandem, zu dem Sie Vertrauen haben können, ehe die Traumbotschaft im Alltagsstreß in Vergessenheit gerät.

Die Botschaft unserer Träume

So wichtige Pionierarbeit Sigmund Freud auf dem Gebiet der Traumforschung geleistet hat – seine Theorie vom Traum als „Wächter des Schlafes", von der Traumzensur, die beim Träumen in uns stattfindet, damit wir nicht von der dramatischen

Wucht unserer Träume aufgeweckt werden, gilt heute als überholt. Unsere Traumbilder entstellen und verhüllen nichts. Sie bedeuten das, was sie zeigen, nicht mehr und nicht weniger. Träume sind deshalb so wortwörtlich wie möglich zu deuten „Ich nehme den Traum als das, was er ist", hat der bekannte Psychoanalytiker Erich Fromm einmal gesagt. „Der Traum ist ein Naturereignis, und es gibt keinen ersichtlichen Grund zur Annahme, daß er eine schlaue Erfindung sei, bestimmt, uns irrezuführen." Im Traum gibt es kein »als ob«. Unsere Träume sind – von Ausnahmen abgesehen, in denen uns im Traum klar ist, daß wir träumen – reales Erleben.

7. Die therapeutische Wirkung der Auseinandersetzung mit unseren Träumen: Heilung und persönliches Wachstum

Seit altersher haben die Menschen um die große Bedeutung der Traumbotschaften gewußt. Uns liegt heute eine Fülle von Zeugnissen vor, die bis in die Zeit der ägyptischen Pharaonen zurück das ernsthafte Bemühen der Menschen um den Sinn ihrer Träume belegt. Erst spät, mit der einseitigen Hinwendung zum naturwissenschaftlichen Denken, in dem nur Platz hatte, was wägbar, meßbar und beweisbar war, ließ in unserem Kulturraum das Suchen nach dem flüchtigen Stoff nach, aus dem die Träume gemacht sind. Der einseitige Weg zur technischen Perfektion begann, zur Kultur des Atomzeitalters – und damit verbunden der Rückfall in das Steinzeitalter im Bereich unserer Psyche mit all den krankmachenden Folgen, unter denen unsere moderne Gesellschaft heute leidet.
Es gibt Schätzungen, wonach jeder zweite Mensch in unserem Kulturraum eigentlich mehrfach in seinem Leben psychiatrische Hilfe brauchte. Daß er sie nicht erhält, führt häufig zu einem Verlagern ungelöster psychischer Probleme in körperliche Krankheitssymptome. Die Sprechzimmer der praktischen Ärzte sind überfüllt von Menschen, deren körperliche Leiden sich eindeutig auf seelische Ursachen zurückführen lassen. Aber die Ärzte sind für solche Fälle allein von ihrer Ausbildung her nicht gerüstet. So kurieren sie weiter mit Pillen, Spritzen und immer teureren Apparaten an den körperlichen Symptomen ihrer Patienten, ohne den eigentlichen Aussagewert zu erkennen, der hinter dem Krankheitsbild steht und der

in Wirklichkeit der Notschrei eines Menschen in psychischer Bedrängnis ist.
Andererseits gibt es bei uns nicht genügend Fachleute, die in der Lage wären, den Menschen bei der Bewältigung ihrer unerledigten Konflikte zu helfen.
Eine weitere Frage wäre, ob der Ruf nach immer mehr Experten diese Probleme wirklich lösen könnte. Wir sind in unserer modernen Welt auf Schritt und Tritt von hochspezialisierten Fachleuten umgeben, die uns in jeder Situation genau sagen, was wir zu tun und wie wir uns zu entscheiden haben. Nur: Zu mündigen Menschen können wir uns so nicht entwickeln. Wir geraten im Gegenteil in immer stärkere, für uns letztlich undurchschaubare Abhängigkeiten. Die allumfassende Zuständigkeit der Spezialisten entmündigt uns.
Die stark im Zunehmen begriffene Zahl der Selbsthilfegruppen mit ihren Versuchen, Probleme jeder Art im überschaubaren und geschützten Bereich der Kleingruppe unter Gleichgesinnten in eigener Verantwortung in Angriff zu nehmen, zeigt, daß die Menschen die Gefahr zunehmender Entmündigung durch Experten erkennen und sich zu wehren beginnen.
Ein Weg zu persönlichem Wachstum und zu körperlicher und seelischer Gesundheit führt über eine bewußtere Auseinandersetzung mit unseren Träumen. Wir können lernen, sie mit vollem Wachbewußtsein zu erleben und zu gestalten. Träume sind der Beginn vieler Taten. Wenn wir unsere Träume besser verstehen, werden wir unser Leben tatkräftig und sinnvoll gestalten können. Über das Hineinfühlen und das aktive Gestalten unserer Träume gewinnen wir die Chance, viel von dem ungelösten Konfliktmaterial aufzuarbeiten, das jeder von uns im Verlauf seines Entwicklungsprozesses in sich angesammelt hat und das uns krank macht. Das Aufarbeiten dieser Störungen führt uns vorwärts auf dem Weg zu körperlicher und seelischer Gesundheit. Gesund sein – damit ist hier zweierlei gemeint: einmal sich ganz für seine Arbeit einsetzen zu können; zum anderen aber auch, sich voll und ganz und ohne jeden Vorbehalt am Leben zu freuen.
Träume sind Produkte unserer Phantasie: flüchtig wie Gedanken. Gleich ob es sich um Tag- oder Nachtträume handelt: Sie sind vergänglich. Sie entfallen unserem Gedächtnis, kaum daß wir sie recht wahrgenommen haben. Und doch können sie uns warnen bei Gefahr, sie geben uns Rat, bieten Problemlösungen an. Sie wecken kreative Kräfte in uns. Und sie heilen, indem

sie unbewußtes Konfliktmaterial aus unserem Inneren ans Tageslicht in unser Bewußtsein rücken, unvereinbare Gegensätze und Spannungen in uns einigen und die Selbstheilungskräfte unserer Psyche mobilisieren.

8. Träume lassen sich lenken

Seit den Forschungsergebnissen Sigmund Freuds zu Beginn unseres Jahrhunderts wissen wir, daß die Träume Botschaften unseres Unbewußten enthalten, die in mehr oder weniger verschlüsselter Form in unser Bewußtsein dringen. Zwar sind Einzelheiten über Träume in der Traumforschung noch immer umstritten. Aber nach wie vor gilt: Jeder Traum gleicht einem Bilderrätsel, das seine Botschaft nur verschlüsselt preisgibt. Die Mühe, seine Botschaft zu entschlüsseln, lohnt sich für uns in jedem Falle, weil der Traum uns einen wichtigen Weg zeigt, wie wir uns selbst besser verstehen, wie wir uns selbst auf die Schliche kommen können – und das gehört ja bekanntlich nicht gerade zu den leichtesten Dingen im Leben.
Was hier für den Nachttraum gesagt ist, gilt weitgehend auch für andere Traumformen, beispielsweise für jene Bilder, die wir mitunter erleben, während wir uns genau im Grenzbereich zwischen Schlaf-und Wachbewußtsein befinden. Sie kommen beim Einschlafen ebenso wie dicht an der Grenze zum Erwachen vor. Oft erleben wir diese Traumbilder besonders intensiv und empfinden sie als wichtig.
Die Gesetze, denen der Nachttraum gehorcht, lassen sich letztlich aber auch auf die Tagträume anwenden, auf jene bildhaften Phantasien, die manche Menschen ungewollt mitten am Tag erleben. Für alle Traumarten gilt: Sie teilen sich in einer für das Traumgeschehen typischen Bildersprache mit. Ihre Botschaft ist symbolhaft verschlüsselt. Sie liegt „hinter den Bildern" und muß erst enträtselt werden.
Die Dimensionen von Raum und Zeit gelten im Traum nicht so, wie wir sie von unserem Wachbewußtsein her gewohnt sind. Wir können uns selbst oder andere Personen im Traumgeschehen in einer anderen Zeit oder Umgebung erleben, ohne das als Bruch oder als irgendwie auffallend zu empfinden. Auch sind im Traum die naturwissenschaftlichen Gesetze der Kausalität aufgehoben. Auf die selbstverständlichste Weise geschehen Dinge, die sich in der Welt unseres Wachbewußtseins gewöhn-

lich so nicht ereignen, etwa daß wir uns in die Lüfte erheben und fliegen können.
Die Technik des gelenkten Tagtraums bietet nun die Möglichkeit, direkt in dieses Traumgeschehen handelnd einzugreifen. Der Inhalt des Traumgeschehens läßt sich auf diesc Weise verändern. Solche Eingriffe sind therapeutisch außerordentlich wirksam, weil sie schon nach kurzer Zeit bei dem Träumenden zu einer Verhaltensänderung in der Realität führen. Therapeutisch wünschenswerte Veränderungen im realen Verhalten lassen sich, wie die Erfahrung zeigt, über das Traumgeschehen sehr viel leichter erreichen als über das Tagesbewußtsein. Der Traum ist auch als Möglichkeit zu unverbindlichem Probehandeln zu verstehen, in dem neue Verhaltensmuster ohne Furcht vor Konsequenzen erprobt und eingeübt werden können. Er gleicht darin dem Spiel der Kinder, das eine ähnliche Funktion hat, nämlich den späteren „Ernstfall Leben" unverbindlich erprobend vorwegzunehmen.
Auf welche Weise der Traum diese Funktion erfüllt, ist heute noch weitgehend ungeklärt. Die Traumforschung steht erst am Anfang. Aber die Ergebnisse zeigen deutlich, daß sich mit Hilfe des aktiven Eingreifens in das Traumgeschehen günstige Fortschritte beim Lösen unbewußter Konflikte, beim Ausschalten krankmachender psychischer Faktoren und bei der Anreicherung der Persönlichkeit mit positiven, das Ich stärkenden Elementen erreichen läßt.
Wir kennen heute eine ganze Reihe unterschiedlichster Wege, die Menschen aus verschiedenen Kulturkreisen gegangen sind, um ein und dasselbe Ziel zu erreichen: das aktive Gestalten von Trauminhalten. Lassen Sie uns einige dieser Wege nachgehen.

9. Traumarbeit im Dschungeldorf

In einigen abgelegenen, von der Zivilisation noch verhältnismäßig unberührten Gebieten leben heute noch Naturvölker, die sich technisch etwa auf dem Stand des Steinzeitalters befinden. Aber in ihren zwischenmenschlichen Beziehungen und in der angewandten Psychologie haben sie eine so hohe Entwicklung erreicht, daß sie etwa unserem Stand in der Kernphysik entspricht.
Im Dschungel von Malaysia lebt ein kleiner Stamm der Ureinwohner: die Senoi. Bei ihnen steht die Traumarbeit im Mittel-

punkt ihres täglichen Lebens. Nach mündlicher Überlieferung pflegen sie den kreativen Umgang mit ihren Träumen bereits seit Jahrhunderten. Traumarbeit ist bei den Senoi charakteristisch für die Kindererziehung. Sie ist aber auch eine Selbstverständlichkeit für alle Erwachsenen. Die Senoi verstehen ihre Träume als positive Kraft, die es möglich macht, die Auseinandersetzung mit sich selbst und mit der Umwelt so erfolgreich wie möglich zu gestalten. Fast traumhaft vollzieht sich bei den Senoi die Verbindung von nächtlichen Träumen mit der Technik des gelenkten Tagtraums, der Einübung in reales Verhalten und kreativen Ausdruck von Trauminhalten. Diese ungewöhnlich hohe Traumkultur ist in ihrer Harmonie, ihrer Integration und vor allem in ihrer therapeutischen Wirksamkeit wahrscheinlich einmalig in der Welt. Sie dient den Senoi nicht als magischer Beschwörungszauber, nicht als prophetische Offenbarung oder als Versuch, in die Zukunft zu blicken. Sie ist auch nicht Rückzug aus der Welt oder Verträumen der Wirklichkeit, sondern tragfeste Brücke zur Realität. Der Umgang mit ihren Träumen richtet sich bei den Senoi darauf, die positiven Kräfte in jedem Menschen zu stärken und die negativen Strömungen im eigenen Innern versiegen zu lassen.
Traumarbeit vollzieht sich bei den Senoi so: Jeden Morgen beim Frühstück berichten zunächst die Kinder, dann die Erwachsenen die Träume der vergangenen Nacht. Da die Kinder täglich ihre Eltern erzählen hören und die täglichen Reaktionen der anderen auf deren Träume miterleben, sind ihre eigenen Traumberichte für sie etwas völlig Selbstverständliches.
Nachdem die Familie die Träume der einzelnen diskutiert hat, versammeln sich die Männer der Senoi im Rat. Sie diskutieren die eindrucksstärksten Träume der Erwachsenen und arbeiten sie auf. Da die Senoi nur etwa zwei Stunden täglich für ihren Lebensunterhalt arbeiten müssen, haben sie für ihre Traumarbeit fast den ganzen Tag Zeit. Für sie selbst ist das Traumerlebnis ebenso real und wichtig wie das Erleben in der Wirklichkeit. Alle im Traum auftretenden Gestalten werden als Teile des eigenen Selbst gesehen. Darin trifft sich die Einstellung der Senoi zum Traumerleben völlig mit der Auffassung der modernen westlichen Gestalttherapie.
Hat jemand im Traum eine Begegnung, so ist es wichtig, was er aus dieser Begegnung macht. Dagegen kommt es nicht darauf an, was mit ihm geschieht. Der eigentliche Kern der Traumarbeit bei den Senoi ist die Gestaltbarkeit der Träume. Dahinter

steht die Auffassung, daß bewußte Gedanken, Einstellungen, Emotionen das Traumerleben beeinflussen können. Das oberste Ziel der Traumarbeit liegt darin, Kontrolle und Zusammenarbeit mit allen Kräften und Gestalten erreichen zu können. Die Folge ist, daß Gefühle von hilflosem Ausgeliefertsein an übermächtige Kräfte zurücktreten zugunsten einer aktiven Auseinandersetzung mit diesen Kräften. Um dieses Ziel stärkerer Selbststeuerung zu erreichen, haben die Senoi eine Reihe von Traumgrundsätzen entwickelt:

Der wichtigste Satz ist: Sieht sich jemand im Traum einer Gefahrensituation ausgesetzt, so gilt es, nicht zu flüchten, sondern sich der Gefahr zu stellen und mit ihr zu kämpfen. Ausweichen oder Weglaufen bedeutet für die Senoi, dieser Gefahr in immer neuen Gestalten wieder zu begegnen. Auseinandersetzung dagegen heißt, die Gefahr zu bewältigen und damit die Verknotungen von Angst und Aggression im eigenen Inneren aufzulösen. Möglichkeiten der Auseinandersetzung bestehen darin, freundliche Gestalten zu Hilfe zu rufen oder den Traumfeind anzugreifen, mit ihm zu kämpfen, ihn notfalls zu töten.

Der zweite Traumgrundsatz der Senoi ist: immer auf ein positives Ende oder Ziel des Traumes hinzuarbeiten. Negative Trauminhalte sollen möglichst in positive umgewandelt werden, denn die Bewältigung des Negativen setzt aktive Kräfte frei und weckt Gefühle von Freude und Selbstvertrauen.

Besonders wichtig sind den Senoi Träume, in denen Stürzen oder Fallen vorkommt. Hier versuchen sie, ein positives Erleben zu erreichen, indem sie das Abstürzen mit ihrem Tagesbewußtsein umträumen in Schweben oder Fliegen. Der Fliegende genießt dabei ein Glücksgefühl, und er soll dort landen, wo er etwas Erfreuliches oder etwas Schönes findet.

Der dritte Traumgrundsatz der Senoi: Jeder Träumer wird aufgefordert, etwas Kreatives von seiner Traumreise mitzubringen und es mit den übrigen Gruppenangehörigen zu teilen. Damit sind Gaben im doppelten Sinne des Wortes gemeint: als Geschenk und als Begabung, die in jedem in irgendeiner Form von Kreativität vorhanden ist.

Im Tagtraum fühlt sich der Senoi-Träumer als Schöpfer seiner Gestalten. Er kann zerstörerischen Kräften aufbauende entgegensetzen, was ihm im nächtlichen Traum oft verwehrt ist. Durch diese Tagtraumarbeit nehmen auch in den Nachtträumen die Gefühle von Angst, Ausgeliefertsein, von Hilflosigkeit, Schmerz, Leid und Beschämung ab. Nach Berichten der

Senoi werden die Inhalte aus den Tagräumen tatsächlich sehr schnell in den Nachttraum aufgenommen.
Wie wirkt sich nun die ohne jeden Zweifel außergewöhnlich hohe Traumkultur auf das reale Leben und Verhalten dieses Volkes aus? – Mehrere Forscher berichten übereinstimmend, daß bei den Senoi seit rund 300 Jahren keine kriegerischen Auseinandersetzungen mit Nachbarstämmen stattfanden. In den Stammesgruppen und Familien gibt es kaum Ansatzpunkte für Reibereien und Streit. Gewaltverbrechen kommen nicht vor, auch keine Diebstähle. Kopfjägerei, Kannibalismus und Marterungen sind unbekannt. Der Gesundheitszustand der Senoi ist sehr gut. Einige Stämme sind sogar immun gegen Malaria. Geisteskrankheiten wurden nicht beobachtet. Schläge und körperliche Züchtigungen in jeder Form sind verpönt. Es gibt keine Gesetzesnormen, keine Gefängnisse, keine Polizei und keine psychiatrischen Anstalten. In Familie, Wirtschaft und Politik gelten demokratische Grundsätze. Die Senoi zeichnen sich aus durch ein hohes Maß an psychischer Integration und Reife des Gefühlslebens. Ihre Einstellung zur Gesellschaft begünstigt kreative, nicht destruktive Beziehungen.

10. Klarträume

Einen vollkommen anderen Ansatz für aktiv gestaltende Traumarbeit wählt die amerikanische Traumforscherin Patricia Garfield. Während bei der Senoi-Methode der Nachttraum später nach dem Erwachen in einer entspannten Atmosphäre in der gewünschten Richtung gleichsam weitergeträumt wird, versuchen Klarträumer, den Nachttraum selbst in seinem Ablauf zu steuern. Garfield versucht, durch systematisches Üben zu erreichen, daß sich der Träumende seines Traumzustandes bewußt wird. Wenn ihm klar ist, daß das Geschehen, welches er in diesem Augenblick erlebt, nur als Traum vor seinem inneren Auge abläuft, so hat es der Träumende leicht selbst in der Hand, ob er das Traumgeschehen abbricht, weil es ihm unangenehm ist. Er kann den Traum beenden, indem er sich etwa sagt: „Das ist ja nur ein Traum!" Die meisten Menschen haben solche Situationen, die sich unmittelbar auf der Grenze zwischen Wach- und Schlafbewußtsein abspielen, schon selbst erlebt. Dieses Bewußtsein, während des Traumes zu bemerken, daß man träumt, läßt sich trainieren. Wem es gelingt, regelmä-

ßig Klarträume zu erleben, der wird vielleicht auch noch einen Schritt weitergehen und den Traumablauf selbst nach seinen Wünschen steuern können.
Ein typisches Beispiel für Klarträumen berichtete die zehnjährige Andrea während ihrer Therapie, in der sie sich wegen Lernstörungen befand:
„Ich träume oft, daß Verbrecher uns überfallen. Aber immer wenn es soweit ist, muß ich nur auf mein Bett klopfen. Dann geht ein Eisengitter hoch um unser ganzes Haus. Darin bin ich sicher."
Andrea erlebt offensichtlich massive Ängste. Dafür spricht die Tatsache, daß es sich um einen Wiederholungstraum handelt. Tritt ein Traum mit gleichem Inhalt immer wieder auf, so ist dies ein Zeichen dafür, daß er eine wichtige Botschaft mitzuteilen hat. Doch während viele Menschen ihren Ängsten im Traum hilflos ausgesetzt sind, versteht Andrea offensichtlich in Klarträumen ihrer Angst gegenzusteuern. Dem Kind wird nicht nur klar, daß es einen Traum erlebt, sondern es verfügt über Möglichkeiten, das Traumgeschehen aktiv zu beeinflussen und es in eine positive Richtung zu lenken.
Bei Erwachsenen und bei den meisten Kindern ist die Fähigkeit zum Klarträumen sehr viel schwächer ausgeprägt als bei Andrea. Doch sie läßt sich bis zu einem gewissen Grade durch systematisches Üben verbessern. Da aber während der Schlafzeit das Wachbewußtsein meist völlig abgeschaltet ist, sind für das Üben recht enge Grenzen gesetzt. Im Grund besteht auch wenig Anlaß, sich auf das von vielen Zufälligkeiten abhängende Geschehen des Klarträumens einzulassen, weil die Technik des gelenkten Tagtraumes sehr viel leichter zu erlernen ist und zuverlässiger funktioniert.

11. Phantasiereisen: ihre therapeutische Wirkung

Wie C. G. Jung Zugang zu seinen Wach-Traum-Bildern fand

In unserem Kulturkreis gelang es C. G. Jung wahrscheinlich als erstem, vom Wachbewußtsein her aktiv in das Traumgeschehen einzugreifen. Mit Traumgeschehen ist dabei nicht der Bereich des Nachttraumes gemeint, sondern eher der dem Wachbewußtsein zugehörige Raum der Phantasie, des Wachtraumerlebens, des Tagtraumes. Dieser Ansatz zeigt am ehesten Ähnlichkeit mit der Senoi-Methode. Aber entscheidende Impulse für seine

Methode der Aktiven Imagination empfing C. G. Jung aus der Lehre des Mystikers Meister Eckhart: Das Geschehenlassen, das Tun im Nicht-Tun, das Sich-Lassen wurde für ihn zum Schlüssel, mit dem es ihm gelang, die Tür zum Weg zu öffnen. Man muß psychisch geschehen lassen können – ohne ständiges Eingreifen, Korrigieren, Nicht-wahr-haben-Wollen durch den Verstand.

C. G. Jung unterzog sich zunächst einer Selbstanalyse. Er war der Auffassung, er könne von seinen Patienten nicht etwas verlangen, was er selbst nicht kenne. Später beschreibt er die Jahre, in denen er seinen „inneren Bildern" nachging, als die wichtigste Zeit seines Lebens. Seine gesamte spätere Tätigkeit habe darin bestanden, das auszuarbeiten, was in jenen Jahren aus seinem Unbewußten aufbrach und ihn zunächst überflutete.

Seine Methode der Aktiven Imagination entwickelte sich im Laufe der vergangenen siebzig Jahre zu einer Therapieform, die große Chancen bietet, abgespaltene Teile der Psyche wieder in die Gesamtpersönlichkeit zu integrieren und an Spannungen reiche innere Gegensätze miteinander in Einklang zu bringen: ein Grundziel der Psychotherapie überhaupt.

Wie C. G. Jung seine Methode der Aktiven Imagination in ihrer praktischen Anwendung versteht, läßt sich am besten einem Brief entnehmen, den er am 2. 5. 1947 einem ratsuchenden Patienten aufschrieb: „Bei der aktiven Imagination kommt es darauf an, daß Sie mit irgendeinem Bild beginnen... Betrachten Sie das Bild und beobachten Sie genau, wie es sich zu entfalten oder zu verändern beginnt. Vermeiden Sie jeden Versuch, es in eine bestimmte Form zu bringen, tun Sie einfach nichts anderes als beobachten, welche Wandlungen spontan eintreten. Jedes seelische Bild, das Sie auf diese Weise beobachten, wird sich früher oder später umgestalten, und zwar auf Grund einer spontanen Assoziation, die zu einer leichten Veränderung des Bildes führt. Ungeduldiges Springen von einem Thema zum andern ist sorgfältig zu vermeiden. Halten Sie an dem einen von Ihnen gewählten Bild fest und warten Sie, bis es sich von selbst wandelt. Alle diese Wandlungen müssen Sie sorgsam beobachten und müssen schließlich selbst in das Bild hineingehen: kommt eine Figur vor, die spricht, dann sagen auch Sie, was Sie zu sagen haben, und hören auf das, was er oder sie zu sagen hat. Auf diese Weise können Sie nicht nur Ihr Unbewußtes analysieren, sondern sie geben dem Bewußten eine Chance, Sie zu analysieren. Und so erschaffen Sie sich nach und nach die Einheit von Bewußtsein und Unbewußtem, ohne die es überhaupt keine

Individuation gibt. Wenn Sie diese Methode anwenden, könnte ich gelegentlich als Ratgeber auftreten, wenn nicht, hat meine Existenz für Sie keinen Sinn." *

Phantasiereisen: Unsere Gefühle und Konflikte stellen sich in Wachtraum-Bildern dar

Beim Meditieren kann es immer wieder geschehen, daß der Meditierende von seinem Meditationswort weggeführt wird und plötzlich bildhafte Vorstellungen erlebt. Dabei kann es sich um abstrakte geometrische Figuren handeln, ebenso aber um Licht- und Farbeindrücke oder um gegenständliche Bilder wie Landschaften, Menschen, Tiere oder allerlei Fabelwesen.
Das Lösen alter Stresse kann mit Hilfe solchen Bildmaterials ebenso geschehen wie auf Grund von Erinnerungen aus der Kindheit. Es kommt ja nicht auf das erlebte Material an, sondern auf die damit verbundenen Gefühle.
Das Aufsteigen solcher Bilder geschieht unabhängig vom Willen. Es ähnelt in vielem den Traumbildern. Diese Bilder sind also keine bildhaft-konkreten Erinnerungen an Vergangenes, sondern sie sind eher symbolische Verdichtungen unserer Gefühlswelt, die uns in Bildern begegnen. Das Erleben solcher Bilder ist oft von unterschiedlich stark erlebten Gefühlen begleitet. Sie können beunruhigend oder aber erfreulich sein. Oftmals lassen sich diese Bilder wie Traumsymbole deuten. Auch in der Oberstufe des autogenen Trainings spielt das Bild-Erleben eine Rolle, ebenso in einigen Techniken der Gestalttherapie. Es ist Grundlage einer Therapieform, die von dem Göttinger Professor Hanscarl Leuner entwickelt wurde. Sie hat sich unter der Bezeichnung „Katathymes Bilderleben" oder „Symboldrama" durchgesetzt. Bei dieser Methode wird der Klient in eine tiefe Entspannung versetzt. Sie führt bei den meisten Menschen nach einiger Zeit fast von selbst zu solchen Bildeindrücken. Die aufsteigenden Bilder sind keine gewollten Vorstellungen, sondern Ausdruck unbewußter emotionaler Vorgänge. Mit zunehmender Übung entwickelt und verfeinert sich diese Bilderwelt immer mehr. Sie wird farbiger, plastischer und entfalteter im Geschehen.
Die Sitzungen des Katathymen Bilderlebens verlaufen nun so, daß der Klient lernt, in dieser Bilderwelt zu erleben, sich zu bewegen und zu handeln. Er unternimmt Wanderungen

* C. G. Jung: Briefe, Bd. II (1947), Olten und Freiburg i. Br. 1972, 75 f.

in dieser Welt seiner symbolisierten Gefühle. Er begegnet auf seinem Weg erschreckenden, Angst auslösenden, aber auch beglückenden Motiven und Symbolen. Mag sein, er begegnet furchterregenden Tieren, mit denen er sich auseinandersetzen muß; oder er geht bei strahlendem Sonnenschein durch eine Landschaft voll unglaublicher Schönheit. Er kann sich eingeschlossen zwischen Zäunen und Mauern erleben oder aber ausgelassen in einem klaren See baden.

Der Klient durchwandert diese Phantasiewelt nach allen Richtungen hin. Er bewegt sich in der Landschaft und begegnet anderen Menschen. Oft tauchen bei solchen Phantasiereisen ähnliche Fabelwesen auf, wie wir sie aus den Sagen, Mythen und Märchen kennen. Jemand, der ohne Vorkenntnisse in diese Bilderwelt eintritt, mag dazu neigen, sie als zufällige Erscheinung anzusehen, die mit ihm selbst nichts zu tun hat. Doch allmählich wird seine emotionale Beteiligung immer stärker, und er erkennt, daß diese Bilder Produkte seiner innerseelischen Verfassung sind. In den therapeutischen Einzelsitzungen steht der Klient ständig in Kontakt mit seinem Therapeuten, dem er während des Erlebens seine Eindrücke erzählt. Der Therapeut übernimmt dabei die Funktion eines Reisebegleiters. Er gibt Anregungen und Hilfe, wo sie benötigt werden. Er führt ihn behutsam an angsterregende Situationen heran, unterstützt ihn, wenn eine Szene sich bedrohlich entwickelt, und bringt bei Blockierungen den Fluß des Geschehens wieder in Gang. Bei diesem Verfahren geschieht eine Desensitivierung von Ängsten. Die Bilder sind in diesem Falle die angstauslösenden Reize. Sie symbolisieren die unterschiedlichsten Gefühle des Klienten. So verliert der Klient auf dieser symbolischen Ebene allmählich die Angst vor seinen eigenen unbewußten Bereichen und Gefühlen. Er lernt, sich auf der symbolischen Ebene seinen Gefühlen zu stellen, die Auseinandersetzung mit ihnen nicht länger zu vermeiden. So erweitert er allmählich seine Handlungsfähigkeit.

Eine junge Frau, die Angst hatte, ihr Leben selbst in die Hand zu nehmen, gelangte beispielsweise auf ihren Phantasiereisen immer wieder an einen See, der in ihr unerklärliche Ängste auslöste. Er erschien ihr dunkel und bedrohlich. Erst nach und nach verlor das Bild seinen bedrückenden Charakter. Die Klientin begann, in dem See zu baden, das Schwimmen zu genießen und sich am Ufer zu sonnen. Einmal fand sie am Ufer ein Boot. Aber aus unerklärlichen Gründen brachte sie es nicht fertig, in dieses Boot zu steigen und über den See zu rudern. Der Therapeut half ihr schrittweise bei diesem Unternehmen. Irgendwann war sie soweit. Sie konnte die Reise auf ihrem Schiff antreten. Von diesem Zeitpunkt an begann sie, ihr berufliches und privates Leben zu verändern. Sie zog aus der Wohnung der Mutter aus und fand eine attraktivere Stellung, die ihr eine ihrer Begabung stärker gerecht werdende Arbeit bot.

Nicht immer gelingt es, die Symboldeutung der auftretenden Bilder zu deuten. Das ist auch nicht unbedingt notwendig. Häufig genügt allein die Konfrontation auf der Bildebene und die symbolische Bewältigung der Bildsituation, um alte Stresse und psychische Störungen aufzulösen.

Wird das Bild-Erleben in der Gruppe durchgeführt, so berichten die Teilnehmer im Anschluß an ihre Phantasiereise von ihren Erlebnissen. Sie erzählen von ihren Empfindungen, die die Bilder begleiteten. Unter Anleitung des Therapeuten können sie erste Deutungen versuchen, und sie erhalten Hilfen durch Hinweise, wie sie sich in schwierigen Situationen künftig verhalten können. Für psychisch einigermaßen stabile Menschen ist es möglich, auch ohne fortlaufende Begleitung durch einen Therapeuten auf Phantasiereise zu gehen. Dieser Weg führt zu einer Befreiung von Ängsten und lästigen Angewohnheiten hin zur Entfaltung der Persönlichkeit. Phantasiereisende werden oft gesundheitlich stabiler, sie entwickeln mehr Kreativität und manchmal vollkommen neue Begabungen, die ihrem Leben kraftvolle Impulse geben.

Eine weitere Beobachtung bei der Anwendung therapeutischer Phantasiereisen ist, daß die innere Welt des Erlebens und der Gefühle vertieft wird. In dem Maße, wie Klienten lernen, die Erlebnisse und Gefühle auf der Bildebene zuzulassen, verstärken sich auch im Alltag ihre Fähigkeiten zu intensivem Erleben und Fühlen.

Eine Frau, die mit Partnerschaftsproblemen zu kämpfen hatte, sah auf ihren Tag-Traum-Reisen immer wieder Schlangen. Sie legten sich ihr in den Weg, hielten sich in ihrer Wohnung auf, krochen aus ihrer Kleidung, selbst aus ihrem Körper. Nach anfänglichen starken Ängsten gewöhnte sich die Klientin nach und nach an das Vorhandensein dieser Tiere in ihrem Bild-Erleben. Sie begann, die Schlangen zu füttern, zu streicheln und konnte sie nach einigen Monaten sogar auf ihre nackte Haut legen. Schließlich verschwanden die Schlangenbilder wie von selbst. Von diesem Zeitpunkt an zeigten sich in der Therapie schnelle Fortschritte.

Andere Menschen wieder erleben ihr Geburtstrauma. Sie zwängen sich auf der Symbolebene durch enge Gänge, finden sich in unterirdischen Höhlen eingeschlossen oder erleben, wie sie durch Röhren gepreßt werden. Am Ende solcher Szenen stehen meist beglückende Licht- und Freiheitserlebnisse.

12. Was Sie von diesem Buch erwarten können

Dieses Buch kann das so umfangreiche wie interessante Gebiet der Traumbilder in allen seinen Erscheinungsformen nur in knappen Umrissen darstellen. Viele Fragen, auch des Umgangs mit den Traumbildern, müssen dabei zwangsläufig offen bleiben. Leser, die gern mehr über ihre Traumbilder, über Traumarbeit oder über die therapeutischen Chancen der Phantasiereisen allein oder in Gruppen, mit oder ohne therapeutische Anleitung wissen möchten, finden im Anhang zusätzliche Hinweise auf geeignete Traumliteratur.
Dieses Buch will Ihnen in erster Linie Hilfen beim Deuten Ihrer Traumbilder geben. Die darin erläuterten Traumsymbole wurden so zusammengestellt, daß möglichst viele der in Träumen immer wieder vorkommenden typischen Bilder aus allen Lebensbereichen berücksichtigt sind. Dennoch können die hier gegebenen Deutungen nur Hilfen sein. Sie können nicht das eigene Bemühen um das Entschlüsseln der Traumbilder ersetzen. Unsere Traumsprache benutzt nur zu einem Teil solche Symbole, denen wir alle gemeinsam die gleiche Bedeutung geben. Manche Traumbilder haben aber jeweils eine ganz persönliche Bedeutung, die bei jedem Menschen anders sein kann. Sie hängt vom speziellen Erfahrungs- und Erlebensbereich jedes Träumenden ab, auch von der Umgebung, dem Kulturraum, in dem er aufgewachsen ist. Die Art, die Welt zu sehen, unterscheidet sich letztlich bei jedem Menschen. Und diese Unterschiede in der Betrachtungsweise drücken sich auch in der Wahl seiner Traumbilder aus. Die hier erläuterten Traumsymbole sind wie Teile eines Puzzlespiels. Erst im Zusammenhang, richtig zusammengesetzt, geben sie ihren vollen Sinngehalt preis. Wenn wir ihn erschließen, gelingt uns ein wichtiger Schritt auf dem Weg, heil zu werden, zu heilen, unsere Persönlichkeit zu entfalten und unseren ganz persönlichen Lebensweg zu finden.

Die Traumsymbole von A bis Z

A

Aal

Der Aal gilt in der Traumsprache als Symbol des männlichen Gliedes und triebhafter Sexualität. Manchmal weist er auf Tendenzen zur Vergeistigung des Seelenlebens und der Gefühlswelt hin. Die genauere Bedeutung ist dem Traumzusammenhang, der Beschaffenheit des Wassers, in dem sich der Aal aufhält, und der Einstellung des Träumenden zu diesem Traumbild zu entnehmen.

Aas

Ein Problem, das den Träumenden beschäftigt, muß gelöst werden. Dazu sind unangenehme Entscheidungen notwendig. Manchmal ist eine Beziehung zu lösen, die Trennung von einer Person, einer Sache oder einer Idee endgültig zu vollziehen. Näheres ergibt sich aus der Einstellung des Träumenden zu diesem Traumbild. Je abstoßender der Kadaver empfunden wird, um so unangenehmer ist die notwendige Entscheidung für den Träumenden.

Abbruch

Jede Form von Gewalt im Traum, ob durch Naturkräfte oder durch Menschenhand verursacht, deutet auf Triebstauungen, Verdrängungen und Minderwertigkeitsgefühle. Sie werden durch unkontrolliertes, aggressives Handeln abreagiert. Deshalb warnen solche Traumbilder vor ungenügendem Selbstbewußtsein und Disziplinlosigkeit.

Abdankung

Wer abdankt, verzichtet auf Macht. Er begibt sich zurück in sein Privatleben. Darin liegt nicht unbedingt ein Zurückweichen, sondern eher das Besinnen auf das Wesentliche im Leben des Träumenden, ein neuer Beginn, sich selbst zu verwirklichen.
Entscheidend für die Deutung des Traumbildes kann das Gefühl sein, das der Träumende mit der Abdankung in seinem Traum verbindet. ↗fallen.

Abend

Der Abend als Landschaftsbild oder als Stimmungslage ist meist ein Zeichen für den Träumenden, daß er sich in seinem Traum dem Bereich des Unbewußten nähern wird. Der Abend im Traum kann auch einen Hinweis auf den Lebensabend enthalten. ↗Nacht.

Abendkleid

Frauen, die von schicken Abendkleidern träumen, möchten oft mehr darstellen, als ihnen unter ihren gegenwärtigen Lebensumständen möglich ist. Sie wünschen, sich mit einem Hauch von Luxus umgeben zu können. ↗Kleider.

Abenteuer

In diesem Traumbild drückt sich oftmals der Wunsch nach Veränderung, nach Abwechslung und nach mehr Lebendigkeit im Leben des Träumenden aus. Es lohnt sich, kritisch zu prüfen, wo sich Routine eingeschlichen hat, die möglicherweise eine Beziehung lähmt und gefährdet.

Abfall

Manchmal warnt dieses Traumbild, etwas als nutzlos und wegwerfenswert anzusehen. Wie in den alten Volksmärchen, so steckt auch in der Sprache unserer Träume oft hinter scheinbar unwichtigen Gegenständen etwas für unser Leben Bedeutsames. Es lohnt sich, genau hin-

zuschauen: Was sind das für Gegenstände, die in unserem Traum weggeworfen werden sollen?
Soll im Traum Müll beseitigt werden, so kann darin ein Hinweis an den Träumenden liegen, in seinem Leben Ordnung zu schaffen, alte Konflikte aufzuarbeiten, die noch immer als „Seelenmüll" in ihm lagern und ihn belasten. ↗Unrat.

Abführmittel

In der Traumsprache stellen sie das Bestreben des Träumenden dar, Konfliktspannungen zu überwinden und sich von unangenehmen Erinnerungen, belastenden Gedanken und Gefühlen zu befreien.

Abgrund

Ein Abgrund symbolisiert meist Lebensschwierigkeiten oder eine kritische Situation. Führt ein Weg des Träumenden an den Abgrund und nicht weiter, so ist dies ein Warnsignal, das er ernst nehmen sollte. Führt ein Weg durch den Abgrund hindurch, so kann das ein positiver Hinweis für den Träumenden sein, sich der Krisensituation bewußt zu werden, in der er steht, und sie anzunehmen, indem er den beschwerlichen Weg geht, den ihm sein Traum zeigt. Führt eine Brücke über den Abgrund, so läßt sich die schwierige Situation „überbrücken". ↗abstürzen.

Abitur

↗Prüfung.

Ablehnung

Wer sich im Traum abgelehnt fühlt, hat oft auch in seinem realen Leben damit zu kämpfen, anerkannt zu werden. Manchmal gibt der Traum Aufschluß über die Gründe der Ablehnung. Damit bietet er dem Träumenden wertvolle Hinweise, wie er sich selbst auf die Spur kommen kann, was ja bekanntlich nicht zu den leichtesten Aufgaben in unserem Leben gehört.

Abneigung

Hinter diesem Traumbild verbirgt sich oft eine Abneigung gegen jemanden oder gegen ein bestimmtes Verhalten eines Menschen, die wir uns im Wachzustand nicht oder nicht voll eingestehen mögen. Unser Traum will uns veranlassen, genau hinzuschauen, vielleicht sogar Konsequenzen aus der nicht voll eingestandenen Ablehnung zu ziehen. Das kann schmerzlich, aber notwendig sein.

Abscheu

Manche Menschen können sich einen Ekel oder Abscheu nicht eingestehen. Der Traum versucht dann, uns zur Offenheit gegen uns selbst zu veranlassen. Sie ist oft schmerzlich, aber heilsam. ↗Ablehnung.

Abschied

Jede Form des Abschiednehmens im Traum bedeutet die Trennung von Personen, Verhaltensweisen, Gefühlen, Ansichten und Überzeugungen. Der Wiedersehenswunsch beim Abschied ist als positives Zeichen zu werten.

abschirren

Wird ein Pferd, Esel, Kamel oder irgendein anderes Tier abgeschirrt, so ist es schwer lenkbar. Es kann uneingeschränkt die Eigenschaften verwirklichen, die es in der Traumsprache symbolisiert. Im Abschirren eines Pferdes drückt sich beispielsweise ungezügelter Tatendrang, hemmungslose Energie und unbeherrschtes Triebleben aus. ↗Esel, ↗Kamel, ↗Pferd.

absteigen

↗steigen.

Abstimmung

Eine Entscheidung soll herbeigeführt werden. Dieses Traumbild will oft darin erinnern, daß es notwendig ist, unterschiedliche Aspekte eines Problems zu koordinie-

ren oder scheinbar gegensätzliche Gefühle miteinander in Einklang zu bringen.
Zusätzliche Hinweise ergeben sich meist aus dem Traumzusammenhang: Wie erfolgt die Abstimmung? Geht es dabei demokratisch zu? Versucht jemand, mit unfairen Methoden eine bestimmte Entscheidung durchzusetzen? Welche Rolle spielt der Träumende selbst bei dem Abstimmungsprozeß? Blockiert er die Entscheidung oder fördert er sie?

Abstinenz

↗Enthaltsamkeit.

abstürzen

Stürzt eine Person oder eine Sache im Traum ab, so ist das ein Hinweis auf einen Verlust. Aus dem Zusammenhang der gesamten Traumhandlung läßt sich ersehen, ob dieses Bild vom Abstürzen auf eine Fehleinstellung des Träumenden zu einem bestimmten Menschen oder auf eine Problemsituation hinweist, aus der er gleichsam herausfällt. Der Absturz kann auf zu großen Optimismus oder auf Überheblichkeit hindeuten. Der Träumende hat sich möglicherweise zu stark von der Lebenswirklichkeit entfernt und fällt nun auf den harten Boden der Tatsachen zurück. ↗fliegen, Flugzeug.

Abszeß

↗Geschwür.

Abt

In verstärkter Form gleichbedeutend mit ↗Mönch.

Äbtissin

In verstärkter Form gleichbedeutend mit ↗Nonne.

Abtreibung

↗Fehlgeburt.

abwerfen

Wer beim Reiten abgeworfen wird, gerät manchmal in Kollision mit seiner Lebenskraft. Damit kann auch die Sexualität gemeint sein. ↗Pferd.

Acht

Die Zahl Acht ist ein Ganzheitssymbol. Das Traumbewußtsein deutet so auf Vollständigkeit hin. Die indische Weisheitslehre spricht vom achtfachen Weg Buddhas. In der Musik umfaßt die Skala der Töne eine Oktave. Der Würfel als vollkommene geometrische Ganzheit hat acht Ecken. In seltenen Fällen kann die Acht bedeuten, daß keine weiteren Möglichkeiten mehr gegeben sind. ↗Zahlen.

Acker

Der Acker kann ein Hinweis sein, daß für den Träumenden eine fruchtbare Lebensphase beginnt. Er kann aber auch bedeuten, daß ein bestimmtes Problem zu bearbeiten, zu „beackern" ist. ↗Garten, ↗Wiese.

Adam

Hat dieser Name keine besondere Beziehung zu dem Träumenden, so symbolisiert er meist den Vater des Träumenden. Adam ist der erste Mensch, und der Vater ist der erste Mann im Leben fast eines jeden Menschen. ↗Mann.

Adler

Der Adler ist ein Herrschaftssymbol. Er deutet in erster Linie auf eine positive geistige Situation hin, auf beschwingten Gedankenflug.

Freud sah im Adler ein übermächtiges Sexualsymbol. Das kann manchmal zutreffen. Entscheidend ist der Zusammenhang, in dem dieses Symbol vorkommt. Das Bild eines flugbehinderten Adlers deutet beispielsweise auf eine Einengung der geistigen Freiheit oder auf eine Vernachlässigung geistiger Interessen hin. ↗Vogel.

Admiral

↗Kapitän.

Adoption

Sie bedeutet in der Traumsprache oft den Wunsch, eine engere Bindung zu einer anderen Person herzustellen. Mehr Verbindlichkeit soll die Beziehung bestimmen. Aus dem Traumzusammenhang läßt sich meist erkennen, ob dieser Wunsch realisierbar erscheint oder ob seiner Erfüllung Hindernisse entgegenstehen. Manchmal will dieses Traumbild den Träumenden veranlassen, genauer hinzuschauen, welches Motiv hinter seinem Wunsch nach mehr Verbindlichkeit in einer Beziehung steckt.

Adresse

Nennt ein Traum eine Adresse, so will er dem Träumenden meist einen wichtigen Hinweis auf eine Person geben, zu der er Kontakt aufnehmen sollte. Es lohnt sich, solchen Traumhinweisen nachzugehen. ↗Brief.

Affe

Der Affe als Traumsymbol tritt sehr häufig auf. In seiner Menschenähnlichkeit deutet er auf die tierische Seite im Menschen hin.
So unterschiedlich Affen aussehen, so verschieden kann die Aussage dieses Symbols sein: Die zierliche Verspieltheit eines Schimpansen liegt weit entfernt von der brutalen Kraft, die ein Gorilla darstellen kann. Entscheidend für die Deutung ist, was der Affe im Traum tut. Der Affe kann sexuelle Handlungen vornehmen. Er kann den Träumenden nachahmen. Eine äffische Haltung bei Liebesbeziehungen oder ein zu starker Nachahmungsdrang des Träumenden sind dann die Bedeutungen. ↗Tier.

Afrika

In den Träumen der meisten Menschen steht dieser Kontinent für das naturhafte Erleben. Manchmal liegt darin aber auch ein Hinweis auf die Unterdrückungsproblematik und auf grundsätzliche Menschenrechte. Der Traumzusammenhang gibt hier meist näheren Aufschluß.

Agent

↗Spion.

Aggressionen

↗Gewalt.

Ähre

Gras- oder Getreideähren symbolisieren Selbstvertrauen, Zuversicht, gesunde geistig-seelische Entwicklung, gefühlsmäßige Sicherheit, reiche Lebenserfahrung und Vollbesitz der körperlichen Kräfte oder auch die Sehnsucht danach. Eine negative Bedeutung ist nur dann gegeben, wenn die Ähre trotz aller Bemühungen unerreichbar bleibt oder in Wachstum und Reifung behindert und verkümmert, taub, vertrocknet oder verfault ist oder durch Unwetter und sonstige Einflüsse vernichtet ist.

Akademie

In der Traumsprache ist eine Akademie meist ein Ort des Lernens. Dabei geht es fast immer um Inhalte, die für das Leben des Träumenden wichtig sind. ↗Lehrer, ↗Schule.

Akkordeon

Als volkstümliches Instrument symbolisiert das Akkordeon Geselligkeit, Fröhlichkeit, Ausgelassenheit oder das Verlangen danach. Es kann aber auch Warnung vor Oberflächlichkeit, Übermut, Hemmungslosigkeit und Leichtsinn sein. Die genauere Bedeutung ergibt sich aus dem Zusammenhang. Zu beachten ist beispielsweise, was auf dem Akkordeon gespielt wird, wie die anderen darauf reagieren und ob der Träumende das Geschehen als angenehm oder unangenehm empfindet. ↗Gesang, ↗Musik, ↗Tanz.

Akrobat

Führt ein Akrobat im Traum schwierige Kunststücke vor, so können sich hinter diesem Symbol Minderwertigkeitsgefühle des Träumenden verbergen. Manchmal drückt sich in diesem Bild der Wunsch des Träumenden aus, etwas Schwieriges mit vollkommener Perfektion zu beherrschen. ↗Clown, ↗Maske.

Akt

Der unverhüllte menschliche Körper ist ohne Fassade und ohne Maske. Er zeigt den Menschen, wie er wirklich ist. Darin symbolisiert sich Wahrheitsliebe, Vorurteilslosigkeit, Offenheit, Ehrlichkeit, Hingabefähigkeit oder das starke Verlangen danach. Die Nacktheit kann aber auch Angst vor Entlarvung des wahren Ich und vor Enthüllung des innersten Wesens ausdrücken oder eine Warnung vor Vertrauensseligkeit und Hemmungslosigkeit sein. Die genauere Bedeutung ergibt sich aus dem Traumzusammenhang. ↗entkleiden.

Akten

In der Traumsprache deuten Akten meist auf seelische Belastungen, Lebensunsicherheit, Gewissenskonflikte und Schuldgefühle hin. Werden alte Akten hervorgeholt, so stellen sich in diesem Traumbild oft vergangene Fehler und Irrtümer dar, die noch immer das Gewissen belasten. Oft zeigt sich darin die Angst, irgendwelche Verfehlungen könnten bekannt werden. Werden Akten sinnlos bewegt oder glaubt man, von ihnen erdrückt zu werden, so liegt darin eine Warnung, über abstrakten Ideen nicht die Wirklichkeit zu vergessen. Werden neue Akten angelegt, so kann dies auf das Bemühen hindeuten, durch Lernen mehr Lebenserfahrung zu gewinnen.

Aktien

↗Bank, ↗Geld.

Akzent

Spricht jemand im Traum in fremder Sprache oder mit Akzent, so geht es um für uns fremde Inhalte, die wir nicht ohne weiteres verstehen können. Oft ist hierbei der Bereich der Kommunikation mit anderen Menschen gemeint. Manchmal steckt dahinter, daß der Träumende das Verhalten eines anderen Menschen nur schwer versteht. ↗Gespräch.

Akzeptieren

Akzeptiert der Träumende in seinem Traum etwas oder fühlt er sich selbst akzeptiert, so steht dahinter oftmals der Wunsch nach mehr Anerkennung. Manchmal will dieses Traumbild aber auch darauf hinweisen, daß der Träumende etwas Unabänderliches endlich akzeptieren soll. Die genauere Bedeutung ergibt sich meist aus dem Traumzusammenhang.

Alchimist

Die Alchimie ist im Besitz magischen Geheimwissens. Sie symbolisiert mystische Kräfte, die der Veredelung des Denkens, Fühlens und Handelns dienen.

Alibi

Wird im Traum nach einem Alibi gesucht, so deutet das auf Unsicherheit, Hemmungen, Minderwertigkeitsgefühle, Gewissenskonflikte und Schuldgefühle. Wird das Alibi gefunden, so sind genügend psychische Widerstandskräfte vorhanden, die Selbstwertkrise zu überwinden.

Alkohol

Das Trinken von Alkohol im Traum hat mehrfache Bedeutung. Es kann ein Hinweis sein, daß der Träumende seine Probleme zu sehr vom Verstand her, zu „nüchtern" sieht. Gemeinsames Trinken im Traum deutet auf die Notwendigkeit, eine gefühlsmäßige Bindung zu dem Mittrinkenden herzustellen. Trunkenheit ist ein Traumsignal für den Träumenden, bestimmte Probleme seines Lebens nüchtern zu sehen. ↗Mahlzeit.

Alligator

↗Krokodil.

Almosen

Wer davon träumt, ein Almosen zu empfangen, fühlt sich vielleicht ein wenig als Bittsteller oder gar als Bettler. Möglicherweise will ihn sein Traum darauf hinweisen, daß er sich nicht unnötig erniedrigen, sondern selbstbewußter auftreten soll.
Wer im Traum ein Almosen gibt, läßt sich manchmal herab zu anderen, die ärmer sind als er. Meist läßt der Traumzusammenhang erkennen, ob hier Güte und Mildtätigkeit entscheidende Motive für das Verhalten des Träumenden sind. Oft geht es bei diesem Traumbild um die Art und Weise, wie der Träumende die Beziehung zu einem anderen Menschen gestaltet. ↗Geschenk.

Altar

Unabhängig von jeder Religionszugehörigkeit stellt dieses Traumbild eine innere Persönlichkeitsentwicklung, Reife, Verantwortungsbewußtsein und Ehrfurcht vor dem Leben und vor der Natur dar. ↗Kirche.

alte Frau

Hier ist – wie bei allen im Traum vorkommenden Personen – zu prüfen, ob der Träumende sie kennt. Häufig tragen ältere Frauen Züge der eigenen Mutter oder Großmutter. Sie verweisen auf typische Eigenschaften dieser Personen oder auf Kindheitserlebnisse, deren Inhalt sich aus der weiteren Traumhandlung ergibt.
Die alte Frau kann aber auch Eigenschaften des Träumenden selbst verkörpern.

Alter

Traumbilder über das Älterwerden deuten darauf hin, daß der Träumende zuviel über Alter, Vergänglichkeit und Tod nachdenkt. In positiven Träumen zur Problematik des Älterwerdens kann sich der Wunsch nach Lebenserfahrung, Reife und Abgeklärtheit ausdrücken.

alter Mann

Ein alter Mann als Traumsymbol ist häufig ein Hinweis auf Lebenserfahrung und Lebensweisheit. Die Bedeutung dieses archetypischen Bildes der Weisheit gilt allgemein als positiv und gibt dem Träumenden hilfreiche Hinweise. Ein alter Mann kann nach der Gesamthandlung des Traumes erkennbar auch eine negative Bedeutung verkörpern, etwa Altersstarrsinn und Unverträglichkeit. Doch dann ist diese Person dem Träumenden meist bekannt. Die Traumbotschaft ist in solchen Fällen als Mahnung an den Träumenden zu verstehen, sein Verhalten gegenüber seinen Mitmenschen kritisch zu überprüfen. ↗Mann.

Altersheim

Der Träumende sorgt sich um materielle Sicherstellung und Altersversorgung. ↗Alter.

Altmodisch

Trägt der Träumende im Traum altmodische Kleidung, so will ihm der Traum möglicherweise signalisieren, daß er in der Art, sich zu geben, nicht dem Geschmack der Zeit entspricht, was nicht unbedingt als negativ anzusehen ist. ↗Kleider.

Amazone

Träume von Amazonen veranschaulichen ein gespanntes Verhältnis zwischen den Geschlechtern. Die Beziehung zwischen Mann und Frau ist dabei häufig durch Angst vor oder Verlangen nach sexueller Aggressivität beeinträchtigt.

Amboß

Der Schmied schlägt auf dem Amboß das glühende Eisen in die richtige Form. Dementsprechend symbolisiert das Traumbild passive Duldung. Schuldgefühle werden durch Selbstmitleid kompensiert. Häufig drückt dieses Symbol den Wunsch aus, sich quälen und demütigen zu lassen. Der Amboß als Traumbild kann aber auch dazu ermahnen, sich selbst energischer und mit mehr Härte zu erziehen.

Ambulanz

Dieses Traumbild kann ein Gefahrensignal sein. Möglicherweise braucht der Träumende Hilfe, weil er sich in einer schwierigen Krisensituation befindet. ↗Arzt, ↗Krankenhaus.

Ameise

Wie auch andere Insektenarten so deuten Ameisen auf Unruhe Erregung und Nervosität hin. Sie sind ein Gefahrensignal. Bei beängstigendem Ameisengewimmel ist auf den Nervenzustand zu achten. Der Ausbruch ernster psychischer Störungen kann sich so ankündigen. Entspannung und Erholung sind zu empfehlen. Auch Durchblutungsstörungen, eingeschlafene Glieder und Fieber können Träume von Ameisen hervorrufen. Manchmal ermahnt dieses Traumbild zu mehr Entfaltung von Fleiß, Ausdauer und Aktivität. Die genauere Bedeutung ergibt sich daraus, ob das Traumgeschehen als angenehm oder als beunruhigend empfunden wird.

Amerika

In der Traumsprache ist Amerika meist ein Land der unbegrenzten Möglichkeiten. Der Träumende kann sich dort voll und ganz selbst verwirklichen.

Amme

Die Amme verkörpert im Traum entweder Sehnsucht nach Zeugung, Fruchtbarkeit, Empfängnis, Schwangerschaft und Kindern oder Ängste davor. Manchmal drückt sich in diesem Traumbild Furcht vor der Sexualität aus. ↗Hebamme.

Amputation

Die Amputation eines Körperteils im Traum ist ein Warnsignal. Das Traumbewußtsein informiert so über den Verlust von Eigenschaften oder Verhaltensmöglichkeiten, die sich näher aus der Symbolbedeutung des amputierten Körperteils bestimmen lassen.
So kann der Verlust eines oder beider Beine auf fehlende Möglichkeiten zur Weiterentwicklung oder auf den Verlust des geistigen oder seelischen Standortes hindeuten. Die Amputation der Hand zeigt den Verlust der Handlungsfähigkeit an. Der Verlust der Finger deutet auf fehlende Fähigkeit des Fühlens hin. Es kommt sogar vor, daß der Träumende im Traum geköpft wird. Das kann die harmlose Bedeutung haben, daß der Träumende in einer bestimmten Situation „den Kopf verloren hat". Manchmal liegt darin aber auch eine ernste Warnung. Die gesamte Traumhandlung muß hier bei der Deutung herangezogen werden.

Amulett

Als magischer Glücksanhänger symbolisiert das Amulett die Hoffnung auf günstige Lebensumstände. Meist deutet es darauf hin, daß den Träumenden Sorgen bedrücken, die er ohne Hilfe nicht bewältigen kann.
Auch drückt sich in diesem Symbol Schutzbedürftigkeit aus. Dieses Traumbild tritt häufig in schwierigen Lebenssituationen auf. ↗Mandala.

Ananas

Die reife, saftige, süße Frucht bedeutet Selbstbewußtsein, Lebensfreude und sexuellen Genuß. Ist die Ananas bitter, unappetitlich, verfault, ungenießbar, so weist das auf Unsicherheit, Entbehrung und sexuelle Enttäuschung hin. ↗Apfel, ↗Frucht.

Anarchist

Anarchie ist Chaos – im Traum wie in der Wirklichkeit. Aber das Chaos ist oft das notwendige Durchgangsstadium, um zu einer neuen Lebensordnung zu gelangen. Alle schöpferischen Prozesse gehen zunächst durch ein Stadium von Chaos und Anarchie, ehe sich eine neue Ordnung organisiert. ↗Chaos.

Andacht

Dieses Traumbild will dem Träumenden meist helfen, zu den wichtigen Fragen des Lebens und damit zu sich selbst zu finden. ↗Kirche.

Anfall

Dieses Traumbild symbolisiert manchmal ein Krankheitsgeschehen, auf das es den Träumenden hinweisen will. ↗Bewußtlosigkeit; ↗Krankenhaus.

Angel

Die Angel ist in der Traumsprache meist ein Instrument, das dem Träumenden dazu verhelfen soll, sein seelisches Potential zur Erfüllung von Wünschen zu nutzen. ↗angeln.

angeln

Im allgemeinen deutet Angeln auf das Streben nach geistigen, gefühlsmäßigen oder materiellen Werten hin. Der Träumende möchte Anerkennung, Erfolg, Überlegenheit oder Besitz erlangen. Zur näheren Deutung ist darauf zu achten, was der Träumende angelt, wie das Wasser beschaffen ist und wie er sich fühlt. ↗Wasser.

Angriff

Alle Formen von Gewaltanwendung deuten auf Minderwertigkeitsgefühle, Verdrängungen und Triebstauungen hin. Traumbilder mit aggressiven Handlungen richten die

Mahnung an den Träumenden, mehr Selbstbewußtsein zu entwickeln und sich stärker zu beherrschen. ↗Gewalt.

Angst

Traumbilder, die Angst auslösen, weisen auf Zweifel, Unsicherheit, Hemmungen, Minderwertigkeits- und Schuldgefühle hin. Um den Sinn solcher Traumbilder näher bestimmen zu können, ist es wichtig zu beachten, worauf sich die Angst bezieht. Kehren bestimmte Angstträume häufig wieder und beunruhigen sie den Träumenden sehr, so deutet das auf eine ernstzunehmende Entwicklungsstörung hin, die einer therapeutischen Behandlung bedarf.

Anhänger

↗Amulett, ↗Schmuck.

Anker

Als Traumbild symbolisiert der Anker Sicherheit und Standfestigkeit der Persönlichkeit, besonders des Gefühlslebens. Reicht der Anker tief, faßt er festen Grund, dann bedeutet das Selbstvertrauen, Ausgeglichenheit und Charakterfestigkeit. Hält der Anker nicht zuverlässig oder reißt er, so weist das auf Enttäuschungen, Unsicherheiten und Zweifel hin. Läßt sich der Anker nicht einholen, so kann sich darin das Verlangen nach Befreiung von unerwünschten Bindungen, Verpflichtungen oder Vorurteilen ausdrücken.

ankleiden

↗bekleiden.

anschirren

Wird ein Esel, Pferd, Kamel oder irgendein anderes Tier angeschirrt, so versieht man es mit Vorrichtungen zu seiner Lenkung. Es kann sich dann nicht mehr ungehindert den Eigenschaften überlassen, die es in der Traumsprache verkörpert. Das Anschirren eines Pferdes drückt beispielsweise gezügelte Energie, gebändigten Tatendrang und beherrschtes Triebleben aus.

Ansprache

Wer im Traum als Redner auftritt, möchte überzeugen und sich Gehör verschaffen. Das Bemühen, durch lange Reden Aufmerksamkeit und Anerkennung zu finden, deutet auf Unsicherheit hin. Hat die Rede Erfolg, so drückt sich darin die Hoffnung des Träumenden aus, sich im Leben durchsetzen zu können. Bleibt die Rede unbeachtet, wird sie gestört, so fühlt sich der Träumende unverstanden, verkannt und einsam.

Ansteckung

Man kann von Herzlichkeit, Lebensfreude, Tatkraft, Besonnenheit und vielen anderen positiven Eigenschaften, aber auch von negativen Verhaltensweisen angesteckt werden. Die Bedeutung des Traumbildes hängt davon ab, von wem und womit man angesteckt wird und wie der Träumende die Ansteckung empfindet. Oft handelt es sich um das Verlangen nach einem Vorbild oder um eine Warnung, sich nicht zu sehr von anderen beeinflussen zu lassen.

Anstrengung

In diesem Traumbild liegt oft ein Hinweis an den Träumenden, daß es sich lohnt, für eine Sache zu kämpfen, der er vielleicht in der Realität zu wenig Beachtung geschenkt hat.

Antenne

Als Traumbild ist die Antenne ein modernes Kommunikationssymbol. Zur genaueren Deutung ist vor allem zu beachten, in welchem Zustand sich die Antenne befindet und was sie sendet oder empfängt. Im allgemeinen drückt dieses Bild den Wunsch des Träumenden aus, bestimmte Beziehungen zu verbessern oder sich aufgeschlossener und kontaktfreudiger zu verhalten.

Antilope

In der Traumsprache ist dieses Tier meist Ausdruck für Schnelligkeit, Gewandtheit und eleganten, gekonnten Krafteinsatz.

Antrag

Richtet im Traum jemand an den Träumenden einen Antrag, so liegt darin oft der Wunsch nach Kontaktaufnahme. Stellt der Träumende den Antrag, so möchte er selbst die Initiative zur Kontaktaufnahme ergreifen. Der Wunsch nach Kontakt ist aber in beiden Fällen eher formal bestimmt.

Anwalt

Meist drückt dieses Traumbild aus, daß sich der Träumende in einer schwierigen Situation befindet, in der er einen kompetenten Fürsprecher zur Wahrnehmung seiner Interessen braucht. Oftmals geht es um die streitige Bereinigung von Konflikten, der sich der Träumende allein nicht voll gewachsen fühlt. ↗Gericht.

anziehen

↗bekleiden.

Anzug

↗Kleidung.

Apfel

Apfel, Granatapfel, Feige und Quitte sind uralte Fruchtbarkeitssymbole.

In der Psychoanalyse gilt der Apfel wegen seiner Ähnlichkeit mit der Form der weiblichen Brust als ein typisches Sexualsymbol. Diese Deutung trifft vor allem dann zu, wenn der Apfel in einem erotischen Traumzusammenhang erscheint. Für die Deutung ist dann zu beachten, ob es sich um reife oder unreife Äpfel handelt. In den Träumen älterer Menschen kann der Apfel auch auf geistige Fruchtbarkeit hinweisen.

Apfelsine

↗Orange.

Apotheke

Im allgemeinen stellt die Apotheke als Traumbild eine seelische oder körperliche Notsituation dar. Auch weist sie auf das Verlangen nach Hilfe hin. Die genauere Bedeutung ergibt sich aus dem Traumzusammenhang, insbesondere aus dem Anlaß zum Aufsuchen der Apotheke und aus den Artikeln, die dort gekauft werden. ↗Arzt.

Appetit

Meist drückt sich so der Wunsch des Träumenden nach Zuwendung aus. Nähere Aufschlüsse lassen sich gewinnen, wenn der Traum mitteilt, worauf der Träumende Appetit hat. Es kann sich um geistige, seelische oder auch körperlich-sexuelle Bedürfnisse handeln. ↗Nahrungsmittel.

Applaus

Dieses Traumbild weist oft darauf hin, daß der Träumende sich nicht genügend anerkannt fühlt. Vielleicht befindet er sich in einer Phase seines Lebens, in der ihm nichts so recht gelingen will. Oder er traut sich nicht genug zu. Es lohnt sich, an einer Stärkung des Selbstwertgefühls zu arbeiten. Die Möglichkeiten meditativer Entspannung können hierbei eine gute Hilfe sein.

Aprikosen

Meist ist dieses Symbol ein Traumhinweis auf die weibliche Sexualität. Nähere Aufschlüsse ergeben sich fast immer aus dem Traumzusammenhang. Wichtig sind beispielsweise Fragen wie: War die Frucht genießbar? Schmeckte sie? Bestanden irgendwelche Hindernisse gegen die Ernte? ↗Frucht.

Aquamarin

Wie alle Edelsteine, so ist auch der Aquamarin ein sehr positives Traumsymbol. Mit seiner meergrün-blauen Färbung weist er auf die gewaltige Kraft des Kollektiven Unbewußten hin. ↗Edelsteine, ↗Meer.

Aquarium

Das Aquarium ist ein künstlicher Lebensraum. In der Traumsprache deutet es auf Oberflächlichkeit, Geziertheit und Unnatürlichkeit hin. Die Gefühle gehen nicht tief, sondern sind gespielt, berechnet und auf Wirkung bedacht. Meist drückt sich in diesem Bild die Mahnung aus, sich natürlicher zu verhalten. Die genauere Bedeutung ergibt sich aus dem Zustand des Aquariums und seiner Bewohner.

Araber

In der Traumsprache symbolisiert dieses Symbol für viele Menschen ursprüngliche, vitale Lebenskraft. ↗Neger.

Arbeit

In der Traumsprache kündigt sich mit diesem Bild meist die Notwendigkeit einer Persönlichkeitsentwicklung an. Sie ist mit Arbeit an uns selbst verbunden. ↗Heilung.

Arche

In der Bibel ist die Arche eine Art Schiff, in dem Noah seine Sippe und zahlreiche Tiere vor dem Untergang in der Sintflut rettete. Nach C. G. Jung ist die Arche ein Symbol für den mütterlichen Schoß. Sie symbolisiert zugleich Geborgenheit wie auch alles menschliche Wissen, das nicht untergehen kann. ↗Schiff.

Arena

Ob als Kampfplatz im antiken römischen Zirkus oder als Schauplatz für Sportwettkämpfe – stets ist die Arena ein Zentrum öffentlicher Aufmerksamkeit. Als Traumbild symbolisiert sie Leistungswillen, Erfolgsstreben, Konflikte und Auseinandersetzungen unterschiedlichster Art. Die genauere Bedeutung hängt von den Ereignissen ab, die in der Arena geschehen.

Arm

Arm und Hand gehören eng zusammen. In der Traumsprache ist der Arm die Grundlage des Handelns. ↗Amputation, ↗Arzt, ↗Krankenhaus.

Armband

↗Schmuck.

Armut

Dieses Traumbild deutet auf Unsicherheit, Hilflosigkeit, Minderwertigkeitsgefühle und Mangel an geistigen, gefühlsmäßigen und charakterlichen Qualitäten oder auch an körperlichen Vorzügen hin.

Arrest

Meist fühlt sich der Träumende in seinen persönlichen Entfaltungsmöglichkeiten durch Lebensumstände oder durch einen anderen Menschen eingeengt. Worin diese Einengung besteht, läßt sich fast immer aus dem Traumzusammenhang erkennen. ↗Gefängnis, ↗Haft, ↗Hindernis, ↗Zaun.

Artischocken

Ähnlich wie in der Realität gilt diese edle Gemüsepflanze auch in der Traumsprache als Symbol für Luxus, Genuß und Steigerung der Liebesfähigkeit. ↗Hunger, ↗Nahrungsmittel.

Arznei

Dieses Traumbild symbolisiert seelische oder auch körperliche Not und das Verlangen nach Anteilnahme, Trost, Rat und Hilfe. Oft wird damit die Angst vor Enttäuschungen ausgedrückt oder vor seelischen und körperlichen Schmerzen, vor Krankheit, Alter und Tod. Nimmt der Träumende die Arznei und hilft sie ihm, so ist das ein Hinweis, daß er genügend Widerstandskraft hat, seine Konflikte zu bewältigen. Geht die Arznei verloren oder wird sie aus anderen Gründen unerreichbar, so drückt sich darin eine ungelöste Problemsituation aus.

Arzt

Die meisten Leute erwarten vom Arzt Hilfe, Trost, Schmerzlinderung und Heilung. Das Traumbewußtsein signalisiert durch die Gestalt des Arztes, daß der Träumende Hilfe in einer Konfliktsituation braucht. Der gesamte Zusammenhang, in dem der Arzt vorkommt, kann aber auch den Wunsch des Träumenden erkennen lassen, von diesem respektierten und bewunderten Menschen anerkannt zu werden.
Sieht der Träumende sich selbst als Arzt, so möchte er gern die Eigenschaften besitzen, die diesem Beruf zugeschrieben werden: Autorität, Wissen, Herrschaft über Leben und Tod.

Asche

Wo Asche ist, dort hat vorher etwas gebrannt. Im allgemeinen symbolisiert dieses Traumbild erloschene Gefühle, verlorenes Interesse, erschöpfte Kräfte, Gleichgültigkeit und Resignation. Glüht die Asche noch, so zeigt sich darin Selbstbesinnung, Läuterung, Persönlichkeitsentwicklung und Reife. Für die Traumbedeutung kann wichtig sein, was zu Asche verbrannt ist. ↗Feuer.

Ast

Ein Ast ohne Baum kommt im Traum meist als Spazierstock und Stütze oder als Waffe vor. In diesem Sinne hat er Bedeutung als Symbol männlicher Sexualität. Ist der Ast belaubt oder gar blühend, so hebt das den aggressiven Akzent auf und deutet auf tieferliegende Gefühle. ↗Baum, ↗Spazierstock, ↗Waffe.

Asthma

Manchmal ist dieses Traumsymbol ein Hinweis auf eine tatsächlich bestehende Erkrankung. Aber meist signalisiert es negative Umstände, die das Leben des Träumenden in seiner Entfaltung beeinträchtigen und ihm buchstäblich die Luft zum Atmen nehmen. ↗Arzt, ↗Krankheit.

Asyl

Dieses Bild drückt oft den Wunsch des Träumenden nach Schutz und Geborgenheit aus. Not, Verfolgung und Flucht bringen Unruhe in sein Leben. Der Träumende fühlt sich dem Schicksal ausgeliefert. Er leidet manchmal unter der Angst, der Situation nicht gewachsen zu sein. Häufig läßt sich aus dem Traumzusammenhang erkennen, welcher Art die Gefahr ist, die dem Träumenden Schwierigkeiten bereitet. Sie zu erkennen, genau hinzuschauen, ist meist schon der Anfang zur Bewältigung der Krisensituation.

Atem

Das Ein- und Ausatmen bedeutet Anspannung und Entspannung. Es veranschaulicht auf diese Weise Lebensenergie. In der Traumsprache weist freier Atem auf unbehinderte Entfaltung der Energie und auf das Gleichgewicht der seelischen und körperlichen Kräfte hin. Muß man dagegen um Atem ringen oder droht man gar zu ersticken, so zeigt sich darin eine Beeinträchtigung der Persönlichkeitsentfaltung. Wiederholen sich solche Traumbilder und lösen sie starke Angstgefühle aus, so deutet dies auf eine ernsthafte seelische Störung oder auf eine körperliche Erkrankung hin. ↗Luft.

Athlet

Der Athlet symbolisiert in der Traumsprache eine übermächtige, archetypische Vaterfigur. Er spielt eine ähnliche Rolle wie die Riesen in den alten Volksmärchen. Um solche Gestalten zu besiegen, genügen nicht Körperkraft und ein wacher Verstand. Die richtige Lösung zu ihrer Überwindung findet meist derjenige, welcher einen guten Kontakt zu seinem Unbewußten hat. Er verdankt die richtigen schöpferischen Einfälle seiner Intuition, dem Zugang zu seinem Traumbewußtsein. ↗Dämonen, ↗Engel, ↗Riese.

Atlas

Landkarten sind meist Erinnerungssymbole für Reiseerlebnisse oder Ausdruck einer Sehnsucht nach fremden Ländern. Mitunter veranschaulichen sie aber auch Zweifel an der Richtigkeit eines eingeschlagenen Weges, Unsicherheit über die weitere Lebensrichtung oder allgemein Orientierungsprobleme.

Atombombe

Die Atombombe bedeutet in der Realität eine Gefahr für die gesamte Menschheit. So ist auch ihr Bild im Traum als symbolischer Hinweis auf eine Gefährdung der Menschen in der Umgebung des Träumenden durch Gefühlsregungen zu verstehen, die der Träumende nicht unter Kontrolle zu haben glaubt.
Ein Traum von einer Atombombe ist ein Gefahrensignal, das auf psychische oder geistige Erkrankungen hindeuten kann. ↗Arzt, ↗Explosion.

Attentat

↗Gewalt, ↗Mord.

aufbäumen

Bäumt sich ein Pferd im Traum auf, so kann dieses Bild auf ein Aufbegehren der Lebenskraft des Träumenden sein. Oft wehrt sie sich gegen Überbeanspruchung und Überforderungen jeder Art. Meist lassen sich die Gründe für dieses Aufbäumen aus dem Traumzusammenhang näher erkennen. ↗Pferd, ↗reiten.

Auferstehung

Dieses Traumsymbol hat nicht nur religiöse Bedeutung. Es verweist ganz allgemein auf einen tiefgreifenden Entwicklungsprozeß, auf Selbstbestimmung, Wandlung und Reifung.

Aufführung

Erlebt sich der Träumende selbst in einer Aufführung, so geht es meist um eine Rolle, die er im Leben spielt oder spielen möchte. Deshalb lohnt es sich hinzuschauen, welche Rolle er bei der Aufführung spielt. Tritt er selbst nicht in Erscheinung, so gibt es bei der Aufführung in aller Regel eine Gestalt, mit der er sich identifiziert, die wichtige Merkmale seiner eigenen Persönlichkeit trägt oder vor der er sich fürchtet. Diese Gestalt ist häufig Träger einer wichtigen Traumbotschaft. ↗Theater.

Aufregung

Etwas stört den ruhigen und geordneten Ablauf des Geschehens. Es gilt herauszufinden, was diese Störung verursacht. Meist gibt der Traumzusammenhang hier näheren Aufschluß.

Aufruhr

Gemeint ist bei diesem Bild in der Traumsprache fast immer ein Aufruhr der Gefühle. Welche Gefühle empfindet der Träumende beim Erleben des Aufruhrs in seinem Traum? Was war die Ursache des Aufruhrs? Meist kämpfen einander widersprechende Gefühlsseiten bei Aufruhrträumen miteinander. ↗Kampf, ↗Krieg, ↗Mord.

aufsammeln, sammeln

Entscheidend für die Traumdeutung ist, was in dem Traum gesammelt wird. Findet der Träumende Geld, so gewinnt er Lebensenergie. Oft geht es bei diesem Traumthema um das Finden neuer Ideen, Erkenntnisse oder Problemlösungen. Ihre Beschaffenheit läßt sich meist aus dem Traumzusammenhang näher erkennen. ↗Geld.

aufsteigen

Jede Form von Aufsteigen, jede Aufwärtsbewegung ist in der Traumsprache ein Hinweis auf Erfolg. Wenn der Träumende beispielsweise den Gipfel eines Berges erreicht, so gewinnt er meist den Überblick über eine Situation. Es gelingt ihm, Hindernisse und Mühen aus eigener Kraft und durch seinen persönlichen Einsatz zu überwinden. ↗Berg.

Aufstieg

Dieses Bild enthält ein in jeder Weise positives Traumsymbol. Der Aufstieg ist in der Traumsprache ganz wörtlich zu verstehen, nämlich als sozialer, materieller oder gesellschaftlicher Aufstieg, in jedem Fall als Erfolgssymbol. Die näheren Umstände und die Art des Aufstiegs lassen sich meist aus dem Traumzusammenhang erkennen. ↗Aufsteigen, ↗Berg.

auftauen

Meist ist hier das Auftauen einer eingefrorenen Beziehung zu einem anderen Menschen gemeint. Das Traumbild kann sich aber auch auf bestimmte „frostige" Eigenschaften des Träumenden beziehen. Der Vorgang des Auftauens bedeutet in der Traumsprache fast immer, daß etwas Erstarrtes und Erkaltetes von Wärme und Lebendigkeit erfüllt wird. ↗Eis.

Aufzug

↗Lift.

Auge

Im Volksmund bezeichnet man die Augen als den Spiegel der Seele. Das Auge hat im Traum die Symbolbedeutung eines Bewußtseinsorgans. Eine Behinderung der Sehfähigkeit informiert beispielsweise darüber, daß der Träumende ein bestimmtes Problem oder auch die Problematik seiner Lebensführung insgesamt nicht richtig sieht.

August

Spielt diese Monatsangabe in einem Traum eine Rolle, so will der Traum mit ihr eine bestimmte Botschaft mitteilen. Auf die Lebenssituation des Träumenden übertragen bedeutet der August meist die Zeit der Reife. Die Ernte all dessen, was man im Laufe seines aktiven Lebens gesät hat, kann jetzt eingefahren werden.

Aula

Als Festsaal von Schulen und Hochschulen ist die Aula Bestandteil des Persönlichkeitssymbols Schule. Sie verweist auf besonders wichtige geistig-seelische Aspekte der Persönlichkeitsbildung. ↗Schule.

Ausblick

Der Ausblick ist als Traumbild ganz wörtlich als Lebensaussicht zu verstehen. Entscheidend ist also, welcher Ausblick sich dem Träumenden beim Blick aus dem Fenster oder als Blick von einem Berg über die Landschaft bietet. Ist die Landschaft nebelverhangen, so erscheinen dem Träumenden seine Aussichten möglicherweise als trüb. Der Blick über eine klare, sonnendurchflutete Landschaft ist dagegen immer als Bild von Wärme und lebendiger Erfülltheit zu verstehen. ↗Landschaft.

Ausbruch, Eruption

Aufgestaute Energien brechen durch. Dabei kann es sich um Aggressionen, verdrängte Gefühlsinhalte oder Triebstauungen handeln, die zum Durchbruch drängen. ↗Vulkan.

Auseinandersetzung

↗Streit.

ausgraben

Vergrabene Gefühle, Probleme oder Gedanken werden durch das Ausgraben ans Tageslicht befördert. Der Träumende will sie zur Kenntnis nehmen, sich mit ihnen auseinandersetzen. Er gewinnt hierbei an Wissen, Erkenntnis und persönlicher Reife.

Ausland

Traumbilder von fremden Ländern, Menschen und Sitten sind häufig Erinnerungssymbole für Reiseerlebnisse oder Ausdruck von Fernweh. Manchmal handelt es sich aber auch um Hinweise, daß der Träumende mit für ihn neuen Lebensverhältnissen, Aufgaben und Interessen konfrontiert ist. Die genauere Bedeutung hängt davon ab, ob er die Situation als angenehm oder unangenehm empfindet. Hat er mit Ausländern Verständigungsschwierigkeiten oder findet er sich sonst nicht zurecht, so zeigen sich darin Verunsicherung und Angst. Erfreuliche Auslandserlebnisse deuten dagegen darauf hin, daß neue Erfahrungsbereiche als reizvoll empfunden werden.

Ausschlag

↗Geschwür.

aussetzen, im Stich lassen

Meist sind es bestimmte Eigenschaften oder Anteile der Persönlichkeit des Träumenden, die hier ausgesetzt werden. Wenn sich der Träumende nicht mehr um sie kümmert, drohen sie zu verkümmern, abzusterben. ↗Begräbnis, ↗Grab, ↗Leiche, ↗Tod.

Ausstellung, Vorführung

Der Träumende versucht sich ins rechte Licht zu rücken. Er möchte Beachtung finden und anerkannt werden.

Auster

Austern sind – wie Muscheln – Fruchtbarkeitssymbole. In China heißt die Auster Perlenbauch, weil sie die Perle in sich trägt und so dem Schoß einer Frau gleicht, die ein Kind empfängt. Im Traum kommt der Auster manchmal auch die Bedeutung eines weiblichen Sexualsymbols zu. ↗Muschel.

auswandern

Dieses Traumbild veranschaulicht grundlegende Veränderungen der Lebensverhältnisse und Lebensanschauungen. Dabei kann es sich um das Verlangen nach einem notwendigen Persönlichkeitswandel, aber auch um Angst vor geistiger und gefühlsmäßiger Neuorientierung handeln.

Ausweis

↗Paß.

ausziehen

↗entkleiden.

Auszug

Zieht man aus einer Wohnung, einem Haus oder sonst irgendwo aus, so stellt sich in diesem Bild ein Wandel der Persönlichkeit dar. ↗auswandern.

Auto

Seine Symbolbedeutung im Traum ist die eines individuellen Transportmittels. Es verkörpert auch die motorische Energie, die Lebenskraft seines Besitzers.
Wie das Auto in der Realität oft als Statussymbol gesehen wird, so kann seine Größe und Beschaffenheit auch im Traum Aufschluß darüber geben, wie der Träumende von seiner Umwelt gesehen werden will.
Rasante Sportwagen im Traum haben sexuelle Symbolbedeutung. Sie symbolisieren den Rausch der Freiheit, Unabhängigkeit, Dynamik und Potenz.

Autobahn

Alle Autostraßen veranschaulichen den Lebensweg, wobei der Straßen- und Verkehrszustand die wichtigsten Hinweise für die Bedeutung dieses Traumbildes gibt. ↗Auto, ↗Lastkraftwagen, ↗Omnibus.

Automat

Im allgemeinen symbolisieren Automaten als Traumbild den stumpfsinnigen Alltagstrott und die Macht der Gewohnheit. Sie weisen auf Gefühllosigkeit, Unselbständigkeit, Beziehungslosigkeit und Monotonie hin. Mitunter warnt dieses Bild vor Abhängigkeit und Sucht, wenn es sich um einen Automaten für ↗Alkohol, ↗Kaffee oder ↗Zigaretten handelt. Die genauere Bedeutung läßt sich meist aus dem Traumzusammenhang erkennen. ↗Computer.

Axt

Wie alle Waffen symbolisiert die Axt Energie und Machtstreben, vor allem aber Durchsetzungswillen und aggressive Triebkraft. Das gilt auch dann, wenn die Axt als Arbeitsgerät, beispielsweise zum Bäumefällen oder Holzhacken eingesetzt wird. Dabei liefern die mit der Axt ausgeführten Tätigkeiten und das bearbeitete Material meist wichtige Hinweise für die Deutung.

B

Baby

Manchmal hängt dieses Traumbild mit Schwangerschaft, Geburt oder dem Wunsch nach einem Kind zusammen. Trifft das nicht zu, so drückt es Kindlichkeit und Unreife aus. Bestimmte Wesenszüge des Träumenden sind noch ungenügend entwickelt und wollen gehegt und umsorgt werden. ↗Puppe.

Bach

↗Fluß.

Bäcker, Backofen

Der Bäcker stellt die schöpferische Seite des Träumenden dar. Er schafft in seinem Backofen geistige und künstlerische Nahrung.
Bereiten Frauen im Traum etwas im Backofen zu, so liegt darin ein Hinweis auf die nährenden und mütterlichen Eigenschaften des Weiblichen. ↗Herd.

Bad

Das Bad hat in den Märchen, Mythen und im Traum die Bedeutung eines Reinigungssymbols. In den meisten Religionen, auch im Christentum in der Taufe, ist das Bad ein rituelles Reinigungszeremoniell, das von allen Sünden reinigt.
Träume vom Baden treten häufig vor entscheidenden Wendungen im Leben des Träumenden auf. Das Wasser im Traumbad ist kein gewöhnliches Wasser, sondern es

bedeutet seelische Energie. Baden im Traum läßt sich als seelische Wandlung und Reinigung verstehen. ↗Grotte.

Bagger

Bagger, Planierraupen, Panzer und ähnliche Maschinen symbolisieren zerstörerische Kraft. Sie sind heute im Zeitalter der modernen Technik vielfach an die Stelle des alten archetypischen Bildes vom Drachen getreten, wie wir ihn aus den Märchen, Mythen und Sagen kennen. Die Bedeutung ist die gleiche: Der Drache symbolisiert die bedrohliche und verschlingende Seite des Weiblichen für den Mann. Er ist ein negatives Bild für die Mutter, die ihr Kind ablehnt, es durch Verwöhnen erdrückt und selbst den erwachsenen Sohn nicht an eine andere Frau verlieren will.

Bahngleis

↗Gleis.

Bahnhof

Im Traum zeigt der Bahnhof eine Veränderung der Lebenssituation des Träumenden an. Bahnhofsträume kommen sehr oft vor. Sie können situationsbedingt oder vom Lebensalter her bestimmte, reale, geistige oder seelische Veränderungen kennzeichnen. Bei der Deutung sind die näheren Umstände heranzuziehen, z. B. zu spät kommen, in den falschen Zug einsteigen, die Fahrkarte vergessen. Sie sind meist vollkommen wörtlich zu verstehen.

Bajonett

↗Lanze, ↗Messer.

Balken

Oft ist dieses Symbol in der Traumsprache ein Hinweis auftragende Kraft. Das gilt vor allem, wenn der Balken eine tragende oder stützende Funktion hat.
In selteneren Fällen kann aber auch der Balken im eige-

nen Auge gemeint sein, den man bekanntlich nicht sieht, während man den Splitter im Auge anderer Menschen sehr genau wahrnimmt. Selbsterkenntnis läßt sich erlernen, auch wenn dies nicht gerade zu den leichtesten Aufgaben in unserem Leben gehört. ↗Säule, ↗Haus.

Balkon

↗Haus.

Ball

Wie die Kugel ist der Ball ein Symbol für Ganzheit. Wenn wir an Begriffe wie Erdball oder Sonnenball denken, so erscheint es verständlich, daß der Ball im Traum Ausdruck für konzentrierte psychische Energie sein kann.
Ähnlich wie im Märchen vom Froschkönig, wo er als goldene Kugel eine Schlüsselrolle einnimmt, deutet der Ball auf eine Wandlung und tiefgreifende Veränderung des Träumenden hin. ↗Kugel, ↗Spiele, ↗Tanz.

Ballast

Dieses Traumsymbol weist auf allerlei Unnützes und Lästiges hin, das wir in unserem Leben mit uns herumschleppen. Dabei kann es sich um unerledigte Probleme oder Konflikte handeln. Oft will dieses Traumbild darauf hinweisen, daß es an der Zeit ist, eine seelische Müllabfuhr durchzuführen, Ordnung zu schaffen, auszumisten. Durch das Abwerfen von Ballast gewinnen wir neue Lebenskraft. ↗Koffer, ↗Paket.

Ballett

↗Tanz.

Ballon

Als Luftfahrzeug ↗fliegen und ↗Flugzeug, als Kinderspielballon ↗Kugel und ↗Spiele.

Banane

Sie hat meist eine erotische Bedeutung und gilt als Sinnbild für das männliche Geschlechtsorgan. ↗Sexualität.

Band

Das Band hat in der Traumsprache meist etwas mit den persönlichen Bindungen des Träumenden zu tun. Es kann sein, daß er sich von solchen Bindungen eingeengt fühlt. Will er selbst oder eine andere Traumperson einen Gegenstand fest zusammenbinden, so sucht der Träumende wahrscheinlich eine festere Bindung zu einem anderen Menschen.

Bank

Als Sitzbank veranschaulicht sie Ruhe, Entspannung, Erholung oder das Verlangen danach.
Die Bank als Geldinstitut symbolisiert Ansehen, Macht, Energie oder auch selbstbewußte männliche Sexualität. Wird die Bank mit der Vorstellung von Sicherheit verbunden, so bedeutet sie Selbstvertrauen, Zuversicht und Erfolg oder das Verlangen danach. Verursacht sie dagegen Mißtrauen und Ablehnung, betritt der Träumende sie ungern oder wird er unfreundlich bedient, so deutet das auf erschüttertes Selbstvertrauen, Unsicherheit und sexuelle Hemmungen. Werden Kreditwünsche abgelehnt, Geldauszahlungen verweigert oder ereignen sich ähnliche unangenehme Zwischenfälle, so weist dies auf Minderwertigkeitsgefühle, Triebstauungen und Existenzangst hin.
Ähnliches gilt für Traumbilder wie Banküberfall oder ↗Geiselnahme. Dabei besteht kein Unterschied, ob der Träumende die Bank selbst überfällt oder das Geschehen nur miterlebt. ↗Gewalt.

Banknoten

↗Geld.

Bar

↗Restaurant.

Bär

In der Mythologie und in den Märchen der nordischen-Völker hat der Bär als Tiersymbol stets weibliche Eigenschaften. Er gilt in der Traumsymbolik als mütterlich-erdhaftes Tier.
Als männliches Tier, mit den sprichwörtlichen Bärenkräften ausgestattet, kann der Bär aber ebenso gewalttätige Kraft verkörpern und damit negative Bedeutung haben. ↗Tier.

Baracke

Zu beachten ist, daß jede Baracke ein provisorisches Bauwerk ist. Als Traumbild veranschaulicht sie daher eine vorübergehende Situation, eine Notlösung ohne große Stabilität und Dauerhaftigkeit. Der Träumende soll zu mehr Ausdauer und Beständigkeit ermahnt werden. ↗Zelt.

Bardame

Hinter diesem Traumsymbol steckt oft der Wunsch nach Vergnügungen und erotischen Abenteuern.

barfuß

Träume von Barfußgehen kommen verhältnismäßig häufig vor. Sie können auf Armut und Bescheidenheit hinweisen. Wer barfuß geht, gewinnt aber auch eine besonders intensive Beziehung zur Erde. Dieses Traumbild kann daher auch einen Hinweis an den Träumenden enthalten, seinen Bodenkontakt wiederherzustellen, natürlich zu werden, sich auf seinen Instinkt zu besinnen. ↗Erde.

Barometer

↗Thermometer.

Barrikade

Werden im Traum Barrikaden errichtet, so fürchtet der Träumende, er könnte angegriffen werden. Er ist mißtrauisch und vorsichtig, denn es mangelt ihm an Selbstvertrauen. In diesem Sinne symbolisiert die Barrikade Überempfindlichkeit, Unsicherheit, Hemmungen und Minderwertigkeitsgefühle. Werden Barrikaden gestürmt oder niedergerissen, so ist der Träumende bemüht, seine Schwäche zu überwinden und mehr Selbstsicherheit zu entwickeln. ↗Gewalt.

Bart

Der Bart symbolisiert in der Traumsprache männliche Kraft und Potenz. Er ist ein Herrschaftssymbol.
Im Traum signalisiert der Bart oft Aggressionstendenzen. Das Abschneiden des Bartes bedeutet Kraftverlust, Unterwerfung und Impotenzerscheinungen.

Bau

↗bauen, ↗Baustelle, ↗Haus.

Bauch

Magenempfindungen und Zustand des Bauches weisen im Traum oft auf körperlich-sinnliche Bedürfnisse hin. Ein eingefallener Bauch und Hungergefühle zeigen (soweit der Träumende tatsächlich nicht gerade Hunger hat) sinnliches Unbefriedigtsein. Ein dicker, abstoßender Bauch, Völlegefühle oder Brechreiz bedeuten Ausschweifungen jeder Art, sexuelle Übersättigung und Überdruß. Ein glatter, gepflegter Bauch und die Empfindung eines gesättigten, aber nicht überladenen Magens symbolisieren körperlich-sexuelle Befriedigung oder das Verlangen danach. Bei allen diesen Traumbildern ist darauf zu achten, ob nicht tatsächliche Krankheitszustände oder Störungen des Magen- und Darmbereiches vorliegen. ↗erbrechen, ↗Hunger, ↗Magen.

bauen

Etwas Neues entsteht. In der Traumsprache zeichnet sich in Bildern vom Bauen meist der Weg aus einer persönlichen Krise ab. ↗Baustelle, ↗Haus.

Bauer, Bauernhof

Träume von einem Bauern oder von einem Bauernhof betonen die Naturseite des Träumenden. Sie weisen auf ein naturnahes Leben hin.
Ist der Träumende ein Großstadtbewohner, so will ihn sein Traumbewußtsein mit solchen Bildern wieder näher an die Natur heranführen.
Lebt der Träumende dagegen auf dem Lande, so beziehen sich diese Bilder konkret auf seine Umwelt und sind daher wörtlich zu deuten.
Bäuerliche Tätigkeiten wie Ackern, Säen und Ernten beziehen sich meist in übertragenem Sinne auf die berufliche Tätigkeit des Träumenden.

Baum

Der Baum ist ein archetypisches Symbol des Lebens, wie es sich in den Begriffen Lebensbaum und Stammbaum niederschlägt. Als Traumsymbol deutet der Baum meist auf die persönliche Entwicklung und das Wachstum des Träumenden hin. Er kann aber auch auf die Familiensituation über mehrere Generationen hinweisen. Näheres ergibt sich aus dem Traumzusammenhang: Trägt der Baum Früchte? Wie ist der Zustand von Wurzel, Stamm und Krone? Sind Äste verdorrt oder abgebrochen? Alle diese Merkmale geben wichtige zusätzliche Trauminformationen über die Situation des Träumenden oder seiner Familie.

Baumblüte

↗Blumen, Blüten.

Baustelle

Alle Vorgänge an einer Baustelle symbolisieren Lebensplanung, Existenzaufbau, Persönlichkeitsentwicklung und Erfolgsstreben. Herrscht auf der Baustelle sinnvolle Aktivität, wird erkennbar, daß etwas Neues entsteht, so zeigt das gute Zukunftsaussichten persönlicher oder beruflicher Art oder das Verlangen danach. Wird wenig gearbeitet oder ist die Baustelle stillgelegt, so deutet das auf Schwierigkeiten in der persönlichen Entwicklung oder im Berufsleben hin. Das Traumbild mahnt dann zu mehr Tatkraft und Ausdauer. Geschieht ein Unglück an der Baustelle, so ist das Selbstvertrauen des Träumenden erschüttert und sein Aufstieg gefährdet. Planloses Arbeiten auf der Baustelle warnt vor einer Zersplitterung der Kräfte. Die nähere Traumbedeutung ergibt sich meist aus der Art des Objektes, das gebaut wird.

Becher

↗Gefäß.

Bedrängnis

Gerät jemand im Traum in Bedrängnis, so bereiten ihm oft auch in der Realität Konflikte oder Sachprobleme Schwierigkeiten. Aus dem Traumzusammenhang läßt sich meist näher erkennen, welche Umstände seines Lebens oder welche Personen in seinem Leben ihn in Bedrängnis bringen.

Beeren

Im allgemeinen haben Beeren die Bedeutung von Nahrungsmitteln. Appetit auf Beeren weist meist auf sexuelle Bedürfnisse hin. ↗Hunger, ↗Nahrungsmittel.

Beet

↗Garten.

Begräbnis

Träume von Begräbnissen sind sehr häufig. Sie haben nicht unbedingt immer etwas mit dem Tod einer realen Person zu tun. Oft werden im Traum Streitigkeiten begraben, unerfüllbare Wünsche, lästige Gewohnheiten, aber auch schmerzliche Erlebnisse. Auch die Beziehungen zu einer bestimmten Person oder besondere Fähigkeiten und Begabungen können absterben und im Traum begraben werden. An die Stelle dessen, was be graben wird, tritt im Traumbewußtsein häufig etwas Neues. So haben solche Traumbilder im allgemeinen eher eine positive Bedeutung. ↗Leiche, ↗Tod.

Beichte

Die Grundbedeutung dieses Traumsymbols ist die Lebensunsicherheit, Minderwertigkeits- und Schuldgefühl. Vereinsamung das Bedürfnis nach Trost und Schutz. Der genauere Trauminhalt läßt sich nur aus dem Zusammenhang deuten. Dabei ist besonders darauf zu achten, wem gebeichtet wird und was die Beichte zum Inhalt hat. ↗Arzt, ↗Kirche, ↗Pfarrer, ↗Vater oder ↗Mutter.

Beil

↗Axt.

Bein

Das Bein gibt im Traum Aufschlüsse über die Lebenseinstellung. Unsere Sprache verwendet im übertragenen Sinne die Begriffe Gehen, Stehen, Fortschritt, Rückschritt für entsprechende Lebenssituationen.
In der älteren Psychoanalyse wurde das Bein als Sexualsymbol gesehen. Diese Deutung ist jedoch zu einseitig und gilt als überholt.

Beischlaf

↗Geschlechtsverkehr.

Bekannte

Alle im Traum auftretenden Personen können bestimmte Aspekte der Persönlichkeit des Träumenden wiedergeben. Fremde deuten auf verdrängte Persönlichkeitsanteile hin. Feinde stellen negative Anschauungen oder Eigenschaften des Träumenden dar, die er bei sich selbst bekämpft. Bekannte und Freunde verkörpern dagegen vertraute Wesenszüge, Gedanken und Gefühle. Je mehr Zuneigung der Träumende für die ihm bekannte Person empfindet, um so positiver ist das Traumgeschehen. Wichtige Schlüsse lassen sich meist aus dem Verhalten der Traumpersonen und der Einstellung des Träumenden zu ihnen ziehen.

bekleiden

Wird im Traum der nackte Körper bekleidet, so kann darin eine Warnung liegen, sich selbst körperlich, geistig oder seelisch nicht zu sehr preiszugeben. Verkleidet sich jemand, so drückt sich darin die Neigung zu Verstellung und zu Unehrlichkeit aus. Das Anlegen überflüssiger Kleidungsstücke kann auf Überempfindlichkeit und Mißtrauen hindeuten. Je mehr die Kleidung der Traumsituation entspricht, um so positiver ist das Traumbild zu deuten. Das trifft zu, wenn beispielsweise jemand im Traum bei heißem Wetter leichte Sommerkleidung trägt. Umgekehrt gilt: Je unangemessener die Kleidung, um so negativer ist die Bedeutung des Traumbildes. ↗entkleiden.

Beleidigung

Kränkungen und Beleidigung weisen im Traum meist auf Überempfindlichkeit, Hemmungen, Eitelkeit und Minderwertigkeitsgefühle hin. Handelt es sich um massive Kränkungen und Beleidigungen, so kann sich darin Aggressivität ausdrücken. Die nähere Bedeutung ergibt sich aus dem Traumzusammenhang, insbesondere aus der Beziehung, in der die beteiligten Personen zueinander stehen.

Belohnung

Oft drückt dieses Traumbild aus, daß der Träumende Anerkennung für sein Handeln wünscht. Setzt er selbst eine Belohnung aus, so wünscht er die Verdienste anderer anzuerkennen. ↗Geld.

Benzin

Als Traumsymbol weist Benzin meist auf körperliche und seelische Energie hin. Brennt oder explodiert Benzin, so zeigen sich darin aggressive Tendenzen. ↗Feuer.

beobachten

Ruhiges Beobachten deutet im Traum auf Aufgeschlossenheit, kritisches Beurteilungsvermögen und Selbsterkenntnis hin. Starres, stechendes Beobachten symbolisiert dagegen Unsicherheit, Mißtrauen, Schuldgefühle oder Berechnung. ↗Auge, ↗erkennen, ↗sehen.

Berg, Hügel

Wer auf dem Gipfel eines Berges steht, hat einen Überblick über die Umgebung. Tempel, Kirchen und Burgen baute man früher auf Bergen. Diese Lage hob die besondere Bedeutung der Gebäude hervor.
Im Traum deutet der Weg auf einen Berg auf die Annäherung an ein wichtiges Problem hin. Hindernisse und Mühen auf dem Weg symbolisieren die entsprechenden Schwierigkeiten in der Wirklichkeit. Wichtig für die Aussage des gesamten Traumes ist, was der Träumende auf dem Berg vorfindet und was sich dort ereignet.

Bergwerk

Das Bergwerk symbolisiert das seelische Innenleben. Empfindet der Träumende die Situation als angenehm, so deutet das auf psychische Harmonie oder auf den Wunsch nach solcher. Bei beklemmenden Traumbildern von Bergwerken sollte die Neigung zu Selbstversunkenheit nicht übertrieben werden. Die Gefahr der Vereinsamung kann bestehen. Geschieht ein Unglück in dem Bergwerk, so ist das seelische Gleichgewicht des Träumenden ernsthaft gestört. Die Beziehungen zur Umwelt sollten wirklichkeitsnäher gestaltet und persönliche Neigungen stärker ausgelebt werden.

Bernstein

Die gelbe Farbe des Bernsteins weist in der Traumsprache auf Reife, Ernte und geistige Aktivität hin. Das Gelb ähnelt der Farbe des Goldes. Dieses Traumbild symbolisiert daher eine Kostbarkeit. Bernstein wird am Meer gefunden. Das Meer ist der Ort des Kollektiven Unbewußten. Der Bernstein deutet daher oft auf die Nähe kostbarer Inhalte des Kollektiven Unbewußten hin. Findet jemand Bernstein im Traum, so ist das ein sehr positives Symbol. ↗Aufsammeln, ↗Edelsteine.

Beruhigungsmittel

Als Traumbild deuten Beruhigungsmittel jeder Art auf das Bemühen des Träumenden hin, Probleme und Ängste ins Unbewußte zu verdrängen. Ist der Traum von körperlichen Schmerzen und Unruhegefühlen begleitet, so deutet das auf nervöse Störungen und Krankheiten hin.

Berühmt

Wer sich selbst im Traum als berühmte Persönlichkeit erlebt oder sich mit Berühmtheiten umgibt, fühlt sich meist nicht genügend anerkannt. Oft ist sein Selbstwertgefühl nicht genügend stark entwickelt. Meditative Entspannungsmethoden eignen sich hervorragend, um ein stärkeres Selbstwertgefühl aufzubauen. Auch lohnt es sich, genau hinzuschauen: Gibt es oder gab es in meinem Leben Menschen, die mein Selbstwertgefühl beeinträchtigt haben? Erkenne ich mich selbst an? Oder halte ich mich für einen Versager? Solche Hemmnisse auf dem Weg zu einem gesunden Selbstwertgefühl lassen sich abbauen.

Beschimpfung

In der Traumsprache ist sie meist Ausdruck aggressiver Gefühle des Träumenden, die er in seinem realen Leben vielleicht nicht zulassen kann. Im Traum suchen diese Gefühle nun ihren Ausdruck, gleichgültig ob der Träumende selbst beschimpft wird oder andere Menschen beschimpft. ↗Beleidigung, ↗Gewalt, ↗Kampf, ↗Krieg, ↗Streit.

Beschneidung

Dieses Traumbild weist auf eine Beeinträchtigung persönlicher Neigungen im körperlichen, meist im sexuellen Bereich hin. Die Beeinträchtigung kann sich aus freiwilliger Zurückhaltung, aber auch aus einem erzwungenen Verzicht ergeben. Wichtig für die Traumbedeutung sind die Empfindungen, die der Träumende bei der Beschneidung hat.

Besen

Der Besen ist ein Reinigungsinstrument. Im Traum ist er meist als Hinweis an den Träumenden zu verstehen, ein Problem zu lösen oder eine Situation zu bereinigen. In Anlehnung an die mittelalterlichen Bilddarstellungen, auf denen Hexen auf einem Besen reiten, kann der Besen auch eine erotische Bedeutung haben.

Bestechung

In diesem Traumbild kann ein Hinweis enthalten sein, daß der Träumende seine Ziele auf direktem, geraden Weg nicht erreichen kann.

Besuch

Als Traumsymbol bezieht er sich auf einen Zustand der Veränderungen und Entwicklungen, der meist vorübergehender Art ist. Er kennzeichnet ein Ubergangsstadium. Wird der Besuch als angenehm empfunden, so ist der Träumende zufrieden mit der Entwicklung. Löst der Besuch unangenehme Empfindungen aus, so kennzeichnet er Unzufriedenheit und Ungeduld. Die genauere Bedeutung ergibt sich meist aus dem Traumzusammenhang.

Betäubung

Sie hat im Traum die Bedeutung von Verdrängung, Triebstau und Schuldgefühlen. Betäubt sich jemand oder wird er betäubt, so erweist er sich als unfähig, seine Konflikte zu lösen. Die Folge kann manchmal Resignation sein, die ihrerseits wieder Empfindungen abstumpfen läßt. ↗Bewußtlosigkeit.

Betäubungsmittel

↗Beruhigungsmittel.

beten

Meist deutet diese Traumbild auf Selbstbesinnung, Läuterung und Verinnerlichung hin. Manchmal ist das Gebet aber auch ein Hinweis auf Vereinsamung, Schutzbedürfnis und Hilflosigkeit. Es symbolisiert dann ungestilltes Verlangen und Ängste.

Beton

Im Traum symbolisiert Beton meist Unnachgiebigkeit, Härte und Gefühllosigkeit. Der genauere Sinn ergibt sich aus dem Traumzusammenhang.

betrachten

↗beobachten, ↗sehen.

betrinken

↗Alkohol.

betrügen

Dieses Traumbild kann ein Hinweis sein, daß der Träumende gegenüber sich selbst oder anderen nicht ehrlich ist. Er spielt – bewußt oder unbewußt – eine Doppelrolle. Er verbirgt einen Teil seiner Ansichten oder Wesenszüge. Der genauere Zusammenhang ergibt sich meist aus dem Traumgeschehen und aus der Einstellung des Träumenden hierzu.

Bett

Das Bett deutet im Traum fast immer auf eine erotische Situation hin. Der Träumende wird durch diese Bild mit einem sexuellen Problem konfrontiert. Füllt das Bett beispielsweise das ganze Schlafzimmer aus, so ist das ein Hinweis, daß der Träumende der Sexualität sehr große Bedeutung einräumt. Aus dem Zustand und der Beschaffenheit des Bettes lassen sich entsprechende Schlüsse auf das Sexualleben des Träumenden ziehen. ↗Haus, ↗Schlafzimmer, ↗Sexualität.

Bettler

In der Gestalt eines Bettlers stellt sich meist die Härte des Existenzkampfes, aber auch die Unzulänglichkeit der Persönlichkeit des Träumenden dar. Dieses Traumbild kann allgemein ein Hinweis auf schwierige Lebensverhältnisse oder negative Charakterzüge des Träumenden sein. Entweder ist der Träumende dabei, seine Lebensführung einer kritischen Bilanz zu unterziehen, oder er resigniert verbittert. Verbessern sich die Lebensumstände des Bettlers im Traum, so drückt sich darin eine positive Tendenz aus. Gerät der Bettler jedoch immer tiefer ins Elend, so ist das ein Hinweis für den Träumenden, seine Fehler zu erkennen, Konsequenzen daraus zu ziehen, mehr Durchsetzungskraft und mehr Selbstvertrauen zu entwickeln. ↗Armut.

Bewußtlosigkeit

Wer in Ohnmacht fällt oder aus anderen Gründen bewußtlos ist, von dem kann man keine Rechenschaft verlangen. Er entzieht sich der Verantwortung, weil er keinen anderen Ausweg aus einer Konfliktsituation sieht. Der Träumende sieht sich nicht imstande, seine Probleme zu bewältigen. ↗Betäubung.

Bibel

Als Traumsymbol deutet die Bibel auf Selbstbesinnung, Verinnerlichung, innere Entwicklung, Läuterung und

Glauben hin. Die nähere Bedeutung ergibt sich meist aus dem Traumgeschehen.

Biber

Dieses Tier symbolisiert meist die gefühlsbetonten Seiten der Sexualität. Es kann auch auf Aggressivität, meist im Zusammenhang mit mütterlichem Schutzverhalten, hinweisen. ↗Säugetiere.

Bibliothek

Bücher, Buchhandlungen und alle damit in Zusammenhang stehenden Traumbilder sind meist Ausdruck für das geistige Leben, für Wissen und Lebenserfahrung. Sie deuten auf Aufgeschlossenheit, Wissensdrang und den Wunsch nach Entfaltung der Persönlichkeit hin. Sind die Bücher langweilig, aus anderen Gründen unbenutzbar oder treten Hindernisse beim Umgang mit Büchern auf, so stellen sich darin meist Schwierigkeiten der Lebensbewältigung dar. Es können aber auch Probleme der Verständigung mit anderen Menschen vorliegen.

Biene

Bienenträume haben meist positive Bedeutung. Im Gegensatz zu anderen Insekten verkörpern Bienen Eigenschaften, die in der menschlichen Gemeinschaft geschätzt werden: Fleiß, planmäßige Arbeitsorganisation und Sinn für die Gemeinschaft. Bienen und Bienenkörbe in gutem Zustand deuten darauf hin, daß man sich in der Gemeinschaft wohl fühlt. Werden die Bienen im Traum als bedrohlich empfunden, so können sich in diesem Bild Spannungen zwischen Persönlichkeit und Umwelt ausdrücken. Der Träumende hat mitunter Schwierigkeiten, sich gesellschaftlichen Gegebenheiten zu fügen, die er als Zwang empfindet, oder Teamarbeit bereitet ihm Schwierigkeiten. ↗Insekten.

Bienenhonig

Als Traumbild nimmt Honig eine besondere Stellung unter den Nahrungsmitteln ein. Wer Bienenhonig erntet, erwirbt oder ißt, der gewinnt körperliche und psychische Energie. Er stärkt seine Gesundheit und sein Gemeinschaftsgefühl und entfaltet seine Persönlichkeit.

Bier

Als Traumbild symbolisiert das Biertrinken Lebensfreude, Geselligkeit und Fröhlichkeit. ↗Alkohol.

Bild

↗Gemälde.

binden

↗Fessel.

Birke

Bei den Kelten und bei den Germanen war die Birke ein Symbol für die lebenserweckende Kraft des Frühlings. Im Osten gilt sie eher als Symbol des jungen Mädchens. In der Traumsprache können beide Bedeutungen vorkommen. ↗Baum.

Birne

Ähnlich wie Äpfel sind Birnen im Traum Sexualsymbole. ↗Apfel, ↗Feige, ↗Nahrungsmittel.

Bischof

↗Papst.

Biß

Bisse sind in der Traumsprache meist Ausdruck von Aggressivität. ↗Gewalt, ↗Kampf, ↗Krieg.

bitten, flehen, plädieren

Meist drückt sich in diesem Bild ein dringender Wunsch des Träumenden aus, dessen Erfüllung ihm ein sehr wichtiges Anliegen ist. Es lohnt sich, auf seine eigenen Kräfte zu vertrauen und sie voll einzusetzen.

Blasen, Seifenblasen

Dieses Traumbild kann Ausdruck von unbekümmertem In-den-Tag-hinein-Leben sein. Es kann aber auch auf die Flüchtigkeit von Wünschen oder Gefühlen hinweisen, die wie Seifenblasen zerplatzen.

Blatt

↗Laub, ↗Papier.

Blau

Als Farbe drückt das Blau Ferne, Weite und Unendlichkeit aus. Als Farbe des Wassers symbolisiert es aber auch das Unbewußte oder die weibliche Naturseite. Ein sehr dunkles Blau signalisiert Ruhe, Tiefe, Nacht und unter Umständen auch Tod. ↗Farben.

Blei

Im Traum symbolisiert Blei meist rohe Materie und primitive Körperlichkeit. Wie das Blei in der Wirklichkeit kaum rein vorkommt, so bedarf es auch als Traumbild der Bearbeitung und Veredelung. Sein Wert kommt erst durch die Bewährung im Leben zur Geltung.

Bleistift

Der Bleistift ist in der Realität ein Instrument, mit dessen Hilfe eine schriftliche Botschaft übermittelt werden kann. Etwa die gleiche Bedeutung hat er als Traumsymbol. Wer den Bleistift im Traum benutzt, möchte mit jemandem in Kommunikation treten, ihm eine Botschaft vermitteln. ↗Akten, ↗Brief, ↗Dokument, ↗Paß, ↗schreiben.

blind

In der Traumsprache drückt Blindheit meist aus, daß man etwas Unangenehmes bewußt nicht sehen will. Das

Blindsein ist in diesen Fällen ein Hinweis auf Verantwortungslosigkeit oder auf Gewissenskonflikte und Schuldgefühle. Oft ist Blindsein im Traum eine Warnung, sich nicht täuschen zu lassen. Wer keinen klaren Blick für seine eigenen Probleme und die der Umwelt hat, der erleidet zwangsläufig Enttäuschungen und Verluste. Dem im Traumsinne Blinden fehlt die richtige Einschätzung. Ein Geblendeter ist häufig auch verblendet. Kann ein Blinder plötzlich wieder sehen, so drückt sich darin der Wunsch aus, Fehler der Vergangenheit auszugleichen und verantwortungsbewußter zu handeln. ↗Auge.

Blitz

In der Traumsprache kommt der Blitz in zwei verschiedenen Bedeutungen vor. Als gewaltsames Naturereignis kann er auf einen Affektstau und auf Verdrängungen hinweisen, die durch plötzliches aggressives Handeln abreagiert werden. In diesem Sinne bedeutet er eine unkontrollierte Entladung körperlicher oder seelischer Spannungen.

Leuchtet der Blitz nur auf und verbreitet Helligkeit, ohne Angst auszulösen oder sonst Schaden anzurichten, so kann dies eine plötzliche Erleuchtung symbolisieren. ↗Donner, ↗Gewalt.

Blitzableiter

Dieses Traumsymbol zeigt den Wunsch an, psychische oder körperliche Spannungen ohne aggressive Entladung abbauen zu können. Dieser Wunsch kann sich auch auf einen anderen Menschen beziehen, der für explosive Entladungen Verständnis hat. ↗Blitz.

Blumen, Blüten

Blumen und Blüten sind allgemein als Symbolbilder für den Gefühlsbereich zu verstehen.

Die persönliche Beziehung des Träumenden zu bestimmten Blumen ist bei der Deutung in erster Linie zu berücksichtigen. Blumen und Blüten haben im Traum fast immer eine positive Bedeutung. Der Vergleich zwischen dem Lebenslauf des Menschen und dem Werden und Vergehen der Pflanzen liegt nahe. Das Wachsen, Knospen, Blühen, Verwelken der Blumen ist in der Sprache unserer Träume meist auf das menschliche Leben übertragbar. ↗Rose.

Blumenkohl

In der Traumsprache weist der Blumenkohl auf weibliche Sexualität hin. ↗Gemüse.

Bluse

↗Kleidung.

Blut

Blut symbolisiert Lebenskraft, Liebe und Leidenschaft. Das Trinken oder der Austausch von Blut im Traum signalisiert eine seelische Vereinigung, wie sie sich in dem Ritual der Blutsbrüderschaft vollzieht, bei der die Haut geritzt und Blutstropfen als Zeichen unverbrüchlicher Verbundenheit vereinigt werden.

Ein Blutverlust im Traum kann Liebesverlust oder die Notwendigkeit eines seelischen Opfers anzeigen. Umgekehrt deutet das Empfangen einer Bluttransfusion auf eine seelische Bereicherung hin. ↗Arzt, ↗Operation.

Blüte

Blüten symbolisieren meist körperliche Aspekte des Gefühlslebens, der Sexualität, Fruchtbarkeit, manchmal auch der körperlichen Entwicklung. Wichtige Bedeutungshinweise liefern dabei die Farben und der Entwicklungsstand der Blüten. Knospen deuten auf ein Anfangsstadium hin, auf erwachende Zuneigung oder eine beginnende Beziehung. Voll geöffnete Blüten weisen auf Gefühlshöhepunkte und auf sexuelle Erfüllung hin. Welkende Blüten zeigen absterbende Gefühle oder ausklingende Beziehungen. Wichtig für die Traumbedeutung ist, zu welcher Pflanze die Blüten gehören. ↗Baum, ↗Blume, ↗Gras, ↗Wiese.

Blutegel

Als Traumbild veranschaulicht der Blutegel die männliche Sexualität. Er betont dabei ihre kräftezehrende Eigenschaft und warnt vor Ausschweifung. Im medizinischen Sinne wird der Blutegel zur Blutabnahme aus gesundheitlichen Gründen benutzt. Daraus kann sich der Traumhinweis ergeben, daß überschüssige Kräfte vorhanden sind, die körperlich oder sexuell abreagiert werden wollen. Die genauere Bedeutung ergibt sich aus dem Traumzusammenhang, besonders aus der Einstellung des Träumenden zu diesem Traumbild. ↗Wurm.

Blutschande

Sexuelle Beziehungen zwischen Geschwistern oder zwischen Eltern und Kindern drücken in der Traumsprache meist nicht den Wunsch nach tatsächlichem Vollzug solcher Beziehungen aus. Eher lassen sie auf eine starke Bindung an eine Mutter- oder Vaterfigur im Sinne eines Leitbildes schließen. Sie können auch das starke Verlangen nach einem solchen Leitbild ausdrücken. Häufig ist mit der körperlichen Begegnung eine geistige Schöpferkraft gemeint. ↗Geschlechtsverkehr, ↗Vergewaltigung.

Bock

Im Traum verkörpert dieses Tier die animalische Seite der männlichen Sexualität. ↗Säugetiere.

Boden

↗Erde, ↗Fußboden.

Bohne

Im Traum gilt sie als Sinnbild männlicher Sexualität. ↗Gemüse, ↗Hülsenfrüchte.

Bohrer

In der Traumsprache gilt der Bohrer als Symbol für das männliche Glied. Der Vorgang des Bohrens stellt den

Geschlechtsverkehr dar. Zusätzliche Bedeutungshinweise ergeben sich oft aus den bearbeiteten Gegenständen. ↗Geschlechtsverkehr.

Bombe

↗Explosion.

Bonbon

↗Süßigkeiten.

Boot

↗Schiff.

Bordell

↗Prostitution.

Börse

Dieses Traumbild symbolisiert Macht und Autorität. Es betont dabei die Unsicherheit erreichter Positionen, die schwankend sind wie Börsenkurse. Meist warnt dieses Traumsymbol vor Verlusten durch zu große Risikobereitschaft. Wunschdenken und Wirklichkeit sollten nicht verwechselt werden.

Bowle

Als erfrischendes Getränk bei größeren Gesellschaften weist die Bowle als Traumsymbol auf heitere Geselligkeit hin. Erotik kann dabei im Spiel sein. ↗Alkohol.

Boxkampf

↗Aggressionen, ↗Gewalt.

Brand

↗brennen.

Brandung

Die Bedeutung ist die gleiche wie die stürmisch bewegter Meereswogen. Je höher sie gehen, um so heftiger sind die Gefühlswallungen, die durch die Wellen symbolisiert werden. Geht die Brandung ruhig und gleichmäßig, so weist diese Bild auf ein ausgeglichenes Seelenleben hin. ↗Meer.

braten

Beim Braten verwandelt sich rohes Fleisch in wohlschmeckende Speise. Entsprechend ist das Braten von Nahrungsmitteln im Traum ein Symbol der Wandlung und Verfeinerung. Es weist auf Läuterungs- und Reifungsprozesse hin, erinnert zugleich aber an Vergänglichkeit, Alter und Tod. Die Küche und der Herd stellen Orte der Wandlung dar. Die nähere Bedeutung hängt davon ab, was gebraten wird, ob das Braten gelingt und welche Empfindungen der Träumende dabei hat.

Bratsche

↗Geige.

Braun

Die Farbe Braun symbolisiert im Traum die Erde und den mütterlichen Aspekt der Natur. Es drückt Naturverbundenheit und Lebensvitalität aus.

Als Farbe des Kotes hat das Braun für den zivilisierten Menschen oft eine minderwertige Bedeutung. Doch bei mit der Natur in Einklang stehendem Anbau ist der Kot der beste Dünger.

Träume, in denen Braun eine Rolle spielt, können bei Menschen wichtig sein, die in ihrer frühen Kindheit einer übertriebenen Reinlichkeitserziehung unterworfen wurden. ↗Farben.

Braut

Traumbilder von einer Braut, einem Bräutigam und von Heirat symbolisieren den Wunsch nach Partnerbindung. Manchmal drückt sich darin auch ganz allgemein der

Wunsch nach Ausgleich innerer und äußerer Gegensätze aus. Das Bild einer glücklichen Braut weist auf eine harmonische Partnerschaft und glückliches Familienleben hin. Auch das Verlangen nach einem Gleichgewicht der Kräfte kann sich in diesem Bild mitteilen. Eine unglückliche oder häßliche Braut weist auf Partner- und Familienkonflikte hin. Manchmal bedeutet dieses Symbol auch eine Warnung vor unerwünschter Schwangerschaft. ↗Hochzeit.

Bräutigam

↗Braut.

brechen

↗erbrechen.

bremsen

Als Traumbild weist das Bremsen auf einengende Lebensverhältnisse und Partnerbeziehungen hin. Hemmungen und Bedenken, die einer freien Entfaltung der Persönlichkeit im Wege stehen, können sich in diesem Symbol ausdrücken. Manchmal soll der Träumende vor Unüberlegtheit und Leichtsinn gewarnt werden. Die genauere Bedeutung ergibt sich aus dem Traumzusammenhang.

brennen

Dieses Traumbild symbolisiert Leidenschaftlichkeit, aber auch Abschied, Trennung, Zerstörung. Wenn etwas brennt, so verbrennt es gewöhnlich zugleich. Darin liegt ein Hinweis auf Vergänglichkeit. Brennen hat auch einen zerstörerischen Aspekt. Je leidenschaftlicher ein Brand lodert, um so stärker ist seine Zerstörungskraft. Er löscht am Ende sich selbst aus. Der Zerstörungsprozeß aus Leidenschaft bezieht sich nicht nur auf Personen, sondern auch auf Lebensumstände. Die genauere Traumbedeutung hängt davon ab, was brennt, wie es brennt und welche Gefühle der Träumende dabei empfindet. ↗Feuer.

Brief

Briefe weisen im Traum auf eine Botschaft hin, die noch nicht ins Bewußtsein gedrungen ist, aber beachtet werden sollte. Die Art dieser Botschaft ist wertneutral. Sie kann angenehm, jedoch ebensogut unangenehm sein.

Brieftaube

Sie gilt als Symbol der Unschuld, Sanftmut und Zärtlichkeit und weckt die Hoffnung auf gute Nachrichten. ↗Brief.

Briefträger

↗Postbote.

Brille

In der Traumsprache gilt die Brille als Symbol für Einsicht, Weitsicht und Überblick. Sie weist aber auch auf eine zu einseitige Betrachtung der Umwelt und der eigenen Person hin. Die sprichwörtliche Bedeutung, etwas durch die rosarote Brille sehen, kann sich darin ausdrücken. Oft ist die Brille aber auch ein Hinweis, sich selbst und die Welt ohne Vorurteil, schärfer und kritischer zu sehen.

Brombeere

↗Beeren.

Bronze

Dieses Metall ist im Traum Sinnbild für aggressives Streben nach Erfolg und nach materiellem Gewinn. Für die Traumbedeutung ist wichtig, um welche Art von Gegenständen aus Bronze es sich handelt und welchem Zweck sie dienen.

Brosche

↗Schmuck.

Brot

Im Traum ist das Brot ein Bild lebenserhaltender Speise. Es gibt Aufschlüsse über die seelische Nahrungszufuhr und Stärkung und gilt als positives Traumsymbol. ↗Bäcker, Backofen, ↗Mahlzeit.

Brücke

Die Brücke signalisiert im Traum eine Vereinigung. Sie informiert über die Möglichkeit einer Kommunikation oder Wiederaufnahme von Beziehungen. Gegensätze und Schwierigkeiten werden dabei überbrückt.
Zu beachten ist der Zustand der Brücke: Ist sie tragfähig, begehbar oder befahrbar, fehlt das Geländer oder sind irgendwelche Gefahrensignale erkennbar? Wie fühlt sich der Träumende beim Anblick oder beim Begehen der Brücke? ↗Fluß, ↗Wasser.

Bruder

↗Vater, ↗Verwandte.

Brunnen

In den Märchen und Mythen symbolisieren Brunnen und Quellen den Urschoß des Lebendigen, wie er sich in unserer Sprache in Begriffen wie Lebensquelle und Jungbrunnen ausdrückt.
Brunnen und Quelle haben weiblichen Symbolwert und können in Träumen mit sexuellem Charakter auftreten. Die Bedeutung dieser Symbole ist fast immer positiv.

Brust

Die Brust ist das Symbol des Mütterlichen, der Leben erhaltenden und nährenden Seite des Weiblichen. Als Traumsymbol hat die Brust fast nie sexuelle Bedeutung. Dagegen kann sie auf die Zufuhr geistiger Nahrung und Erkenntnis hinweisen. Bei männlichen Träumenden signalisiert die Brust als Traumsymbol mitunter eine zu starke Mutterbindung. ↗Mutter, ↗Mutterkomplex.

Brutalität

↗Gewalt.

Buch

↗Bibliothek.

Buchhandlung

↗Bibliothek.

Buckel

↗Mißgestalt.

bücken

Wer sich bückt, muß sich herablassen, manchmal auch sich demütigen. In etwa diese Bedeutung hat das Bücken auch in der Traumsprache.

Bückling

Die Grundaussage entspricht der Bedeutung von Fisch. Räuchern gilt als Symbol der Verfeinerung und Veredelung. Im einzelnen ist zu beachten, was mit dem Bückling geschieht, in welchem Zustand er sich befindet und welche Empfindungen er bei dem Träumenden auslöst. ↗Fisch, ↗räuchern.

Buddha

Dieses Traumbild kann an Reiseerlebnisse erinnern. In dieser Bedeutung ist es Ausdruck für Fernweh und Sehnsucht nach fremden Ländern. Oft kommt es aber auch in der gleichen Bedeutung vor wie ↗Christus.

Büffel

Dieses Traumbild verkörpert die animalischen männlichen Triebkräfte. ↗Säugetiere, ↗Stier.

Bühne

↗Theater.

Bulle

↗Büffel.

Bumerang

Als Traumbild veranschaulicht der Bumerang Gewissenskonflikte und Reue. Meist enthält dieses Symbol Hinweise auf aggressive Ausbrüche, die der Träumende bedauert. Der genaue Sinn läßt sich nur aus dem Traumzusammenhang erkennen.

Burg

↗Schloß.

Bürgermeister

↗Chef.

Büro

Das Büro gilt im Traum als Symbol für berufliche Tätigkeit und Gemeinschaftsgefühl. Wird die Büroarbeit als produktiv, gut organisiert und angenehm empfunden, so deutet das auf eine gesicherte berufliche Entwicklung, auf gute Beziehungen zu den Mitmenschen und auf materiellen Erfolg oder den Wunsch nach Erfolg hin. Wirkt das Büro unordentlich, gestaltet sich die Arbeit unangenehm, so ist das ein Hinweis auf berufliche Probleme, Konflikte oder Existenzsorgen.

Bus

↗Omnibus.

Busch

Als Traumsymbol veranschaulicht der Busch weibliche Gefühle, Neigungen und Wünsche. Blühende und fruchttragende Büsche haben einen starken Akzent gefühlsbetonter weiblicher Sexualität und Fruchtbarkeit. ↗Baum, ↗Strauch.

Busen

↗Brust.

Butter

Als Traumsymbol weist Butter meist auf die weibliche Sexualität hin. Die genauere Bedeutung ergibt sich meist aus dem Traumzusammenhang.

C

Café

↗Restaurant.

Campingplatz

Meist drückt dieses Traumbild den Wunsch nach Erholung, Entspannung, Urlaub und Reisen aus. In dieser Bedeutung weist es auf naturverbundene Lebensweise und unkomplizierte Geselligkeit hin. Da Camping aber ein Zustand vorläufiger Art ohne große Sicherheit ist, kann dieses Symbol auch als Mahnung zu größerer Festigkeit und Ausdauer zu verstehen sein. ↗Zelt.

Cello

↗Geige.

Chaos

Chaotische Traumbilder sind wörtlich zu nehmen. Archetypisch ist das Chaos der Zustand vor dem Schöpfungsbeginn. Eine positive Entwicklung zeigt der Traum an, wenn auf ein anfängliches Chaos Ordnungssymbole folgen. ↗Polizist, ↗Direktor, ↗Mann, unbekannter.

Chef

Dieses Traumbild weist auf eine Vaterfigur, auf eine Respektsperson hin. Sie ist entweder als Vorbild zu verstehen oder sie wirkt bedrückend, die Persönlichkeit des

Träumenden einengend. Oft drückt sich in diesem Symbol der Wunsch des Träumenden aus, selbst Chef zu sein.

Chirurg

↗Arzt, ↗Operation.

Christus

Träume mit religiöser Symbolik sind sehr häufig auftretende Kompensationen der Psyche gegen den in unserer Zeit immer weiter zurücktretenden Glaubensbezug. Träume, die sich mit Christus und der christlichen Lehre befassen, treten meist erst in der zweiten Lebenshälfte auf. Sie sind ein Hinweis darauf, daß sich der Träumende mit der Frage nach dem Sinn des Lebens auseinandersetzen sollte. Sie lassen sich oft als Verlust des seelischen Gleichgewichts interpretieren. ↗Mann, alter.

Closett

↗Klo.

Clown

Dieses Traumbild weist auf die Angst hin, sich lächerlich zu machen, verspottet zu werden. Dahinter stehen oft Hemmungen und Minderwertigkeitsgefühle. Manchmal symbolisiert dieses Bild aber auch den Versuch, sein wahres Ich zu verstecken, den anderen etwas vorzutäuschen. Die nähere Bedeutung ergibt sich meist aus den Handlungen des Clowns und aus der Einstellung des Träumenden zu ihm. ↗Maske.

Cocktail

↗Alkohol.

Computer

Dieses moderne Traumbild weist meist auf unpersönliche Perfektion und gefühllose Präzision hin. Im allgemeinen fordert es dem Träumenden auf, mehr Gefühlswärme, Verständnis und Anteilnahme zu entwickeln. Oft warnt es vor übermäßigem Karrieredenken.

Cowboy

Diese Symbol verkörpert Abenteuerlust, Selbständigkeitsdrang, aber auch unreife Männlichkeit und übermäßiges Geltungsstreben.

D

Dach

Wenn das Haus die Persönlichkeit des Träumenden verkörpert, so ist das Dach als der Bereich über der Gehirntätigkeit des Wachbewußtseins zu verstehen. Träume, in denen das Dach oder der Dachboden eine besondere Rolle spielen, informieren oft über längst vergessene Situationen und Ereignisse, die wir gleichsam auf dem Dachboden abgestellt haben. ↗Haus.

Damm

Dieses Traumbild symbolisiert beherrschte Gefühle, unterdrückte Wünsche und gestautes Triebleben. Dammbrüche deuten auf aggressive Entladungen hin. ↗Explosion.

Dämmerung

↗Abend, ↗düster, ↗Morgen.

Dämonen

Wesen aus dem Bereich der Märchen und der Phantasie, wie beispielsweise Riesen, Zwerge, Hexen, Feen und Geister haben immer etwas Unheimliches an sich. Sie können hilfsbereit oder bösartig sein. Dämonen sind meist Ausdruck von schuldbelasteter Phantasie und Gewissensängsten. Tauchen solche Traumbilder öfters auf und lösen sie Ängste aus, so kann eine Störung der Persönlichkeit vorliegen. Therapeutische Hilfe ist dann ratsam. ↗Ungeheuer.

Dampf

Dampfkessel, Dampfkochtopf, Dampfmaschine, Dampfwalze und andere Traumbilder, die mit Dampfkraft zusammenhängen, weisen auf gestaute seelische Energie hin, die sich leicht in gefährlicher Weise entladen kann. Es kann sich dabei um Gefühlsausbrüche, Beleidigungen oder den körperlichen Ausdruck von Aggressionen handeln. Dampf hat immer einen bedrohlichen Akzent.
In ganz seltenen Fällen handelt es sich bei Dampfsymbolen um einen Traumhinweis, aktiver zu werden, mehr Dampf zu entwickeln, mit Volldampf an eine Aufgabe heranzugehen. ↗Explosion.

Datteln

In der Sprache unserer Träume gilt dieses Symbol meist als Hinweis auf die weibliche Sexualität. ↗Frucht.

Daumen

Der Daumen ist es, welcher der Hand des Menschen ihre Geschicklichkeit verleiht. Daher ist der Daumen symbolischer Ausdruck für Kreativität und nicht – wie Freud annahm – für sexuelle Triebhaftigkeit. ↗Hand.

Decke

Eine Decke bedeckt und schützt meist etwas, aber sie verhüllt, verbirgt und verheimlicht auch. Im Traum verweisen Decken daher meist auf Unsicherheit und Schutzbedürfnis, auf Mißtrauen und Unaufrichtigkeit.
Fühlt sich der Träumende von einer Zimmerdecke bedrückt, so deutet das auf seelische Konflikte hin. ↗Höhle.

Defloration

↗Geschlechtsverkehr, ↗Vergewaltigung.

Degen

Als Traumbild symbolisiert der Degen Energie, Machtstreben und aggressive männliche Triebkraft. ↗Waffen.

Deich

↗Damm.

Delphin

Der Delphin ist ein äußerst intelligentes Tier, das große Nähe zu den Menschen hat. Nach zahlreichen Überlieferungen sollen Delphine ertrinkende Menschen auf ihren Rücken genommen und gerettet haben.
In der Traumsprache kann der Delphin Hinweis auf Klugheit, aber auch auf rettende Möglichkeiten in Notsituationen bedeuten. ↗Fisch.

Demonstration

Dieses Traumbild weist auf eine Protesthaltung hin, auf Ablehnung bestimmter Personen, Verhaltensweisen oder Lebensumstände. Ist die Demonstration mit Unruhe, Aggression oder Gefahr verbunden, so hat sie die Bedeutung von Aufruhr. Der genauere Sinn ergibt sich aus dem gesamten Traumgeschehen und aus der Einstellung des Träumenden zu diesem Geschehen. ↗Aufruhr.

Detektiv

↗Spion.

Diamant

Wie der Diamant in der Wirklichkeit der wertvollste Edelstein ist, so symbolisiert er auch im Traum eine besondere Kostbarkeit. Er gilt als Symbol der seelischen Ganzheit, die das Unbewußte und das Wachbewußtsein umfaßt.

Dichter

Dieses Traumbild verkörpert Ideen, Gefühle, Wünsche, Neigungen und das Verlangen nach kreativer Tätigkeit und Selbstverwirklichung. Im weitern Sinne weist es auf Phantasie, Inspiration und den gesamten Bereich der Intuition hin.

Dickicht

↗Gestrüpp.

Diebstahl

Diebstähle oder Einbrecher im Traum sind wörtlich zu nehmen: Sie zeigen einen drohenden oder bereits eingetretenen Verlust an persönlichen Eigenschaften, Fähigkeiten, Gefühlsbereichen oder persönlichen Beziehungen an. ↗Abstürzen, ↗Einbruch.

Direktor

Direktoren, Präsidenten, Minister, Staatsoberhäupter, jede übergeordnete oder hochgestellte Persönlichkeit ist im Traum als die leitende Funktion der Psyche des Träumenden zu verstehen. Sie vertritt das Über-Ich oder, anders ausgedrückt, die seelische Zentralinstanz für die Steuerung psychischer Vorgänge in uns.

Dirigent

↗Chef, ↗Musik.

Dirne

Dirnen, Callgirls, Prostituierte geben als Traumpersonen Aufschluß über die Einstellung des Träumenden zur Problematik von Liebe und Sexualität. Oft läßt der Inhalt von Dirnenträumen auf Schwierigkeiten des Träumenden schließen, Liebe und Sexualität in Einklang zu bringen.
Besonders häufig sind Dirnenträume bei dem Typ des ewigen Junggesellen und bei Söhnen mit nicht voll abgelöster Mutterbindung. ↗Mutter, ↗Mutterkomplex.

Diskussion

↗Gespräch.

Distel

↗Kaktus.

Dolch

Der Dolch symbolisiert im Traum Machtstreben, Energie, Aggressivität und männliche Sexualität. Die genauere Bedeutung ergibt sich meist aus dem Traumzusammenhang. Vor allem ist darauf zu achten, wozu der Dolch benutzt wird. ↗Messer, ↗Waffen.

Dompteur

Dieses Traumbild verkörpert den Drang nach Selbständigkeit, nach Geltung. Es weist auch auf unreife Männlichkeit hin. Näheres über die Bedeutung ergibt sich aus der Tierart, mit der sich der Dompteur beschäftigt. ↗Chef.

Donner

Dieses Traumbild deutet auf Zorn, Wut und andere aggressive Gefühle hin. Seelische und körperliche Spannungen drängen nach Entladung. Diese Emotionen können sich aber auch bereits entladen haben. ↗Blitz.

Doppelgänger

↗Ebenbild.

Dorf

Wie Baum und Haus, so ist auch das Dorf ein Symbol für die Persönlichkeit des Träumenden. Es verweist auf Natur und natürliche Lebensweise, auf ländliche Ruhe, auf den Wunsch nach Frieden und Ausgeglichenheit. Näheres über den Trauminhalt ergibt sich meist aus den unterschiedlichen Aspekten des Dorfes, die der Traum darstellt. ↗Baum, ↗Haus.

Dorn

Stachel, Dornen, Splitter und Widerhaken symbolisieren seelische Not und Enttäuschungen. Dornenbüsche mit blühenden Rosen oder mit Früchten, beispielsweise Brombeer- oder Himbeergestrüpp, deuten meist auf sexuelle Probleme und Schwierigkeiten im Bereich der Partnerschaft. ↗Gestrüpp, ↗Hecke.

Dose

Als Gefäße symbolisieren Dosen meist weibliche Sexualität. Aus dem Doseninhalt ergeben sich meist nähere Hinweise für die Traumbedeutung.

Drache

↗Ungeheuer.

Drachen

Dieses Traumbild erinnert meist an kindliche Spiele. Es kann aber auch in der gleichen Bedeutung wie Flugzeug vorkommen. ↗fliegen, Flugzeug, ↗Spiele, ↗Spielzeug.

Dreck

↗Unrat.

Drei, Dreieck, Dreizack

Seit dem Altertum gilt die Drei als magische Zahl. In Indien sind Brahma, Vishnu und Shiva eine göttliche Dreiheit. Auch altägyptische und die christlichen Religionen gehen von der Dreifaltigkeit Gottes aus. Neptun, der Gott des Meeres, trägt einen Dreizack. In den Märchen sind drei Rätselfragen zu lösen. Die Drei hat ein männliches Vorzeichen. Sie ist Symbol des Geistes und der schöpferischen Dynamik. ↗Zahlen.

Droge

Dieses Traumsymbol deutet meist darauf hin, daß den Träumenden Drogenprobleme beschäftigen. Allgemein weist es auf seelische Unausgeglichenheit hin. Oft unbewußt wird nach Ersatz für fehlende Glücksempfindungen gesucht.

Dschungel

↗Gestrüpp, ↗Moor, ↗Urwald.

Duell

Dieses Traumbild kann einen sexuellen Aspekt haben. Manchmal aber ist es eher im Sinne eines Rededuells zu verstehen. Dann deutet es auf widersprüchliche Gedanken, Gefühle und Handlungen des Träumenden hin. Der genauere Sinn ergibt sich aus dem Traumzusammenhang. ↗Kampf, ↗Streit, ↗Waffen.

Duett

Dieses Traumbild zeigt einander widersprechende Gedanken und Gefühle des Träumenden an. Es besteht der Wunsch, Widersprüche und Gegensätze, die ihre Ursache in der Persönlichkeitsstruktur ebenso wie in der Umwelt haben können, auszugleichen. ↗Gesang, ↗Streit.

Duft

↗Geruch.

Düne

↗Sand.

Dünger

Träume, in denen Dünger in irgendeiner Form eine Rolle spielt, haben meist eine sehr positive Bedeutung. Dünger fördert das Wachstum. Das gilt im Traum auch für das psychische Wachstum.

Dunkelheit

Was im Dunkel liegt, kann man nicht durchschauen und nicht begreifen. Damit sind Gedanken, Gefühle und Handlungen gemeint. Als Traumbild weist die Dunkelheit meist auf Verständnislosigkeit, Unwissenheit, das Unbewußte, Angst, Alter und Tod hin. Dieses Bild stellt oft unklare Ahnungen und Gefühle dar, Zweifel und Ungewißheit. Lichtet sich das Dunkel im Traum, so kommt Klarheit in unsere Gedanken und Gefühle und Sicherheit in unser Handeln. ↗Licht.

Dunst

↗Dampf, ↗Nebel.

durchsichtig

↗Glas.

Dusche

↗baden, ↗waschen.

düster

↗Dunkelheit.

Dynamit

↗Explosion.

E

Ebbe

Das Zurückweichen des Wassers an den Küsten symbolisiert seelische Entspannung. Es weist auf eine Beruhigung des Gefühlslebens, auf die Zurücknahme von Erwartungen, auf Abkühlung von Leidenschaften und nachlassende Begeisterung hin. Wie der Eintritt der Ebbe, so ist auch der Zustand verminderter seelische Lebenskraft nur vorübergehender Natur. Es handelt sich nicht um ein endgültiges Versiegen, sondern um eine Phase der Ruhe. Ihr folgen mit der nächsten Flut neue Höhepunkte. ↗Flut.

Ebenbild

Doppelgänger und Ebenbilder verkörpern eine übermäßige Beschäftigung mit der eigenen Person. Sie deuten auf eine übersteigerte Suche nach dem eigenen Ich hin. Bekommen solche Bilder ein beunruhigendes Eigenleben und wiederholen sie sich im Traum auf quälende Weise, so kann das auf eine ernsthafte Persönlichkeitsstörung hinweisen.

Eber

Dieses Traumbild verkörpert animalische männliche Triebkraft. ↗Säugetiere.

Echo

Dieses Traumbild wird meist durch Geräuschimpulse aus der Realität ausgelöst. Es kann aber auch ein Hinweis auf Verdrängungen sein. Bestimmte Gedankeninhalte hat der Träumende nicht genügend verarbeitet. Obwohl er glaubt, sie seien längst vergessen, klingen sie doch nach.

Edelsteine

Im Traum weisen alle Arten von Edelsteinen auf Beständigkeit, Festigkeit, Zuverlässigkeit, Selbstbewußtsein, Durchsetzungsvermögen, Ehrgefühl und Stolz hin. Ebenso können sie den Wunsch nach diesen genannten Eigenschaften verkörpern. Die genauere Bedeutung ergibt sich aus dem Traumzusammenhang. Dabei ist die Farbe, aber auch der Zustand des Steines wichtig. Leuchtende Steine verstärken die positive Grundbedeutung. Glanzlose, stumpfe, schwarze oder beschädigte Steine haben eher negativen Symbolwert. ↗Diamant, ↗Schmuck.

Ehe

Die Ehe symbolisiert Ausgleich und Versöhnung von Gegensätzen. Das gilt für die Verschmelzung männlicher und weiblicher Kräfte, ebenso für das Gleichgewicht zwischen Körper und Seele, zwischen Verstand und Gefühl, zwischen Bewußtem und Unbewußtem. Manchmal beziehen sich Traumbilder von Ehe, Hochzeit, auch von Geschlechtsverkehr direkt auf den Wunsch nach einer dauerhaften und harmonischen Partnerschaft. Ehebruch und Ehescheidung bedeuten, daß die Harmonie gestört, das Gleichgewicht aufgehoben ist. Kampfsituationen herrschen vor. Die nähere Bedeutung ergibt sich aus dem Traumzusammenhang. ↗Geschlechtsverkehr, ↗Hochzeit.

Ehebruch

↗Ehe.

Ehefrau

↗Frau.

Ehemann

↗Mann.

Ehescheidung

↗Ehe.

Eheschließung

↗Hochzeit.

Ehrenwort

↗Schwur.

Ei

In den meisten mythologischen Erzählungen beginnt die Entstehung der Welt aus einem Weltei. Das Ei ist auch ein Wiedergeburtssymbol. Diese Bedeutung drückt sich in den Ostereiern aus, die zu Ostern verschenkt werden. Im Traum hat das Ei stets positive Bedeutung. ↗Ball, ↗Kugel.

Eiche

Bei den Kelten und bei den Germanen galt die Eiche als heiliger Baum. Wegen ihres kraftvollen Wuchses und der Härte ihres Holzes gilt sie seit alter Zeit als Symbol für männliche Kraft und Stärke. Diese Bedeutung hat sie auch in der Traumsprache. ↗Baum.

Eichenlaub

Es gilt meist als symbolische Darstellung des Siegerlorbeers. ↗Eiche.

Eichhörnchen

Dieses flinke, scheue, zugleich neugierig-zutrauliche Tier verkörpert Ideen, Pläne, Wünsche, Hoffnungen. Es weist vor allem auf die weibliche Gefühlswelt hin. ↗Baum.

Eid

↗Schwur.

Eidechse

Als Traumsymbol ist sie als Miniaturausgabe eines Drachen harmlos. Sie verkörpert das Unbewußte mit seinen Ahnungen. Dabei fehlt jedoch die animalische Triebhaftigkeit, auch die Rücksichtslosigkeit, die der Drachen symbolisiert. Wächst die Eidechse zu einem Ungeheuer heran, das Angst auslöst, so liegt darin eine Warnung vor den unkontrollierten Triebkräften des Unbewußten. ↗Krokodil, ↗Ungeheuer.

einbalsamieren

↗Mumie.

Einbrecher

↗Einbruch.

Einbruch

Geschieht im Traum ein Einbruch oder treten Einbrecher auf, so informiert das Traumbewußtsein über einen drohenden oder bereits eingetretenen Verlust. Einbruch kann aber auch das Eindringen unbewußter Inhalte in die Vorstellungswelt des Träumenden bedeuten, die er in seinem Tagesbewußtsein übersehen oder verdrängt hat. ↗Diebstahl, ↗abstürzen.

Eingeweide

Dieses Traumbild weist oft auf ein tatsächlich körperlich vorhandenes Leiden oder Unwohlsein hin. Häufig symbolisiert es seelische Vorgänge. Es ermahnt zur Selbstbesinnung und Selbstkritik. Es kann den Träumenden aber auch auffordern, mehr Aufgeschlossenheit zu entwickeln, sich nicht zu stark mit der eigenen Person zu beschäftigen: denn übermäßige Verinnerlichung als Flucht vor der Realität führt fast zwangsläufig zur Vereinsamung. Die genauere Aussage läßt sich meist aus dem Traumzusammenhang erkennen. ↗Herz, ↗Magen.

Einhorn

Dieses Tier gilt als uraltes Symbol der Unschuld, Reinheit und Religiosität. Als Traumsymbol ist es kein bösartiges Ungeheuer, sondern ein Fabeltier, das zu Moral, Verantwortungsbewußtsein, Ehrgefühl und Anstand mahnt. Es veranschaulicht oft, daß den Träumenden moralische Bedenken, Gewissenskonflikte oder Schuldgefühle quälen.

Eins

Die Eins als Zahl deutet in der Traumsprache auf eine ursprüngliche, ungeteilte Einheit hin. Sie symbolisiert oft das Einfache, Feste, die Ausgangssituation. Manchmal ist aber auch die ranghöchste Stellung mit diesem Traumbild gemeint. ↗Zahlen.

Einsiedler

Dieses Symbol kann in der Traumsprache Ausdruck von Vereinsamung sein. In seiner positiven Bedeutung enthält dieses Bild aber auch den Hinweis auf eine freiwillige Zurückgezogenheit, aus der neue Kraft und neue Ideen entstehen. ↗Wüste, ↗Eremit.

einwandern

Dieses Traumbild weist auf grundlegende Veränderungen der Lebensverhältnisse und Ansichten hin. Eine äußere und innere Neuorientierung kann erwünscht sein. Sie kann aber auch unfreiwillig und entgegen vielen Bedenken geschehen. Die genaue Bedeutung läßt sich nur aus dem Traumzusammenhang entnehmen. Dabei kommt es auch auf die Gefühle des Träumenden an, die er in der konkreten Situation empfunden hat.

Einzug

Zieht der Träumende oder jemand, der ihm nahesteht, in eine Wohnung oder in ein Haus ein, so weist dies auf einen Persönlichkeitswandel und auf eine Veränderung der Beziehungen zu seiner Umgebung hin. ↗einwandern.

Eis

Eis in der Traumlandschaft informiert über das Einfrieren von Beziehungen, über seelische Kälte und die Gefahr der Vereinsamung des Träumenden. Solche Bilder treten etwa als Eisdecke über einem Fluß oder See oder auch als Vereisung der Straße auf. Ein Einbruch in das Eis oder das Bild eines Menschen, der auf einer Eisscholle treibt, gelten als Gefahrensignale. Als Speiseeis ↗Süßigkeiten.

Eisen

Diese Metall gilt als Symbol für Willensstärke, Widerstandskraft, Härte und Gefühllosigkeit. Die genauere Aussage hängt von den weiteren Traumumständen ab. ↗schmieden.

Eisenbahn

↗Bahnhof, ↗Zug.

Eislauf

Traumbilder vom Eislaufen symbolisieren Ausgewogenheit, Geschicklichkeit, Selbstbeherrschung und Sicherheit. Stürzt man auf dem Eis oder kommt es zu einem Unfall, so liegt darin eine Warnung vor Selbstüberschätzung und Leichtsinn. Dieses Bild mahnt den Träumenden, seine Kräfte realistischer einzuschätzen. Bereitet der Eislauf Freude, so besteht der Wunsch, schwierige Aufgaben sicher zu meistern. ↗Tanz.

Eiszapfen

↗Eis.

Eiter

Dieses Traumbild deutet auf Fehler im Verhalten, auf Schwierigkeiten und Abneigung, Widerwillen und Ekel hin. Die genauere Bedeutung ergibt sich aus dem Traumzusammenhang. Wichtig ist, welche Körperstelle eitert. ↗Geschwür.

Ekzem

↗Geschwür.

Elch

Dieses Hirschtier verweist auf männliche Triebhaftigkeit. ↗Hirsch.

Elefant

Dieses Tier symbolisiert die Kraft des Unbewußten, die ohne Kontrolle durch das Bewußtsein und die Vernunft gefährlich sein kann. Sie läßt sich aber beherrschen und sich sinnvoll einsetzen. Rüssel und Stoßzähne sind oft symbolische Hinweise auf die männliche Sexualität. Der Elefant ist – auch als Traumgestalt – ein Dickhäuter, der sich seiner zerstörerischen Kraft kaum bewußt ist. Er braucht lange, bis er seine Ruhe verliert und aggressiv wird. Angreifende oder durchgehende Elefanten warnen vor undisziplinierter Triebhaftigkeit. Müde, verletzte, kranke oder sterbende Elefanten deuten auf Störungen des Unbewußten und eine beeinträchtigte Vitalität hin. Gesunde, friedfertige, arbeitswillige Elefanten weisen darauf hin, daß die Energien des Unbewußten mit Erfolg durch den Verstand kontrolliert werden. Zumindest besteht der Wunsch nach einer solchen Kontrolle.

Elektrizitätswerk

Ein Elektrizitätswerk, eine Transformatorenstation oder ein Kraftwerk sind in der modernen Traumsprache Energiesymbole. Sie können auf einen Zufluß von Energie hindeuten.

Oft sind solche Bilder – vor allem das Kernkraftwerk – aber als Gefahrensignale zu verstehen.

Unkontrollierbare elektrische Ströme oder Aufladungen in einem Raum deuten auf psychische Störungen hin. ↗Explosion.

Elfen

Sie sind hilfreiche Naturwesen, Lichtgestalten, die auf eine ausweglos erscheinende Situation hindeuten, in der Rat und Hilfe notwendig sind. ↗Dämonen.

Elfenbein

↗Elefant, ↗Schmuck.

Embryo

Manchmal handelt es sich bei diesem Traumsymbol um einen Hinweis auf Unselbständigkeit, Unreife, Kindlichkeit. Einzelne Wesenszüge des Träumenden sind ungenügend entwickelt. Sie wollen gehegt, umsorgt und geschützt werden. Meist veranschaulicht dieses Traumbild das Verlangen nach Fruchtbarkeit und den Wunsch nach einem Kind.

Emigration

↗auswandern, ↗einwandern.

Engel

In der jüdischen, christlichen und mohammedanischen Religion sind Engel Boten Gottes. Auf der Ebene der Traumbilder leiten, führen und lenken sie die Seele des Träumenden.

Entführung

Dieses Symbol weist auf Triebstauungen, Verdrängungen und Minderwertigkeitsgefühle hin, die durch aggressives Verhalten verdeckt oder abreagiert werden. ↗Gewalt.

Enthaltsamkeit

Als Traumbild weist sie auf Selbstbeherrschung, Verzicht, Unterdrückung von Bedürfnissen und körperlichen Begierden hin. Der Träumende möchte auf diese Weise ein höheres Maß an psychisch-geistiger Selbstverwirklichung erreichen, oder er möchte seinen Grundsätzen treu bleiben, denen er sich verpflichtet fühlt.

Enthauptung

So dramatisch das Bild einer Enthauptung aussieht: Im Traum hat es eine harmlosere Bedeutung. Sein Inhalt entspricht etwa der Redensart „den Kopf verlieren" oder „kopflos werden." Der Traum appelliert an uns, zur Besinnung zu kommen, den Überblick über das Ganze nicht zu verlieren.
So erklärt sich auch, daß Menschen, die im Traum ihrer eigenen Enthauptung beigewohnt haben, von diesem Ereignis nicht sonderlich erschüttert waren. ↗Amputation, ↗Operation.

Entjungferung

↗Defloration.

entkleiden

Entkleiden bedeutet im Traum immer Offenheit, Ehrlichkeit, Vertrauensseligkeit oder Hemmungslosigkeit. Wer sich entkleidet, zeigt sich so, wie er wirklich ist. Er legt mit der Kleidung seine Hemmungen und Bedenken ab.

Epidemie

Im allgemeinen ermahnen Traumbilder von Epidemien und seuchenartigen Erkrankungen, sich nicht in Klagen und Selbstbeschuldigungen zu ergehen, sondern Zuversicht und Initiativen zu entwickeln. Zweifel und Ängste können sonst das Selbstbewußtsein erschüttern und den Lebenswillen schwächen. ↗Ansteckung, ↗Krankheit.

Erbrechen

Beim Erbrechen stößt man Unverdauliches, Verdorbenes wieder aus. Entsprechend symbolisiert das Traumbild das Bemühen, unangenehme Eindrücke möglichst schnell von sich zu weisen, sie zu vergessen. Der Träumende will sich mit ihnen nicht erst belasten. Erbrechen in diesem Sinne bedeutet Abwehr als seelische Selbsthilfe. Die genauere Bedeutung ergibt sich aus dem Traumzusammenhang. Schafft das Erbrechen dem Träumenden Erleichterung, so ist sein Wunsch nach Verdrängung dringend. Bereitet das Erbrechen dagegen viel Qual, so läßt sich der Konflikt nicht ohne weiteres verdrängen, sondern er muß verarbeitet werden.

Erbse

Die Schote mit frischen Erbsen deutet auf weibliche Sexualität, Fruchtbarkeit und Schwangerschaft hin. ↗Gemüse, ↗Hülsenfrüchte.

Erdbeben

Dieses Natursymbol weist auf starke seelische Erschütterungen hin. Beruhigt sich das Erdbeben, so zeigt sich darin das Bemühen um Selbstbeherrschung. Werden Menschen bei dem Erdbeben getötet oder verletzt, so deutet das auf Schuldgefühle und ernsthafte psychische Konflikte. Meist ist dieses Traumbild eine Warnung vor den selbstzerstörerischen Wirkungen verdrängter oder unkontrollierter Triebenergien.

Erdbeere

In der Traumsprache deutet die Erdbeere auf Ehe und Mutterschaft hin. Wegen ihrer Ähnlichkeit mit der weiblichen Brustwarze ist die Erdbeere im Traum häufig ein Sexualsymbol. ↗Brust.

Erde

Im Schoß der Erde liegt die Saat. Sie reift zu neuem Leben heran. Dementsprechend weist Erde als Traumsymbol meist auf Körperlichkeit, Fruchtbarkeit, Mütterlichkeit und Nähren hin. Wer tief in die Erde eindringt, gelangt in Bereiche der Vergangenheit, der Geschichte und des Todes. Wer aus der Erde aufsteigt, erwacht zu neuem Leben. Mit diesem Traumbild kann auch die Geschichte der eigenen Persönlichkeit gemeint sein. Wer sich zu tief in die Erde eingräbt, lebt nur noch seinen Erinnerungen. Er entfernt sich von der Wirklichkeit. Wer sich aus der Erde befreit, wird lebenstüchtig. Er erlebt eine körperliche oder geistige Wiedergeburt und gewinnt neue Lebensperspektiven. Die genaue Bedeutung läßt sich nur aus dem Traumzusammenhang ermitteln. Wichtig ist dabei, welche Empfindungen der Träumende in diesem Traum hat. ↗Pflug, ↗Saat.

Eremit

Dieses Traumbild weist auf Selbstbestimmung, Läuterung, Verinnerlichung und Religiosität hin. Mitunter drückt es aber auch Menschenscheu und Weltflucht aus. Manchmal zeigt es an, daß sich der Träumende bemüht, Selbstbeherrschung zu üben, unliebsame Neigungen zu unterdrücken. ↗Enthaltsamkeit.

erfrieren

↗Eis, ↗Kälte.

erhängen

↗hängen.

Erkältung

↗Krankheit.

erkennen

Werden unklare, unscharfe, verschwommene Traumbilder klarer, so ist der Träumende einsichtiger geworden. Er hat Erkenntnisse gewonnen, Zusammenhänge und neue Perspektiven erkannt. Zumindest drückt sich der Wunsch nach mehr Klarheit in diesem Traumbild aus. Verblassen Bilder im Traum immer mehr, so fehlt es an Verständnis. Der Träumende vermutet, daß seine Ansichten falsch sind. Aber er weiß nicht, wie er sie korrigieren soll. Die genaue Aussage läßt sich nur aus dem Traumzusammenhang erschließen. ↗beobachten, ↗sehen.

ernähren

↗Durst, ↗Hunger.

Ernte

Erntevorgänge weisen fast immer auf das Verlangen nach Erkenntnis, Erfolg und Sicherheit hin. Je reicher die Ernte ist, um so stärker ist die Hoffnung auf Erfolg. Mißernten deuten auf Zweifel, Unsicherheit, Minderwertigkeitsgefühle und Zukunftsängste hin. Die genauere Aussage ergibt sich aus dem Traumzusammenhang. Wichtig ist dabei, was geerntet wird.

Eros

Eros, der griechische Gott der Liebe, tritt in den Träumen häufig als Jüngling oder als Kind mit dem bekannten Symbol von Pfeil und Bogen oder dem durchspießten Herzen auf. Er ist für das Traumbewußtsein wie in der Realität Symbol der Liebe. ↗Sexualität.

erschießen

↗Gewalt, ↗Mord, ↗Waffen.

erschrecken

↗Schreck.

Ersparnisse

↗sparen.

erstechen

↗Gewalt, ↗Mord, ↗Waffen.

ersticken

Dieses Traumbild kann auf einen Krankheitszustand hinweisen. Erstickungsgefühle steigern sich manchmal bis zum Alptraum. Sie deuten meist darauf hin, daß etwas Unangenehmes zu bewältigen ist, das noch nicht genügend verarbeitet wurde.

ertrinken

Es bestehen ernsthafte Probleme, die häufig auf mangelnde Lebensplanung zurückzuführen sind. Das Traumbild des Ertrinkens weist auf erschüttertes Selbstvertrauen und Hilflosigkeit hin. Gelingt es dem Träumenden, sich zu retten, so sind genügend Widerstandskräfte vorhanden, um die scheinbar ausweglose Situation zu meistern. Geht man dagegen unter, so ist die Krise nur unter Einsatz aller verfügbaren Energien zu bewältigen. Das Traumbild warnt davor, den Lebensmut zu verlieren und zu resignieren.

erwachen

Dieses Traumbild weist auf eine positive Entwicklung des Bewußtseins, auf wachsende Erkenntnisfähigkeit und zunehmende Einsicht hin. Neue Perspektiven eröffnen sich. Zumindest besteht der Wunsch nach einer Neuorientierung. Gelingt es dem Träumenden nur unter Schwierigkeiten, wach zu werden, so warnt der Traum vor Energielosigkeit, Willensschwäche und Bequemlichkeit. Die genauere Aussage ergibt sich meist aus dem Traumzusammenhang.

erwürgen

↗ersticken, ↗Gewalt.

Erz

↗Eisen.

Esel

Die Dummheit, die dem Esel in unserer Umgangssprache angedichtet wird, verkörpert er im Traum nicht. Dort ist er häufig als Symbol für sexuelle Kraft und Vitalität zu verstehen – eine Bedeutung, die sich aus der griechisch-römischen Mythologie herleiten läßt, wo der Esel ein Begleiter des Dionysos ist, des Gottes der unsterblichen Lebenskraft.

essen

↗Hunger.

Essig

Dieses Traumbild symbolisiert Kränkungen, Enttäuschungen und Verluste. Dem Träumenden fällt es schwer, Wahrheiten anzunehmen, die ihn schmerzen. Die genauere Aussage hängt von dem Traumzusammenhang ab.

Eule

Da Eulen nachts ausgezeichnet sehen können, wenn für die Menschen undurchdringliche Dunkelheit herrscht, symbolisieren sie Ahnungsvermögen, tiefe Erkenntnis und Weisheit. Eulen haben im Traum oft einen beunruhigenden Aspekt. Sie weisen auf die mystische Kraft des Geistes, der Liebe und des Todes hin.

Eunuch

Das Symbolbild des Kastraten weist auf sexuelle Bedürfnislosigkeit und Impotenz hin. Manchmal stellt es auch geistige Unfruchtbarkeit und Interesselosigkeit oder ganz allgemein Gefühlsarmut dar. ↗Kastration.

Eva

Als Traumfigur weist das Bild der Eva auf den Bereich der Gefühlsfähigkeit und Mütterlichkeit der Frau hin. ↗Adam.

Examen

↗Prüfung.

Explosion

Eine Explosion ist immer ein ernstes Gefahrensignal, besonders wenn dabei Maschinen oder irgendwelche Stahlkonstruktionen explodieren. Manchmal sind solche Explosionen im Traum von entsprechenden Geräuschempfindungen begleitet. Das Bild der Explosion kann einen seelischen Zusammenbruch andeuten, aber auch einen heftigen Streit. Gleichen die Empfindungen eher einem Gewitter, so kann dem Traum die Bedeutung einer die Atmosphäre bereinigenden Auseinandersetzung zukommen. Sie bezieht sich oft auf den privaten, manchmal aber auch auf den beruflichen Lebensbereich des Träumenden. Genauere Hinweise ergeben sich meist aus dem Traumzusammenhang.

F

Fabrik

Arbeitende Menschen in Fabrikhallen symbolisieren Gemeinschaftsgeist und kollektives Handeln, aber auch mangelnde Individualität. Empfindet der Träumende dieses Bild als positiv oder als wertneutral, so bereitet ihm die gesellschaftliche Einordnung keine Schwierigkeiten. Wird das Traumbild als unangenehm empfunden oder löst es Angst aus, so sollten Selbstgefühl und Gemeinschaftsdenken stärker aufeinander abgestimmt werden. Konflikte mit der Umwelt können durch zu starke Ichbezogenheit bedingt sein. Ist die Anziehungskraft der Fabrik im Traum übermäßig stark, so kann das auf eine Unterentwicklung der Persönlichkeit hindeuten. Der Träumende sucht möglicherweise Schutz in der Masse.

Fackel

Früher hat man das für die Entwicklung der menschlichen Kultur so wichtige Feuer durch Fackeln weitergereicht. Auch der eheliche Herd wurde nach der Hochzeit durch eine Fackel entzündet. So ist die Fackel ein archetypisches Symbol für die Ehe. Im Anklang an den Brauch bei den Olympischen Spielen kann sie auch als Symbol für die Weitergabe psychischer Energie zu verstehen sein.

Faden

Als Traumsymbol ist der Faden ein Hinweis auf flüchtige Ideen, spontane Einfälle, die leicht wieder verlorengehen können. Dieses Traumbild steht selten für sich allein. Die Bedeutung ergibt sich aus dem Traumzusammenhang.

Fahne

Alle Fahnen, die positive Empfindungen im Traum auslösen, deuten auf leidenschaftliches Denken, Fühlen und Handeln. Allgemein symbolisiert dieses Traumbild Idealismus, Begeisterungsfähigkeit und Gemeinschaftsdenken. Gesenkte und beschädigte Fahnen zeigen Enttäuschung, verlorene Ideale und mißbrauchte Gefühle an.

fahren

Für die Deutung dieses Traumbildes ist es wichtig, was für ein Fahrzeug benutzt wird, in welchem Zustand sich dieses befindet und welche Empfindungen die Fahrt bei dem Träumenden auslöst. ↗gehen.

Fahrkarte

Manchmal symbolisiert eine Fahrkarte im Traum Reiselust, Fernweh oder den Wunsch nach Entspannung und Urlaub. Meist ist die Fahrkarte jedoch Sinnbild für neue Lebenspläne und -ziele. Bekommt jemand eine Fahrkarte, so deutet das auf berufliches Vorwärtskommen oder eine Weiterentwicklung der Persönlichkeit hin. Geht eine Fahrkarte verloren, so weist das auf Schwierigkeiten bei der Persönlichkeitsentfaltung hin.

Fährmann

↗Fähre.

Fahrrad

Im Traum symbolisiert das Fahrrad Individualität, Selbständigkeit und den Versuch, im Leben eigene Wege zu gehen. ↗Auto, ↗Reise.

Fahrstuhl

↗Lift.

Fakir

Dieses Traumbild verkörpert die den gesellschaftlichen Normen nicht angepaßten Züge unseres Charakters. Sie veranlassen uns manchmal, etwas scheinbar Unvernünftiges zu tun, das uns dennoch innere Befriedigung verschafft.

Falke

↗Adler.

Falle

Eine Falle deutet auf eine schwierige Situation hin, in die man sich selbst gebracht hat und aus der sich nur schwer ein Ausweg finden läßt. Wer in einer Falle sitzt, der ist meist Gefangener seiner eigenen Gutgläubigkeit und Unvorsichtigkeit. Die Erkenntnis, daß man falsch gehandelt hat, führt oft zu Schuldgefühlen. Die nähere Bedeutung dieses Traumbildes ergibt sich aus dem Traumzusammenhang.

fallen

Dieses Traumbild symbolisiert Zweifel, Unsicherheit, mangelndes Selbstvertrauen und Lebensangst. Oft warnt es vor Oberflächlichkeit und Leichtsinn. Aber auch ein Verlust an Ansehen und Macht kann sich so darstellen. Eine selbstkritische Überprüfung der Persönlichkeit ist ratsam. Mehr Verantwortungsbewußtsein und Lebenszuversicht sollten entwickelt werden. Stolpern, Ausrutschen und Hinfallen deuten eher auf vorübergehende Schwierigkeiten. Dagegen zeigt das Fallen ins Bodenlose oder in einen Abgrund ernsthafte Konfliktsituationen an.

Fallschirm

Durch einen Fallschirm verliert der Sturz in die Tiefe seinen lebensbedrohenden Charakter. Er wird zum sanften Schweben verwandelt. Als Traumbild weist der Fallschirm auf den Wunsch hin, die Angst vor dem Fallen zu überwinden. ↗fallen, ↗fliegen.

Falltür

Dieses Bild enthält meist ein Warnsignal für den Träumenden. Möglicherweise will ihm jemand eine Falle stellen. Ihm droht ein Absturz im sozialen, psychischen, geistigen oder moralischen Sinne. ↗Falle, ↗fallen.

Falter

↗Schmetterling.

Fanfare

Dieses Instrument symbolisiert festliche Stimmung und jugendliche Begeisterung. Die fast gleiche Bedeutung haben Fanfarenzüge. Sie weisen gleichzeitig auf Männergesellschaft und Interessen hin, die als typisch männlich gelten. Die genauere Bedeutung ergibt sich aus dem Traumzusammenhang. Wichtig kann die Art der Musik sein, die auf der Fanfare gespielt wird, auch wie die im Traum auftretenden Personen darauf reagieren und wie der Träumende das Geschehen empfindet. ↗Musik.

Farben

Die moderne Kommunikation benutzt Farben oft als Signalzeichen. Ähnliches geschieht in der Traumsprache. Hebt der Träumende Farben in seinem Traum besonders hervor, so ist das ein Zeichen, daß sein Traumbewußtsein mittels der Farben eine Botschaft ausdrücken will. ↗Blau, ↗Braun, ↗Gelb, ↗Grün, ↗Rot, ↗Schwarz, ↗Weiß.

Fasan

↗Hahn, ↗Huhn.

Faß

↗Gefäß.

fasten

↗Enthaltsamkeit.

Faust

Als Traumbild symbolisiert die Faust Überheblichkeit, Aggressivität, geballte Energie, gestaute Kraft, die nach Entladung sucht. ↗Gewalt, ↗Hand.

fechten

Dieses Symbol betont die kämpferische Auseinandersetzung. Bei ihr geht es entweder um sportliche Ziele oder tatsächlich um Leben und Tod.

Feder (von Tieren)

Dieses Traumsymbol kommt in unterschiedlichen Bedeutungen vor. Manchmal ist es im Sinne der Redensart „zu Federn kommen" gemeint. Dann bedeutet es Reichtum oder den Wunsch, reich zu werden. In seiner anderen Bedeutung ist es im Sinne von „flügge werden" zu verstehen und weist dann auf den menschlichen Wachstums- und Reifeprozeß hin.

Fee

Im Traum verkörpern Feen das Verlangen nach Rat und Hilfe in einer ausweglos erscheinenden Lage. Aber auch Schuldgefühle und Angst vor den Folgen falschen Handelns können sich so ausdrücken. ↗Dämonen.

Fegefeuer

↗Hölle.

Fehlgeburt

Dieses Traumbild kann auf tatsächliche Körpervorgänge hinweisen. Es kann aber auch auf Veränderungen und Trennungen deuten. Anstehende Loslösungen von Personen, Dingen oder Meinungen drücken sich oft in diesem Bild aus. Manchmal ist auch eine Auseinandersetzung mit persönlichen Fehlern, die man bisher nicht abstellen konnte, gemeint.

Feige

In allen südlichen Ländern ist der Feigenbaum der Paradiesbaum und ein Lebensbaum. Der Feige kommt auch eine Sexualbedeutung mit weiblichem Vorzeichen zu. ↗Apfel, ↗Baum, ↗Pflaume.

Feinde

Alle im Traum auftretenden Personen verkörpern bestimmte Eigenschaften des Träumenden. Freunde symbolisieren positive Gedanken, Gefühle und Verhaltensweisen. Feinde weisen dagegen auf negative Anschauungen, Neigungen und Handlungen hin, die der Träumende an sich selbst verurteilt und bekämpft. Die nähere Bedeutung ergibt sich meist aus dem Traumzusammenhang. Wichtig ist dabei vor allem das Verhalten der Feinde und die Einstellung des Träumenden dazu.

Feld

In der Traumsprache ist das Feld meist als Betätigungsfeld zu sehen. Es symbolisiert ein Aufgaben- und Interessengebiet. In engerem Sinne verweist es auf die weibliche Sexualität. Ein bestelltes, fruchtbares, grünendes und blühendes Feld hat grundsätzlich positive Bedeutung. Ein brachliegendes, mit Unkraut überwuchertes, unfruchtbares Feld betont die negative Seite der Symbolbedeutung. Darin kann sich ausdrücken, daß jemand seine Interessen vernachlässigt.

Fell

Dieses Traumbild deutet auf das Bedürfnis nach Zärtlichkeit hin. Steht das Fell in Zusammenhang mit Pelzmänteln oder anderer wertvoller Pelzbekleidung, so drücken sich darin Wohlstand, Luxus, Ansehen, Selbstbewußtsein, aber auch Eitelkeit und Geltungsbedürfnis aus. Zusätzliche Hinweise auf die Bedeutung können sich aus der Tierart ergeben, zu der das Fell gehört.

Fels

Schroffes Gestein, Felsgeröll und Klippen symbolisieren körperliche und geistig-seelische Festigkeit und Stärke, aber auch Härte, Kälte und Egoismus. Sind die Felsen bewachsen, so deutet dies auf Gefühlsregungen hin. ↗Berg, ↗Höhle, ↗Spalte.

Fenster

↗Haus.

Fernglas

Das Fernglas rückt alles nahe, vergrößert stark und verändert die Dimensionen für das Auge. Als Traumsymbol kann es die Mahnung ausdrücken, einen klaren Blick zu bewahren und nicht bei jeder Kleinigkeit in Panik zu geraten.

Fernsehen

Dieses Traumsymbol weist auf Aufgeschlossenheit, Kontaktfreudigkeit, Informationsbedürfnis und den Wunsch nach Ablenkung hin. Manchmal warnt es vor Oberflächlichkeit und Ablenkung. Der Träumende hat Angst davor, sich selbst zu begegnen. ↗Gesang, ↗Musik, ↗Radio.

Fessel

Eine Fessel im Traum ist ein positives wie negatives Sinnbild einer Bindung. Sie kann auf die Partnerschaft des Träumenden hinweisen, aber auch auf andere Bindungen persönlicher oder beruflicher Art. ↗Kette, ↗Kreis.

Festung

In der Traumsprache deutet eine Festung auf Unsicherheit, Hemmungen, Minderwertigkeitsgefühle und ein gestörtes Verhältnis zur Umwelt hin. Dieses Symbol kann auch auf Einsamkeit und Isolation schließen lassen. Wird eine Festung aufgegeben oder verlassen, so zeigt sich darin das Bemühen, mehr Selbstvertrauen und bessere Beziehung zur Umgebung zu erreichen. Eine Festung, die umkämpft wird, weist auf starke Spannungen zwischen dem Träumenden und seiner Umwelt. ↗Höhle, ↗Schloß, Burg.

Feuer

Feuer und Flammen treten im Traum in verschiedenen Bedeutungen auf, die sich meist aus dem Handlungszusammenhang näher bestimmen lassen.
Das Feuer kann als Zeichen für eine seelische Reinigung und als Erneuerungs- und Wiedergeburtssymbol auftreten. Allgemein kennzeichnet es im positiven Sinne psychische Energie, wie sie sich in dem sprachlichen Bild der Lebensflamme ausdrückt.
Ein zerstörendes Feuer signalisiert immer Gefahr. Sie kann in einer verzehrenden Leidenschaft, sexueller Abhängigkeit oder starken und fanatischen Ideen begründet sein. ↗Fackel.

Feuerwehr

Alle mit dem Bereich Feuerwehr zusammenhängenden Traumbilder symbolisieren Kräfte und Eigenschaften der Person des Träumenden. Sie drücken das Bemühen aus, das Feuer der psychisch-geistigen und körperlichen Lebenskraft unter Kontrolle zu behalten und zerstörende Brände zu verhindern.

Feuerwerk

↗Feuer.

Feuerzeug

↗Feuer.

Fibel

↗Bibliothek.

Fieber

Als Traumsymbol kann das Fieber auf einen tatsächlich bestehenden Krankheitszustand hinweisen. Denkbar ist auch, daß eine seelische oder körperliche Überreizung vorliegt. Meist weist dieses Bild auf ernsthafte Schwierigkeiten in der Persönlichkeitsentwicklung hin.

Finger

Die Finger weisen meist auf Geschicklichkeit und einfache Gemütsregungen hin. Manchmal symbolisieren sie auch das männliche Glied. ↗Zeigefinger.

Finsternis

↗Dunkelheit.

Fisch

In der analytischen Psychologie von C. G. Jung gilt der Fisch als Symbol der ganzen Persönlichkeit des Träumenden. Je nach dem Zusammenhang kann der Fisch auch sexuelle Bedeutung haben. Dann stellt er meist die kalte, gefühlsunbezogene Seite der Sexualität dar. ↗Frosch, ↗Wasser.

fischen

↗angeln.

Flagge

↗Fahne.

Flamme

↗Feuer.

Flasche

↗Gefäß.

Flecken

In der Traumsprache sind sie meist mit einem Gefühl von Peinlichkeit verbunden. Etwas an unserer Rolle, die wir spielen, stimmt nicht. Oft schämt sich der Träumende deswegen.

Fledermaus

Dieses Traumsymbol ähnelt weitgehend dem der Eule. Allerdings verkörpert die Fledermaus mehr die dumpfen, triebhaften Gefühlsregungen. Ihr fehlt der Aspekt der Geistigkeit, der Weitsichtigkeit und Weisheit. ↗Eule.

Fleisch

Dieses Symbol bezieht sich fast immer auf körperliche, meist sexuelle Energien und Bedürfnisse. Rohes Fleisch veranschaulicht Körperkraft, Potenz und Leidenschaft oder den Wunsch nach diesen Eigenschaften. Ist das Fleisch zubereitet, so drückt sich darin verfeinerte Genußfähigkeit aus. Großer Appetit auf Fleisch weist auf starkes Triebverlangen hin. Ekel vor Fleisch deutet auf Enthaltsamkeit, Entbehrung, Übersättigung oder auf Abneigung hin.

Fliege

Als Traumsymbol deuten Fliegen auf nervöse Erregungs- und Erschöpfungszustände hin. Große, dicke Fliegen zeigen, wenn sie im Traum Ekel erregen, innere Widerstände gegen bestimmte Personen, Gedanken, Gefühle und Verhaltensweisen an.

fliegen, Flugzeug

Sigmund Freud erklärte Flugträume als sexuelle Wunschvorstellungen. Das Gefühl des Fliegens und Schwebens zählt zum Rauscherleben, zu dem auch der Liebesrausch gehört. Die erotische Nebenbedeutung des rauschhaften Fliegens ist sehr alt. Sie findet sich in zahlreichen mythologischen Überlieferungen. In unserem technischen

Zeitalter ist das Fliegen zu einer alltäglichen Wirklichkeit geworden. Dementsprechend hat sich vielfach die Traumaussage der Flugträume geändert. Das Flugzeug kann im Traum als Übermittler weitreichender Gedanken und Ideen auftauchen oder allgemein auf einen Freiheitsdrang hinweisen.
Fliegen oder Schweben ohne Fluggerät kann bedeuten, daß sich der Träumende mit seinen Gedanken und Vorstellungen über die Realität hinaushebt. Positiv an dieser Haltung ist, daß so oft kreative Ideen entstehen. Der Träumende sollte aber darauf achten, daß er nicht den Boden unter den Füßen verliert.

fliehen

↗Flucht.

Floh

Wie eine ganze Reihe von Insektenarten, so deutet auch der Floh auf nervliche Überreizung hin. Manchmal symbolisiert er aber auch Sprunghaftigkeit, Unbeständigkeit, Spontaneität oder wirklichkeitsfremde Gedanken und Gefühle.

Floß

Dieses Traumbild weist darauf hin, daß sich der Träumende nicht treiben lassen sollte. Mit der Strömung zu schwimmen, ist nicht die beste Lösung, wenn man sich zu einer selbständigen Persönlichkeit entwickeln will. Wichtig ist, die psychische und körperliche Energie voll einzusetzen.

Flöte

Als eines der ältesten Musikinstrumente spielt die Flöte schon in den alten Mythen und Volksmärchen eine Rolle. Ihr Klang soll einst Götter und Menschen verzaubert haben. Als Traumbild symbolisiert sie Harmonie, Gleichklang und positive Gefühle. Oft verweist die Flöte auf Festlichkeit, Stimmung, Zärtlichkeit, auch Nachdenklichkeit. Mitunter enthält dieses Bild einen Hinweis auf das männliche Glied und dessen Anziehungskraft. Die genauere Bedeutung ergibt sich meist aus dem Traumgeschehen. Dabei ist wichtig, welche Art Musik auf der Flöte gespielt wird, wie die im Traum beteiligten Personen reagieren und was der Träumende selbst empfindet. ↗Musik.

Flucht

Meist enthält dieses Traumbild einen Hinweis, daß der Träumende sich vor der Auseinandersetzung mit unangenehmen Gedanken oder Gefühlen scheut. Er ergreift die Flucht, um möglichst schnell zu vergessen. Gewissenskonflikt und Schuldgefühle können mit diesem Bild in Zusammenhang stehen. Die genaue Bedeutung ergibt sich aus dem Traumzusammenhang. Vor allem kommt es auf die Gründe an, warum jemand flieht und vor wem bzw. aus welcher Situation.

Fluß

Flüsse und Ströme im Traum symbolisieren oft den „Strom des Lebens“. Die Fahrt auf ihnen, in einem Boot oder in einem Schiff, ist als Vergleich mit der Lebensreise zu verstehen.

Flüsse, reißende Ströme oder Bäche, die sich dem Träumenden als Hindernis entgegenstellen, deuten auf Schwierigkeiten, die im Unbewußten des Träumenden ihren Grund haben. Nähere Hinweise ergeben sich hier oft aus der Beschaffenheit der Ufer. Sind sie unzugänglich, so deutet das auf seelische Konflikte oder Komplexe hin. Beton- oder Steinmauern sind als Hinweise auf eine Einengung des Träumenden durch die moderne Zivilisation und ihre Auswirkungen zu verstehen.

Sieht der Träumende in seinem Traum eine Brücke, so zeigt sich darin ein Weg, wie er die bestehenden Schwierigkeiten überbrücken kann. ↗Brücke, ↗Wasser.

Flut

Dieses Traumsymbol ist entweder im Sinne von Überschwemmung aufzufassen, oder es hat die Bedeutung der Flut im Sinne des Gezeitenwechsels. Das Ansteigen des Meeresspiegels weist auf seelische Anspannung und emotionale Erregung hin. Zunehmende Begeisterung und erwachende Leidenschaft können sich in diesem Bild ausdrücken. Da es sich um einen naturgesetzlichen Gezeitenrhythmus handelt, ist die ansteigende Anspannung nur vorübergehender Art. Ihr folgt eine Phase der Entspannung, der Ruhe, der Erholung und der Sammlung neuer Kraft. ↗Ebbe, ↗Überschwemmung, ↗Wasser.

Folter

In der Traumsprache ist diese Bild im Sinne der Redensart „jemanden auf die Folter spannen" gemeint. Folter bedeutet somit die hoffnungsvolle, zugleich ungeduldige Erwartung eines Ereignisses. Manchmal weist dieses Symbol aber auch darauf hin, daß man von Gewissenskonflikten und Schuldgefühlen gefoltert wird.

Fontäne

Sie ist ein Sinnbild männlicher Sexualität und Fruchtbarkeit. Die nähere Bedeutung ergibt sich meist aus dem Traumgeschehen. ↗Brunnen, ↗Fluß, ↗Wasser.

Förster

Als Traumbild verkörpert der Förster meist Naturverbundenheit, gesunde Lebensweise, ungekünstelte Einfachheit oder den Wunsch nach diesen Eigenschaften. Die nähere Bedeutung ergibt sich aus dem Traumzusammenhang. ↗Wald.

Fotografie

Sie spiegelt im Traum häufig die Vergangenheit des Träumenden und gibt Erinnerungen an Erlebnisse wieder, die er längst vergessen zu haben meint. Sind auf den Bildern irgendwelche Personen dargestellt, so geben sie meist den Träumenden selbst oder jedenfalls bestimmte Züge und Eigenschaften seiner Persönlichkeit wieder. Dies geschieht im allgemeinen in idealisierter Form, so wie der Träumende sich gern sehen möchte, oder aber durch Minderwertigkeits- und Schuldgefühle entstellt. Auch Fotos, die keine Personen abbilden, verweisen auf die innere oder äußere Verfassung des Träumenden. Die einzelnen Bildmotive, wie zum Beispiel ein Garten oder ein Haus, haben dabei die gleiche Symbolbedeutung wie auch in anderen Träumen. ↗Gemälde.

Fragen

Wer die richtigen Fragen stellt, hat schon fast die Antwort gefunden. Deshalb sind Fragen in unseren Träumen oft wertvolle Hilfen, eine wichtige Erkenntnis herauszufinden.

Frau, unbekannte

Die Gestalt einer unbekannten Frau im Traum symbolisiert immer die weibliche Seite in der Seele des Träumenden. C. G. Jung hat diese psychische Funktion den Schatten des Träumenden genannt, wenn die unbekannte Frau im Traum einer Frau auftritt. Die Traumhandlungen der unbekannten Frau sind als Hinweis auf unbewußte Eigenschaften oder Verhaltensweisen des Träumenden zu verstehen.

In Männerträumen symbolisiert die unbekannte Frau die in jedem Mann enthaltene weibliche Seite. Jung nennt sie die Anima. Sie verkörpert die Gefühlsseite des Mannes, seine Stimmungen, Ahnungen und bestimmt den Charakter seiner Liebesbeziehungen zu Frauen in der Wirklichkeit.

Die Anima des Mannes wird stark durch das Verhalten seiner Mutter während seiner Kindheit ihm gegenüber bestimmt.

Die Traumhandlungen der Anima geben Aufschluß über die Vorstellungen, die der Träumende in seiner Lebenswirklichkeit auf seine Partnerin überträgt. Sie können auf Partnerschaftsprobleme hinweisen, die daraus entstehen, daß die reale Partnerin nur selten voll mit dem Animabild des Mannes übereinstimmt. ↗Mutter, ↗Mutterkomplex.

Fremde

Alle im Traum auftretenden Menschen können bestimmte Seiten der Persönlichkeit des Träumenden verkörpern. Während Bekannte auf vertraute Wesenszüge und Verhaltensweisen hinweisen, symbolisieren Fremde die unbekannten oder verdrängten Persönlichkeitsaspekte. Empfindet der Träumende Mißtrauen, Ablehnung oder Feindschaft gegen die fremde Person, so paßt diese nicht in das Persönlichkeitsbild, das er von sich selbst entworfen hat. Empfindet er Sympathie oder Freundschaft für die fremde Person, so ist er bereit, die neuentdeckten Eigenschaften, Gefühle oder Verhaltensweisen voll zu akzeptieren. ↗Feinde, ↗Freunde.

Fremdsprache

Verstehen wir im Traum eine Sprache nicht oder können wir sie nicht sprechen, so ist meist die Sprache der Gefühle gemeint. Sie ist uns vielfach fremd geblieben. Wir haben zu wenig gelernt, mit ihr umzugehen. Doch eine Lebenssituation verlangt von uns, daß jetzt das Gefühl spricht. ↗Lehrer, ↗Schule.

Freunde

Alle im Traum auftauchenden Personen können bestimmte Aspekte der Persönlichkeit des Träumenden spiegeln. Während Feinde auf negative Eigenschaften und Handlungen hinweisen, verkörpern Freunde die positiven und vertrauten Seiten der Persönlichkeit. Verhält sich ein Freund im Traum ablehnend, so deutet das auf Selbstzweifel. Wird ein neuer Freund gewonnen, so drückt sich darin zunehmendes Selbstvertrauen oder der Wunsch danach aus. In Frauenträumen ist mit dem Bild des Freundes manchmal der Partner gemeint. ↗Fremde, ↗Mann.

Friedhof

↗Begräbnis, ↗Grab.

frieren

↗Kälte.

Friseur

Das Haar verweist im Traum meist auf erotisch-sexuelle Aspekte. Der Friseur, der das Haar pflegt, verkörpert daher die Einstellung des Träumenden zu seinen erotischen und sexuellen Gefühlen.

Frosch

Träume von Fröschen treten fast immer bei Mädchen und Frauen auf, während sie bei Männern sehr selten vorkommen.

Die Bedeutung des Frosches im Traum gleicht der im Märchen der Gebrüder Grimm vom Froschkönig. Dort verwandelt sich der kalte, glitschige Frosch in einen wunderschönen Prinzen nachdem die Prinzessin ihm auf Befehl ihres Vaters, des Königs, Nahrung gegeben und ihn in ihrem Bett gewärmt hat. Die kalte, unpersönliche Seite der Sexualität wandelt sich erst dann zur vollen Erfülltheit, wenn sie in das wärmende Gefühl einer seelischen Beziehung zum Partner eingebettet ist. ↗Sexualität.

Frucht

Im allgemeinen haben eßbare Früchte die Bedeutung von Nahrungsmitteln. Sie zeigen sexuelle Bedürfnisse an, können aber auch auf Selbstvertrauen, Persönlichkeitsentwicklung, Erfolg und Glück hinweisen. Ungenießbare Früchte können auf Widerstände, Probleme und Gefahren deuten. Manche Früchte haben neben dieser allgemeinen noch eine speziellere Bedeutung. Deshalb empfiehlt es sich jeweils unter der entsprechenden Fruchtart nachzuschlagen.

Frühgeburt

↗Fehlgeburt.

Frühling

Dieses Traumbild ist mit dem Symbol Jugend in der Bedeutung verwandt. Es symbolisiert neue psychische und körperliche Kraft. ↗Jugend.

Fuchs

Als Traumsymbol verkörpert der Fuchs Lebensklugheit, Geschicklichkeit, Berechnung und Verschlagenheit. Die genauere Bedeutung ergibt sich aus dem Traumzusammenhang, vor allem aus der Einstellung des Träumenden zu dem Tier.

Fühler

Ähnlich wie Antennen dienen diese Sinnesorgane der Wahrnehmung und Orientierung. In der Traumsprache stellen sie deshalb das Verhältnis zur Umwelt dar. Sie warnen vor Unüberlegtheit und Vertrauensseligkeit. Zusätzliche Hinweise auf die Traumbedeutung können sich aus der Tierart ergeben, zu der die Fühler gehören. ↗Antenne.

Fünf

In der Zahlensymbolik vieler Lehren bedeutet die Fünf, das Fünfeck, der fünfzackige Stern die Zahl des natürlichen Menschen. Sie ergibt sich aus dem Bild eines Menschen mit ausgestreckten Armen und Beinen, die zusammen mit dem Kopf ein Fünfeck bilden. Die Fünf erhält ihre Bedeutung auch von den fünf Sinnen her, die der Mensch hat. ↗Zahlen.

Funke

↗Feuer.

funken

Empfängt oder sendet man im Traum Funksignale, so drückt sich darin das Bedürfnis aus, mit anderen Menschen in Kontakt zu treten. Da der Funkkontakt auf indirektem Wege zu anderen Menschen führt, deutet dieses

Bild zugleich auf Hemmungen und Unsicherheiten. Obwohl der Wunsch nach Offenheit besteht, will der Träumende seine Zurückhaltung nicht ganz aufgeben. Werden die Funksignale verstanden, so besteht Hoffnung, bessere Beziehungen zur Umgebung herstellen zu können. Sind die Funkkontakte dagegen gestört, so überwiegt Skepsis oder Resignation hinsichtlich ihrer Wirkung.

Furunkel

↗Geschwür.

Fuß

↗Bein.

Fußball

↗Ball, ↗Kampf.

Fußboden

Diese Traumbild steht für den äußeren und inneren Halt, für den persönlichen Standpunkt. Wankt der Boden unter den Füßen, versinkt oder brennt er, so verliert man seinen Halt. Das Gleichgewicht geht verloren. Grundlegende Interessen und Überzeugungen sind gefährdet. Um die genauere Traumbedeutung zu erfassen, ist es notwendig, den Traumzusammenhang zu beachten.

Fußstapfen

Wer in die Fußstapfen eines anderen tritt, folgt ihm nach. In der Sprache der Träume kann dies ein Hinweis auf zu wenig Selbständigkeit sein. Sind die Fußstapfen zu groß, so plagen den Träumenden manchmal Selbstzweifel, ob er eine bestimmte Rolle, die er in seinem Leben spielt, auch tatsächlich ausfüllen kann.

G

Gabel

In der Sprache der Träume ist die Gabel meist ein Instrument, mit dessen Hilfe man sich seelische Nahrung zuführen kann. Manchmal hat dieses Bild aber auch aggressive Bedeutung. Entscheidend ist der Traumzusammenhang, in dem dieses Symbol vorkommt.

gähnen

Allgemein veranschaulicht das Gähnen Interesselosigkeit, Langeweile, Müdigkeit, Erschöpfung oder Geringschätzigkeit. Auch Verachtung und Überheblichkeit können sich in diesem Bild ausdrücken.

Galle

Träume, in denen dieses Organ eine Rolle spielt, können auf tatsächlich bestehendes körperliches Unwohlsein oder eine Erkrankung hinweisen. Im übrigen symbolisiert die Galle als Traumbild Beunruhigung, Unbehagen, Arger, Enttäuschung, Verbitterung, Zorn und Wut. Für die genaue Bedeutung ist der Traumzusammenhang wichtig.

Gangster

↗Verbrecher.

Gans

Gänse gelten seit alter Zeit als aufmerksame Wächter. Sie warnen vor Unwettern und den damit verbundenen Gefahren. In der Traumsprache gelten sie meist als Symbole für Wachsamkeit und Treue. ↗Vogel.

Garage

Dieses Traumbild steht meist in engem Zusammenhang mit dem Symbol Auto. Es verweist allgemein auf Sicherheitsdenken und Vorsicht, auf eine beschützende und sorgende Einstellung.

Garbe

↗Ähre, ↗Brot, ↗Ernte.

Garderobe

↗Kleidung.

Gardine

↗Vorhang.

Garn

Garnknäuel enthalten Hinweise auf Gedanken und Gefühle, die nur langsam Form annehmen. Geduld ist notwendig. Ist das Garn verwickelt oder verknotet, so zeigt sich darin Verwirrung. Es besteht der Wunsch nach Ordnung und Klarheit.

Garten

Der Garten ist im allgemeinen ein Symbol der partnerschaftlichen Beziehung. Er zeigt Wachstum, Fruchtbarkeit, Lebensfreude an und hat fast immer eine positive Bedeutung.
Der gleiche positive Informationswert geht auch von dem Gärtner im Traum aus, der den Garten hegt und pflegt. ↗Baum, ↗Blumen, Blüten, ↗Farben.

Gas

Dieses Traumbild gilt als Symbol für schädliche Einflüsse, Gedanken und Gefühle. Gemeinheit und Bösartigkeit können mit diesem Bild gemeint sein, alles, was den Wertvorstellungen des Träumenden entgegensteht. Schutzmaßnahmen, zum Beispiel das Tragen einer Gasmaske, sind als Versuche zu werten, die Persönlichkeit vor vergiftenden Einflüssen zu schützen.

Gasthaus

↗Restaurant.

Gebäck

↗Brot.

Gebärmutter

↗Gefäß.

Gebet

↗beten.

Gebirge

↗Berg.

Gebiß

↗Zähne.

Gebrüll

↗Geschrei.

Geburt

Eine Geburt zeigt im Traum das Entstehen von etwas Neuem an. In den seltensten Fällen ist damit die Geburt eines Kindes gemeint. Meist bezieht sich dieses Bild auf neue Möglichkeiten. Welcher Art sie sind, läßt sich aus dem Zusammenhang des Traumgeschehens entnehmen. ↗Kind, ↗Tod.

Gebüsch

↗Gestrüpp.

Gefängnis

Das Gefängnis als Ort des Traumgeschehens informiert über geistige, körperliche oder sonstige Einschränkungen. Oft weist der Traum von Gefangenschaft darauf hin, daß die Bewußtseinsvorstellungen, in denen der Träumende gefangen ist, nicht voll mit der Lebenswirklichkeit übereinstimmen. Der Träumende engt seine realen Möglichkeiten ein.

Gefäß

In der Traumsprache symbolisieren Gefäße aller Art meist den Leib der Frau und die weibliche Sexualität. Das gilt nicht nur für Gefäße mit runden Formen, sondern ebenso für Dosen, Kästen, Kisten, Koffer, Körbe, Schachteln und Taschen. Mitunter kann die Form eines Gefäßes auch auf das männliche Glied hinweisen. Das Ausgießen einer Flüssigkeit aus einer Flasche in ein anderes Gefäß, ebenso das Verkorken oder Entkorken einer Flasche sind meist als Hinweise auf den Geschlechtsverkehr zu verstehen.

Geheimnis

Geheimnisse weisen im Traum darauf hin, daß wir insgeheim etwas nicht wahrhaben wollen, weil es unserem Konzept nicht entspricht. Wir verdrängen eine Wahrheit. Die genauere Bedeutung ergibt sich meist aus dem gesamten Traumzusammenhang.

gehen

Die Art des Gehens gibt Hinweise auf den gegenwärtigen Zustand, in dem sich jemand befindet. Ist der Gang mühelos und beschwingt, so weist das auf eine optimistische

Grundeinstellung, zumindest auf den Wunsch nach einer solchen hin. Ein mühsamer, schleppender Gang zeigt Schwierigkeiten und Probleme der Persönlichkeitsentwicklung an. ↗Bein, ↗fallen, ↗steigen.

Gehirn

Dieses Traumbild kann auf einen Krankheitszustand hinweisen. Sonst ist es ein Hinweis, seine Geisteskräfte besser einzusetzen, oder es warnt vor allzu verstandesbetonter Lebensführung, vor intellektuellem Hochmut, vor Berechnung, Egoismus und Gefühlsarmut. ↗Kopf.

Geier

Als Symbol im Traum deutet der Geier auf zu starkes Verstricktsein in sich selbst hin, das sich durch mangelnde Kontaktfähigkeit zu anderen Menschen äußert. Zu dieser neurotisch bedingten Haltung gehören vielfach auch übertriebene Forderungen. Der Geier als Aasgeier kennzeichnet oft eine ausbeutende Einstellung. ↗Vogel.

Geige

Geige und Cello werden oft mit dem weiblichen Körper verglichen. Die Einbuchtung in der Mitte gleicht der Taille. Musik ist die Sprache, in der sich der Gefühlsbereich, vor allem die Liebe, mitteilt. Entsprechende Botschaften vermittelt das Traumbewußtsein mit dem Bild der Geige oder vergleichbaren Musikinstrumenten. ↗Musik.

Geiselnahme

↗Gefängnis, ↗Gewalt.

Geist

↗Dämonen.

Geistlicher

↗Papst.

Geiz

Der Träumende fürchtet den Verlust von Fähigkeiten und Eigenschaften, die mit Geld zu tun haben. ↗Geld.

gelähmt

↗Lähmung.

Gelb

Das Gelb ähnelt der Farbe des Goldes. Es symbolisiert Reife, Ernte und geistige Aktivität. ↗Farben.

Geld

Geld oder Geldstücke symbolisieren im Traum seelische Energie. Im Traum Geld zu finden, gilt als besonders positiv. Andererseits informiert der Traum durch das Verlieren von Geld über den Verlust von Eigenschaften und Fähigkeiten, möglicherweise auch darüber, daß der Träumende seine Fähigkeiten und Begabungen nicht genügend nutzt. Silbermünzen haben – wegen der weiblichen Mondfarbe Silber – einen weiblichen Aspekt. ↗Mond, ↗Sparkasse.

Geliebte(r)

Dieses Traumbild verkörpert die Ansprüche und Vorstellungen, die den Träumenden – meist unbewußt – bei seiner Partnerwahl bestimmen. Deshalb kann von den Eigenschaften dieses Traumbildes auf die Bedürfnisse und Ideale des Träumenden geschlossen werden.

Gemälde

Bilder jeder Art beziehen sich immer auf die Persönlichkeitsstruktur des Träumenden. Deshalb sind Ahnenbilder und Portraits, selbst wenn sie nicht als Ebenbild erkannt werden, im Grunde immer Selbstbildnisse. In ihnen spiegelt sich wider, wie der Träumende sich gern sehen möchte, oder sie geben Züge seiner Persönlichkeit infolge von Minderwertigkeitsgefühlen und Schuldgefühlen entstellt wieder. Auch Bilder, die keine Personen darstellen, verweisen auf die äußere oder innere Verfassung des Träumenden. Besonders Fotografien spiegeln oft die Vergangenheit des Träumenden, Erinnerungen an Erlebnisse, die er längst vergessen zu haben glaubt.

Gemse

Dieses Tier verkörpert im Traum Geschicklichkeit, Genügsamkeit und Zähigkeit. Es kann auch auf Triebhaftigkeit hinweisen. ↗Säugetiere.

Gemüse

↗Hunger, ↗Nahrungsmittel.

General

↗Chef.

Genitalien

↗Geschlechtsorgane.

Gepäck

↗Koffer.

Gericht

Wer in seinen Träumen vor Gericht geht, einer Gerichtsverhandlung beiwohnt oder Staatsanwalt, Angeklagter, Verteidiger, Richter, Schöffe, Geschworener oder Zeuge ist, der hält über sich selbst Gericht. Häufig enthält dieses Traumbild die Mahnung, sich selbst gegenüber toleranter zu sein, Selbstkritik nicht zu übertreiben. Es kann auch das Bemühen des Träumenden symbolisieren, für bestimmte Gedanken, Gefühle oder Handlungen Verständnis aufzubringen, sie zu tolerieren.

Gerichtsvollzieher

Hinter diesem Traumbild stehen meist Existenzsorgen oder Minderwertigkeits- und Schuldgefühle, die den Träumenden bedrängen. Verzweiflung und Lebensangst führen ihn in eine resignative Grundhaltung. Die genauere Bedeutung ergibt sich aus dem Traumzusammenhang. Wichtig sind dabei oft die Gegenstände, die der Gerichtsvollzieher pfändet.

Gerippe

↗Skelett.

Gerste

↗Ähre, ↗Getreide.

Geruch

Entsprechend den Redewendungen „jemanden nicht riechen können" und „etwas stinkt einem" sind Gerüche im Traum zu verstehen. Schlechte Gerüche veranschaulichen Abneigungen und Ablehnung. Gute Düfte weisen auf eine positive Einstellung und auf Zustimmung hin. Die genauere Bedeutung ergibt sich aus dem Traumzusammenhang. Dabei ist wichtig, welche Personen oder Gegenstände gut oder schlecht riechen.

Gesang

Im allgemeinen symbolisiert Singen im Traum Harmonie, Ausgeglichenheit und festliche Stimmung. Singt ein einzelner, so deutet das eher auf gefühlsbetonte Innerlichkeit. Das Singen in einer Gemeinschaft verweist stärker auf Mitteilungsbedürfnis und Gemeinschaftsgefühl. Das Singen im Duett bringt meist einander widersprechende Gefühle zum Ausdruck. Die genauere Bedeutung ergibt sich aus dem Traumzusammenhang. Aufschlußreich ist, aus welchem Anlaß gesungen wird. ↗Musik.

Geschäftsmann

↗Kaufmann.

Geschenk

Dieses Traumbild zeigt den Wunsch an, die Beziehungen zur Umwelt zu verbessern. Es symbolisiert Anerkennung, Hochachtung und Zuneigung. Die genauere Bedeutung ist davon abhängig, wer etwas geschenkt bekommt und aus welchem Grunde. Wichtig ist auch, was der Träumende beim Schenken empfindet.

Geschlechtskrankheit

Dieses Traumbild kann auf ein tatsächliches Unwohlsein oder eine Krankheit hinweisen. Trifft das nicht zu, so handelt es sich meist um das Bedürfnis nach körperlicher und sexueller Ruhe. Aber auch das Gefühl von Abneigung, Unreinheit und Ekel kann sich auf diese Weise ausdrücken.

Geschlechtsorgane

Dieses Traumbild bringt oft sexuelle Bedürfnisse oder Ängste zum Ausdruck. Manchmal verweist es auch nur auf die Geschlechtszugehörigkeit des Träumenden und auf entsprechende Gedanken oder Gefühle. Ein direkter Bezug zur Sexualität muß aber nicht immer gegeben sein. Die genauere Bedeutung ergibt sich aus dem Traumzusammenhang, vor allem aus der Einstellung des Träumenden zu diesem Traumbild.

Geschlechtsverkehr

Dieses Traumbild symbolisiert den Wunsch nach Ausgleich und Versöhnung von Gegensätzen im weitesten Sinne. Häufig bezieht es sich aber auf sexuelle Partnerschaften und auf Familie. Die Traumaussage ist meist nicht wörtlich zu nehmen.

Geschmack

Träumt man vom guten oder vom schlechten Geschmack eines Menschen, so weist dies darauf hin, daß der Träumende diese Person anerkennt oder ablehnt. Der Geschmack von Speisen deutet je nach seiner Beschaffenheit ebenfalls auf Zustimmung oder Ablehnung. Will man jemandem etwas schmackhaft machen, so möchte man ihn beeinflussen und seine Zustimmung erreichen.

Geschrei

Im Schreien drücken sich ursprüngliche Gefühle wie Freude, Lust, Aggressivität, Angst, Schmerz und Verzweiflung aus.

Geschütz

↗Waffen.

Geschwindigkeit

↗Auto, ↗fallen, ↗gehen, ↗steigen.

Geschwür

Abszesse, Ausschläge, Ekzeme, Furunkel, Pickel, Geschwüre, Entzündungen weisen auf Minderwertigkeitsgefühle, Spannungen, psychische Konflikte und Stresse hin. Das Traumbild kann einen tatsächlich vorhandenen Krankheitszustand darstellen. Sind die Geschwüre im Begriff zu heilen, so hat der Träumende genügend Widerstandskräfte, mit der Krise fertig zu werden. Je schwerer sich das Krankheitsbild darstellt, um so ernsthafter ist die psychische Situation, in der sich der Träumende befindet. ↗Eiter.

Gesetz

Dieses Symbol weist auf Grundsatztreue, Gerechtigkeitsempfinden, Wahrheitsliebe und Verantwortungsbewußtsein hin. Manchmal zeigt es auch an, daß der Träumende mit seinen Grundsätzen in Konflikt geraten ist, daß er unter einem schlechten Gewissen oder unter Schuldgefühlen leidet. ↗Gericht.

Gesicht

Der Ausdruck des Gesichts kann seelische Befindlichkeiten widerspiegeln. Er kann aber auch als Maske zu verstehen sein. Dann weist er auf Täuschung oder Selbsttäuschung hin. ↗Ebenbild, ↗Maske.

Gespenst

↗Dämonen.

Gespräch

Sachliche Diskussionen und ruhige Gespräche symbolisieren Aufgeschlossenheit, Kontaktfreudigkeit, Geselligkeit, Mitteilungsbedürfnis und vielseitige Interessen. Die genauere Bedeutung ergibt sich aus dem Traumzusammenhang, vor allem aus der Art und Weise, in der das Gespräch geführt wird, und aus dem Inhalt bzw. der Thematik. ↗Ansprache.

Gestank

↗Geruch.

Gestein

↗Fels.

Gesten

Die Bewegungen der Hände, überhaupt alle Gebärden sind wichtige Hilfsmittel, eine Traumaussage zu unterstützen und zu verstärken. Manchmal ist die Körpersprache aber auch Fassade. Sie dient dann der Täuschung und Selbsttäuschung. Meist liefert die Gestik nur Sinnergänzungen zu anderen Traumbildern, die die eigentliche Bedeutung des Traumes bestimmen. ↗Maske.

Gestrüpp

Dieses Traumsymbol weist auf sprunghaftes, ungeordnetes Denken hin, auf wuchernde Ideen und Pläne, unbeständige Gefühle, Leidenschaften und unkontrolliertes Verhalten. Wird ein Weg durch das Gestrüpp gebahnt oder das Dickicht gelichtet, so weist das auf das Bemühen, ungeordnete Persönlichkeitsmerkmale zu disziplinieren. Die genauere Bedeutung ergibt sich aus dem Traumzusammenhang. Dabei kann auch die Bodenbeschaffenheit von Bedeutung sein.

Getreide

Alle Getreidearten symbolisieren körperliche und psychischgeistige Grundbedürfnisse. Fruchtbare Getreidefelder mit vollen Ähren oder eine reiche Getreideernte deuten auf Selbstvertrauen, Zufriedenheit und materielle Sicherheit hin. Vertrocknetes, verfaultes Getreide mit unfruchtbaren Ähren zeigt erschüttertes Selbstvertrauen, Not, Entbehrung und Zukunftsangst an. ↗Ernte.

Gewächshaus

Bei Gewächshäusern handelt es sich immer um einen künstlich regulierten und kontrollierten Lebensraum. Entsprechend weist das Traumsymbol meist auf eine unnatürliche Lebensgestaltung hin. Oft ist die Mahnung damit verbunden, freier, offener und natürlicher zu werden. Planung, Organisation und Zweckdenken sollten nicht zu stark im Vordergrund stehen.

Gewalt

Gewalttätigkeiten im Traum sind als Hinweis auf die Notwendigkeit zur Wahrung von Disziplin zu verstehen. Wird dem Träumenden Gewalt angetan, so kann das auf Minderwertigkeitsgefühle hinweisen.
Ergibt der Traumzusammenhang eine erotische Bedeutung, so kann das Anwenden oder Erleiden von Gewalt auf sadistische oder masochistische Tendenzen des Träumenden hinweisen. ↗Schwert, ↗Vampir, Fledermaus.

Gewand

↗Kleidung.

Gewehr

Das Gewehr gibt wie alle Schußwaffen im Traum Aufschluß über Aggressionstendenzen.
Die klassische Psychoanalyse deutet Waffen als Sexualsymbole. Diese Bedeutung trifft oft zu. Der Traum kann mit Schußwaffen aber auch Allmachtsgefühle darstellen.

Geweih

Allgemein weist dieses Traumbild auf männliche Vitalität und aggressive Triebhaftigkeit hin. Werden einem Mann Hörner oder ein Geweih aufgesetzt, so verweist das auf Untreue. An den Wänden hängende Geweihe sind eher als Erinnerungen an die frühere Jugendkraft zu verstehen. Die genauere Aussage ergibt sich aus dem Traumzusammenhang.

Gewichte

Sie können Bedrückungen und Belastungen symbolisieren, die sich hemmend auf die Persönlichkeitsentfaltung auswirken. Häufig verbindet sich mit diesem Bild die Aufforderung, Probleme ernster zu nehmen, sie gewichtiger zu sehen als bisher. Andererseits kann aber auch gemeint sein, daß wir nichts schwerer nehmen sollten, als es tatsächlich ist. Um die genauere Bedeutung zu ermitteln, ist es wichtig, auf die Gegenstände zu achten, die mit den Gewichten in Verbindung stehen. ↗Waage.

Gewitter

↗Blitz, ↗Donner, ↗Gewalt.

Gewölbe

↗Haus.

Gewürze

Dieses Symbol weist auf Extravaganz, Raffinesse, Geltungsbedürfnis und Sensationslust hin. Es kann eine Warnung vor Überreizung und Überdruß enthalten. Der genauere Sinn ergibt sich meist aus dem Zusammenhang.

Gift

Mit diesem Traumbild kann alles das gemeint sein, was dem Rechtsempfinden und den Wertvorstellungen des Träumenden widerspricht. Feindschaft, Bösartigkeit, die Atmosphäre vergiftende Gedanken, Gefühle und Handlungen können sich auf diese Weise im Traum ausdrücken.

Gips

Dieses Bild kann in der Traumsprache Hinweis auf eine psychische Verletzung sein, die eine stützende Behandlung braucht. ↗Arzt, ↗Krankenhaus.

Giraffe

Manchmal ist dieses Symbol ein Hinweis auf Reiseerlebnisse oder Ausdruck von Sehnsucht nach fernen Ländern. Allgemein charakterisiert es das Exotische und Ausgefallene. ↗Säugetiere.

Gitarre

Allgemein drücken sich in diesem Symbol Gefühl, Begeisterungsfähigkeit, Mitteilungsbedürfnis und Leidenschaftlichkeit aus. Oft hat die Gitarre sexuelle Bedeutung. Sie verkörpert den Frauenleib. ↗Geige, ↗Musik.

Gitter

↗Gefängnis, ↗Haft, ↗Hindernis, ↗Zaun.

Glas

Glas im Traum kann auf die Zerbrechlichkeit einer Beziehung oder auf Überempfindlichkeit des Träumenden hinweisen. Eine Glaswand, die zwischen dem Träumenden und einer anderen Person besteht, deutet auf Störungen in der Kommunikation zu dieser Person hin.
Glasgefäße oder Kristallkelche stellen einen Bewußtwerdungsprozeß bildhaft dar. Entscheidend für die Art dieses Prozesses ist, was sich in dem Glasgefäß befindet.
Glasfenster symbolisieren den Ausblick auf etwas Neues.
Die Auffassung von Freud, Glasgefäße seien Symbole für die weiblichen Sexual- und Unterleibsorgane, trifft nur selten zu.

Glatteis

↗Eis, ↗fallen.

Glatze

Dieses Bild kann ein Hinweis auf Ängste des Träumenden vor Verlust seiner Vitalität und Lebenskraft sein. ↗Haare.

Gleichgewicht

Wer bemüht ist, sein Gleichgewicht nicht zu verlieren, der befindet sich meist in einer schwierigen Situation. Behutsamkeit und Vorsicht sind geboten. Kommt es zu einem Sturz, so ist die äußere Sicherheit bedroht, das seelische Gleichgewicht gestört. Der Träumende sollte sich bemühen, sein Selbstwertgefühl wiederherzustellen. ↗fallen.

Gleis

Wer eingleisig denkt und handelt, dem fehlt es an Beweglichkeit. In diesem Sinne weist das Traumbild auf Einseitigkeit Starrheit, Eintönigkeit hin. Wer entgleist, der verhält sich der Situation nicht angemessen. Er sollte keine unüberlegten Entscheidungen treffen und Besonnenheit wahren.

gleiten

↗fallen, ↗fliegen.

Gletscher

Gletscher sind Traumsignale für Gefühlskälte. Der Sturz in eine Gletscherspalte symbolisiert die Gefahr, in geistige oder emotionale Erstarrung abzugleiten. ↗Eis.

Globus

↗Atlas, ↗Kugel.

Glocke

Große Glocken symbolisieren Beständigkeit, Zuverlässigkeit, Feierlichkeit und Religiosität. Glöckchen, Handglocken und Schellen verweisen mehr auf Lebensfreude, spielerische Leichtigkeit, Lebensgenuß.

glühen

↗Glut.

Glühwein

Meist veranschaulicht er Behaglichkeit, häusliche Gemütlichkeit, Wärme und Geborgenheit, Zufriedenheit. Wird er im Traum in größeren Mengen getrunken, so tritt seine berauschende Wirkung stärker in den Vordergrund. ↗Alkohol.

Glühwurm

↗Leuchtkäfer.

Glut

Etwas, das von innen her glüht, ohne zu verbrennen, symbolisiert intensive seelische Kraft. Ein glimmender Brand ist ein Übergangssymbol. Entweder entwickelt sich daraus ein richtiges Feuer, oder die Glut erlischt. Die genauere Bedeutung ergibt sich aus dem Traumzusammenhang. ↗Asche, ↗Feuer.

Gold

Für das Traumbewußtsein ist das Gold ein archetypisches Symbol für höchste Kostbarkeit, für Ganzheit und Vollständigkeit.
Gold zu finden oder geschenkt zu bekommen bedeutet in der Traumsprache Gewinn von Erkenntnissen und eine Bewußtseinserweiterung.
Früher galt Gold als archetypisches Symbol für Unsterblichkeit; denn Gold widersteht allen Witterungseinflüssen und hält sich über Jahrtausende. ↗Diamant.

Gorilla

Im Gegensatz zu anderen Affenarten gilt der Gorilla als ungünstiges Traumsymbol. Er verkörpert brutale Gewalt. Diese Rolle spielt er in modernen Horrorfilmen z. B. in der Gestalt des King-Kong und in unseren Träumen. ↗Affe.

Gott

Dieses Traumbild wird selten in konkreter körperlicher Gestalt erlebt. Meist spürt der Träumende die Gegenwart Gottes; er erkennt sein Handeln und spürt seinen Einfluß. Träume dieser Art sind wichtig. Sie deuten auf eine Fortentwicklung der Persönlichkeit hin. Der Träumende ist im Begriff, eine neue Bewußtseinsstufe zu erlangen.

Gottesdienst

↗Kirche.

Grab

Als Traumsymbol weist es auf Lebensangst und Resignation hin. Das Grab ist letzter, unwiderruflicher Zufluchtsort. Hat jemand keinen Lebenswillen mehr, so wird das Grab für ihn zum Symbol endgültigen Friedens.

Steht man im Traum vor einem geschlossenen Grab oder nimmt man an einer Beerdigung teil, so ist dieses Bild eher im Sinne von Begräbnis zu verstehen. ↗Begräbnis.

graben

Wird etwas vergraben, so soll eine – meist unangenehme – Angelegenheit für immer erledigt, vergeben und vergessen sein. Im Gegensatz dazu bedeutet ausgraben, daß etwas wieder ins Gedächtnis gerufen werden soll. Manchmal verbindet sich damit auch die Sorge, etwas Unangenehmes könnte zutage gefördert werden. ↗Begräbnis, ↗Erde, ↗Feld, ↗Garten.

Graben

↗Grube.

Grammophon

↗Plattenspieler.

Granate

↗Explosion.

Gras

Kräftiges, saftiges, grünes Gras deutet auf Wachstum und Entwicklung im psychisch-geistigen Bereich hin. Wiesen mit Blumen symbolisieren emotionale Ausgeglichenheit oder den Wunsch danach. Eine verwilderte Wiese warnt vor unrealistischen Ideen. Ähnliches gilt für hohes Gras, das eigentlich längst gemäht sein müßte. Dieses Bild fordert den Träumenden auf, sein Denken und Fühlen zu ordnen. Spärlicher Graswuchs zeigt geistige und emotionale Unzufriedenheit an. ↗Blumen, Blüten, ↗Wiese.

grau

Dieses Traumbild ist immer an andere, in ihrer Bedeutung stärkere Symbole gebunden. Auf sie ist daher besonders zu achten. Allgemein ist die Farbe Grau Hinweis auf unauffälliges, unpersönliches Verhalten, auf unentschlossene, nicht recht bestimmbare Gedanken und Gefühle.

Greis

↗Alter, ↗alter Mann.

Grenze

Im Traum tauchen immer wieder Bilder von Grenzen, Zollstationen und Zollbeamten auf. Solche Bilder der Wegbehinderung durch Schranken sind Traumsignale für eine Einschränkung der Möglichkeiten des Träumenden, deren Art sich meist aus dem Traumzusammenhang näher beschreiben läßt.
Mit dem Bild des Grenzüberganges stellt der Traum eine Veränderung, einen Wechsel der bisherigen Situation dar.

groß

Übermäßige Größe deutet als Traumsymbol auf übersteigertes Selbstwertgefühl, Geltungsbedürfnis, Eitelkeit und Größenwahn hin. Dieses Bild warnt vor übermäßigem Ehrgeiz und Wichtigtuerei. ↗klein.

Großmutter

↗Mutter.

Großvater

↗Vater.

Grotte

Grotten waren früher meist heilige Orte. In den Märchen haben sie magische Bedeutung. In ihrem Inneren sind sie meist dunkel, moosig und feucht. Sie gelten als Symbol des Uterus. In der Traumsprache deutet die Grotte auf die Thematik des Ur-Weiblichen hin. ↗Mutter, ↗Mutterkomplex.

Grube

↗Abgrund, ↗Bergwerk, ↗Falle, ↗fallen, ↗Gefängnis, ↗Höhle.

Grün

Grün ist im Traum wie in der Wirklichkeit die Farbe des frischen, neuen naturhaften Lebens. Es zeigt ein Werden an, noch keine Reife. Grün kann also auch die Bedeutung von unreif haben. ↗Farben.

Guillotine

↗Enthauptung.

Gummi

Dieses Symbol weist auf Geschmeidigkeit, Anpassungsfähigkeit, aber auch auf Willenlosigkeit, Unentschiedenheit und Haltlosigkeit hin. Die genauere Bedeutung ergibt sich aus dem Traumzusammenhang.

Gurke

Dieses Traumbild weist auf die männliche Sexualität hin. ↗Gemüse, ↗Salat.

Gürtel

Dieses Traumbild deutet auf beherrschte, unterdrückte Gefühle hin, insbesondere im Hinblick auf die Sexualität. Der Gürtel des Mannes ist auch Symbol für männliche Kraft und Potenz. Bei der Frau gilt der Gürtel als Zeichen der Tugend und Reinheit. ↗Fessel.

H

Haare

Dem Haar wurde zu allen Zeiten bei allen Völkern eine große Bedeutung zugemessen. Das Haar wächst selbst nach dem Tode noch weiter. Es symbolisiert die Lebensvitalität, zu der auch die sexuelle Potenz gehört. Im europäischen Kulturbereich gilt das lange Haar beim Mann seit Jahrtausenden als Zeichen seiner Freiheit. Das lange Haar bei Frauen betont die Weiblichkeit.
Weißes Haar gilt im Volksglauben als Ausdruck der Weisheit. Diese Bedeutung kann es im Traum haben. Der Verlust des Haares im Traum, auch Haaroperationen, sind ungünstige Traumsignale. ↗Bart.

Haare färben

Wer im Traum seine Haare färbt, verändert seine Lebensvitalität. Aber sein Vorgehen ist künstlich, unecht und führt eher fort von seiner naturhaften Kraft. ↗Haare.

Hacke

Als Gerät zur Bearbeitung des Bodens im Garten und auf dem Feld hat die Hacke sexuelle Traumbedeutung. Durch Tätigkeiten wie Hacken, Pflügen und Säen wird der Geschlechtsverkehr symbolisiert. ↗Erde, ↗Feld, ↗Garten.

Hafen

Wer den Schutz eines Hafens sucht, hat oft Angst vor den Stürmen des Lebens. Als Traumbild deutet der Hafen daher meist auf Sicherheitsbedürfnis, auch auf Hemmungen, Minderwertigkeitsgefühle und Lebensangst hin. Das gilt jedenfalls dann, wenn man im Hafen fest vor Anker gehen und den Hafen nicht so bald wieder verlassen will. Positive Bedeutung hat dieses Traumbild, wenn der Hafen nur vorübergehend aufgesucht, aber alsbald wieder verlassen wird. Hier symbolisiert es Zuversicht, Tatkraft und Selbstvertrauen. Für die genauere Bedeutung kann wichtig sein, in welchem Zustand sich das Schiff befindet, wie das Wasser beschaffen ist und welche Beziehung der Träumende zu dem Kapitän des Schiffes hat. ↗Anker, ↗Kapitän, ↗Schiff, ↗Wasser.

Hafer

↗Getreide.

Haft

Wer seiner Freiheit beraubt ist, den bedrücken innere oder äußere Beschränkungen, die ihn in seiner Persönlichkeitsentfaltung behindern. Manchmal handelt es sich dabei um Gewissenskonflikte und Schuldgefühle. ↗Gefängnis, ↗Gericht, ↗Gewalt.

Hahn

In der Traumsprache symbolisiert der Hahn meist die männliche Sexualität. Manchmal weist er in Männerträumen auf die Wunschvorstellung von sexueller Bindungslosigkeit und unerschöpflicher Potenz hin. ↗Huhn, ↗Vogel.

Hai

Als gefährlicher Raubfisch symbolisiert der Hai männliche Vitalität und Aggressivität. Einerseits kann sich in diesem Bild der Wunsch nach starker Triebenergie, aber auch nach Selbstbeherrschung ausdrücken. Andererseits deutet dieses Symbol auch auf die Angst vor brutaler Hemmungslosigkeit. Die genauere Bedeutung ergibt sich aus dem Traumzusammenhang. Wichtig ist, wie sich der Haifisch verhält und welche Empfindungen der Träumende dabei hat.

Haken

Manchmal weist dieses Traumsymbol darauf hin, daß eine Sache einen Haken hat, daß da also ein Problem zu bedenken ist, welches der Träumende nicht von allen Seiten her gesehen hat. Mitunter bedeutet dieses Bild aber auch, daß der Träumende einen Haken gefunden hat, an dem er ein Problem aufhängen kann. Es ist dann eher als Hilfe zur Problemlösung zu verstehen.

Halle

Große Hallen sind meist Treffpunkt vieler Menschen. Deshalb weist dieses Traumbild im allgemeinen auf die menschliche Kommunikation hin. Die genauere Bedeutung richtet sich nach dem Zweck der Halle. ↗Markt.

Hals

Halsschmerzen und Erstickungsgefühle weisen manchmal auf einen tatsächlich bestehenden Krankheitszustand hin. Allgemein gilt der Hals als besonders empfindlicher Körperteil. Wer das nicht beachtet, ist oft zu leichtsinnig, zu halsstarrig, hartnäckig. Er riskiert Kopf und Kragen. Das Traumbild warnt meist vor Gefährdungen, Eigensinn und Unüberlegtheit. ↗ersticken, ↗hängen.

Halskette

↗Anhänger, ↗Schmuck.

Hammer

↗Axt, ↗Gewalt.

Hampelmann

↗Clown, ↗Puppe.

Hamster

Als Traumsymbol verkörpert dieses Tier Sicherheitsdenken und Zukunftsplanung. Es kann aber auch auf Eigensinn, Bequemlichkeit und Egoismus hindeuten. Die genauere Bedeutung ergibt sich aus dem Traumzusammenhang.

Hand

Die Hand ist das körperliche Instrument des menschlichen Handelns. Dementsprechend sind alle Träume zu deuten, in denen die Hand eine Rolle spielt.
Eine Verletzung oder der Verlust der Hand im Traum bedeutet Einschränkung oder einen Verlust der Handlungsmöglichkeiten. ↗Amputation, ↗Arm, ↗Daumen.

Handball

↗Kampf.

Handgranate

↗Explosion.

Handschellen

Der Träumende fühlt sich durch dieses Bild meist eingeengt, in seinen Bewegungsmöglichkeiten behindert. Legt er selbst im Traum einem anderen Menschen Handschellen an, so kann das ein Hinweis sein, daß er jemand anderen in seiner Bewegungsfreiheit einengt. ↗Gefängnis.

Handschuhe

Werden im Traum Handschuhe angezogen, gesucht, gefunden, gekauft, vermißt oder bekommt man sie geschenkt, so drückt sich darin Zurückhaltung aus. Der Träumende bemüht sich um Distanz. Er hat ein starkes Sicherheitsbedürfnis, das leicht zu Kontaktproblemen und zu Isolation führen kann. Werden Handschuhe abgelegt oder sonstwie beseitigt, so drückt sich darin das Bemühen aus, Kontaktprobleme zu anderen Menschen zu überwinden. Die genauere Bedeutung ergibt sich aus dem Traumzusammenhang, besonders aus der Einstellung des Träumenden zu diesem Traumbild. ↗bekleiden, ↗entkleiden.

hängen

Als Traumbild veranschaulicht alles Hängende mangelnde Stabilität. Unsicherheit, Abhängigkeit und Hilfsbedürftigkeit drücken sich in diesem Symbol aus. Erhängt sich ein Mensch oder wird jemand aufgehängt, so warnt dieses Bild vor Leichtsinn, Unüberlegtheit und Unbeherrschtheit. Die genauere Bedeutung ergibt sich aus dem Traumzusammenhang. Wichtig ist, ob etwas sicher hängt oder unsicher. Zu achten ist auch auf die Empfindungen des Träumenden in der Traumsituation. ↗ersticken, ↗fallen, ↗Gewalt, ↗Hals.

Harfe

Im Traum ist dieses Instrument Sinnbild für Feierlichkeit, Besinnlichkeit und romantische Gefühle. Manchmal hat die Harfe auch sexuelle Bedeutung. Sie symbolisiert dann den Frauenleib. Die genauere Bedeutung ergibt sich aus dem Traumzusammenhang. Wichtig ist, welche Art von Musik auf der Harfe gespielt wird, wie die beteiligten Personen auf diese Musik reagieren und was der Träumende empfindet. ↗Musik.

Hase

Der Hase ist ein Traumsymbol der Fruchtbarkeit. Das hängt mit der raschen Vermehrung dieses Tieres in der Realität zusammen.

Hauptstadt

Die Stadt im Traum ist als Information über den seelischen Wohnbereich des Träumenden zu verstehen. Bei dem Bild der Hauptstadt kommt es weniger auf die Größe als auf die Wichtigkeit an: Sie informiert über das Zentrum der Seele. ↗Dorf, ↗Haus, ↗Stadt.

Haus

Das Haus stellt im Traum das Gehäuse der Seele dar. Entsprechend informieren die einzelnen Räume über die verschiedenen seelischen Funktionen: Der Keller weist auf das Unbewußte hin. Die Küche symbolisiert den Bereich des Weiblich-Mütterlichen; sie gilt als Ort der Informationsverarbeitung. Das Schlafzimmer ist der Ort des ehelichen Sexuallebens. Die Wohn- und Arbeitsräume deuten auf seelische Alltagssituationen und auf geistige Tätigkeit. Die Räume in den oberen Stockwerken, die den weitesten Ausblick bieten, symbolisieren die Bereiche der Verstandestätigkeit. Der Dachboden ist der Ort vergessener oder verdrängter Inhalte und Probleme. ↗Dach, ↗Dorf, ↗Hauptstadt, ↗Stadt.

Hausapotheke

Dieses Traumbild symbolisiert Vorsicht, Ängstlichkeit und Sicherheitsbedürfnis. Der Wunsch nach Hilfe besteht. Er richtet sich vor allem auf die Familie und den engeren Bekanntenkreis. ↗Arznei.

Hausarbeit

In diesem Traumbild drückt sich das Verlangen des Träumenden aus, seine Lebensumstände in Ordnung zu bringen. Er wird von dem Willen bestimmt, seine Persönlichkeit weiterzuentwickeln. Die Art der Hausarbeit und die Räume des Hauses, in denen gearbeitet wird, lassen die Bedeutung dieses Traumbildes näher erkennen. ↗Haus.

Hausaufgaben

Dieses Traumsymbol drückt das Verlangen des Träumenden aus, seine Lebensumstände erfolgreich zu gestalten und seine Persönlichkeit weiterzuentwickeln. ↗Schule.

Haustier

Haustiere, die ja seit alten Zeiten zu den Helfern und Begleitern der Menschen gehören, haben auch im Traum eine hilfreiche und positive Bedeutung. Allerdings sind bei der Deutung die persönliche Einstellung des Träumenden zu diesem Tier und die besonderen Umstände des Traumzusammenhangs ausschlaggebend.

Häufig identifizieren sich die Tierhalter mit ihren Tieren. Haustiere sind heute vielfach zu einem Ersatz für mangelnde Zuwendung geworden und bedeuten dem modernen Menschen Schutz gegen Gefühlsarmut und Vereinsamung in der Massengesellschaft. Zärtlichkeiten, die sie ihren Haustieren geben, haben häufig unbewußt erotischen Charakter.

Haut

Wie die Haut in der Wirklichkeit als Spiegel der Seele gilt, so deutet sie auch in der Traumsprache auf den nervlichen und seelischen Zustand des Träumenden hin. Ist die Haut glatt und weich, so ist das Seelenleben ausgeglichen. Unreine, trockene, rissige und runzlige Haut deutet auf seelische Disharmonie und unbefriedigte Gefühle hin. Manchmal warnen Traumbilder von gepflegter Haut auch vor Oberflächlichkeit, Eitelkeit und Äußerlichkeit. Die genauere Bedeutung ergibt sich aus dem Traumzusammenhang. ↗Geschwür.

Hebamme

Das Traumbild verkörpert meist den Wunsch nach einem Kind oder die Angst davor, eins zu bekommen. Auch Hemmungen im sexuellen Bereich können sich so ausdrücken. Steht eine Geburt unmittelbar bevor, so veranschaulicht sich darin der Beginn eines neuen Lebensabschnittes. Er kann sich auf alle Bereiche der Persönlichkeitsentwicklung beziehen, auch auf den beruflichen. ↗Geburt.

Hecht

↗Hai.

Hecke

Grundsätzlich sind Mauern, Zäune und auch Hecken Symbole der Abgrenzung. Sie weisen auf Hindernisse hin. Bei der Hecke als Traumbild kommt jedoch Positives hinzu: Sie besteht aus grünendem, oft sogar blühendem Gesträuch. Vögel können darin nisten, überhaupt herrscht Leben, das jedoch eingegrenzt wird. Ein sexueller Konflikt kann sich in diesem Bild ausdrücken. ↗Dorn, ↗Gestrüpp, ↗Hindernis.

Heer

↗Militär.

Hefe

Aus Kleinigkeiten, die wir zunächst nicht genügend beachten, können sich später völlig neue Perspektiven entwickeln, die unserem Lebensweg eine andere Richtung geben.

Heide

Eine Heidelandschaft weist als Traumsymbol auf Sprödigkeit und Zurückhaltung trotz vorhandener innerer Gefühlskraft hin. Seelische Spannungen können infolge dieses Gegensatzes bestehen. Blüht das Heidekraut, so drückt sich darin das Bestreben nach seelischer Harmonie aus, die diese Gegensätze aufhebt. ↗Blumen, Blüten, ↗violett.

Heiligenschein

Dieses Traumbild kann Ausdruck starker Verehrung sein. Manchmal zeigt es aber auch an, daß der Träumende sich selbst oder andere als zu heilig ansieht. Dann will es ihm zu einer realistischeren Einschätzung verhelfen.

Heiliger

↗Christus.

Heilung

Träume von der Heilung nach einer durchlittenen Krankheit spiegeln eine positive psychische Entwicklung wider. Doch wie nach einer überstandenen körperlichen Krankheit ist auch hier Vorsicht vor Überforderung der sich entfaltenden Kräfte geboten.

Heinzelmännchen

↗Dämonen.

Heiserkeit

Dieses Symbol kann Hinweis auf eine bestehende körperliche Erkrankung im Stimmbereich hinweisen. Manchmal drückt es aber das Problem des Träumenden aus, sich anderen gegenüber Gehör zu verschaffen. ↗Gespräch.

heiß

↗Wärme.

Held

Dieses Traumsymbol deutet auf Abenteuerlust, übermäßiges Geltungsstreben und unreife Männlichkeit. Mehr Selbstvertrauen, Tatkraft und Durchsetzungsvermögen sind notwendig.

Helm

↗Kopfbedeckung.

Hemd

↗Kleidung.

Henne

↗Huhn.

Herbst

Dieses Traumbild weist auf Ernte, Reife, Erfolg und Wohlstand hin. Es bedeutet aber auch: nachlassende Lebenskraft, Besinnlichkeit, Resignation. Traumszenen, in denen der Herbst als Erntezeit eine Rolle spielt, drücken Erfolg oder den Wunsch nach Erfolg aus. Sie erinnern aber gleichzeitig an das Alter und den Tod.

Herd

Der häusliche Herd war bis vor kurzer Zeit der zentrale Ort des Familiengeschehens. Er ist seit alter Zeit – auch im Traum – Symbol der Mütterlichkeit der Frau und der Ehe. Auf dem Herd werden rohe Naturprodukte in Nahrung für die Familie verwandelt. So ist der Herd oft ein Wandlungssymbol. Erlischt die Flamme im Traum, so ist das ein Gefahrensignal. Solche Träume können den Tod eines Familienangehörigen ankündigen (ohne daß es sich hierbei um echte prophetische Träume handeln muß). ↗Feuer, ↗Flamme, ↗Haus.

Herz

Das Herz ist das Symbol für körperliche Lebensenergie, aber auch für Liebe, für Gefühlsfähigkeit.
Nach der Symbolik des Mittelalters war das Herz das Abbild der Sonne im Menschen. Auch dieses Bild weist deutlich auf die Bedeutung dieses Organs für die Versorgung mit Lebensenergie hin. Es spiegelt sich heute noch in der Bezeichnung Sonnengeflecht für den Brustbereich des Vegetativen Nervensystems wider, dessen Nichtfunktionieren in unmittelbarem Zusammenhang mit psychischen Erkrankungen steht.
Je nach dem Zusammenhang, in dem das Bild des Herzens im Traum vorkommt, kann es eine günstige Bedeutung haben oder eine Warnung signalisieren. ↗Sonne.

Heuschrecke

Meist zeigen Heuschrecken innere Unruhe an. Treten im Traum Heuschreckenschwärme auf, so ist auf den Nervenzustand zu achten. Entspannung und Erholung sind zu empfehlen. Dieses Traumbild kann auch auf tatsächlich vorhandene Durchblutungsstörungen, eingeschlafene Glieder oder auf Fieber hinweisen. ↗Insekten.

Hexe

Ursprünglich waren Hexen Frauen mit magischen Kräften. Diese Bedeutung änderte sich erst im Mittelalter. Das Traumbewußtsein benutzt meist die mittelalterliche Symbolbedeutung, die dem Charakter der Hexe im Märchen entspricht. Die Hexe im Traum ist ein negatives Muttersymbol. Sie verkörpert das Bedrohliche und Zerstörende des Weiblichen. ↗Haare, ↗Nixe.

Himbeere

↗Beeren.

Himmel

Im Traum bedeutet der Himmel das Reich des Geistes, des hohen Gedankenfluges und den Ort, aus dem schöpferische Einfälle stammen.
Glückserlebnisse unterschiedlicher Art werden in unserer Alltagssprache oft als „himmlisch" bezeichnet. Insofern gibt das Bild des Himmels im Traum Auskunft über die Stimmungslage des Träumenden. Ein trüber, bewölkter Himmel weist demnach auf eine trübe, depressive Stimmung hin.
Der Himmel als Kosmos kann – in seltenen Fällen – auch die Bedeutung eines Ganzheitssymbols haben.

Himmelsrichtungen

Spielt in einem Traum die Himmelsrichtung eine Rolle, so befindet sich der Träumende oft in einer Aufbruchsituation. Der Weg nach Süden ist in der Traumsprache häufig mit einer Gefühlsqualität von Wärme und Willenskraft verbunden. Dagegen führt der Weg nach Norden eher ins Kühle, in das Reich der Intuition. Der Westen deutet im Traum allgemein auf eine bewußtere, nach außen orientierte Wahrnehmung und auf Tatkraft hin. Der Osten hat es dagegen eher mit selbstbetrachtendem, weniger auf äußere Aktivität gerichtetem Denken zu tun.
Der Osten kann auch auf das reine Licht des Morgens hinweisen, während der Süden eher mit dem Bild der heißen Mittagssonne verbunden ist. Der Westen kann auf eine mildere, selbstverständliche, reife Betrachtungsweise hindeuten, der Norden auf unbewußte Ahnungen.
Die genaue Bedeutung der Himmelsrichtungen läßt sich meist aus dem Traumzusammenhang erkennen. Wenn

in einem Traum die Himmelsrichtung ausdrücklich eine Rolle spielt, so kommt dieser Aussage immer besondere Bedeutung zu.

Hindernis

Ein Hindernis im Traum ist wörtlich zu verstehen. Für die genaue Deutung kommt es darauf an, welcher Art die Behinderung ist und bei welcher Tätigkeit das Hindernis dem Träumenden im Wege steht.
Fährt der Träumende beispielsweise im Traum eine Einbahnstraße in der falschen Richtung entlang, so ist das ein Beweis, daß er in irgendeiner Lebenssituation eine falsche Richtung eingeschlagen hat. ↗Abgrund, ↗Auto, ↗Berg, Hügel, ↗Hinken.

Hinken

Das Hinken signalisiert im Traum eine psychische Behinderung. Der Hinkefuß ist in vielen Märchen ein Attribut des Teufels. Auch der Teufel im Märchen erweist sich aber – unfreiwillig – als hilfreich. Wie in der Realität, so kann die körperliche Behinderung im Traum auf ein Ausgleichsstreben und auf besondere Leistungen auf geistigem Gebiet hinweisen. ↗Teufel.

Hinrichtung

Eine Hinrichtung im Traum weist auf die Notwendigkeit einer seelischen und geistigen Neuorientierung hin. Sie ist also kein gefährliches Bild. Die bisherige Lebenseinstellung oder die Gestaltung persönlicher Beziehungen hat sich als fehlerhaft erwiesen. Sie muß überprüft werden. Solche Träume erscheinen oft um die Lebensmitte. Die Träumenden empfinden sie meist selbst nicht als so gefährlich, wie sie nach der wörtlichen Bedeutung eigentlich sein müßten, und wundern sich über ihre relativ geringe Betroffenheit. ↗Amputation, ↗Operation.

Hirsch

In der christlichen Symbolik ist der Hirsch ein Christussymbol und ein Bild für Erlösung.

In der Mythologie gehören Hirsch und Einhorn zusammen. Sie symbolisieren Seele und Geist.
Im Volksglauben kommt dem Hirsch, wohl wegen seiner Brunftkämpfe, eine erotische Bedeutung zu. ↗Tier.

Hirte

Bei vielen Völkern hat der Hirte religiösen Symbolcharakter. Die Sprache der Bibel bezeichnet Jesus als guten Hirten. In der Traumsprache ist der Hirte meist Hinweis auf eine positive Vatergestalt. ↗alter Mann, ↗Vater.

Hitze

↗Wärme.

Hobel

Arbeit mit einem Hobel weist auf das zielstrebige Bemühen hin, innere und äußere Ordnung herzustellen. Der Träumende bemüht sich um Disziplin, Regelmäßigkeit und Ausgeglichenheit. Wird für die Arbeit eine Hobelbank oder eine Hobelmaschine benutzt, so ergibt sich die gleiche Traumbedeutung. ↗Holz.

Hochzeit

Träume, in denen die Hochzeit eine Rolle spielt, treten oft bei Ehe- und Partnerschaftskonflikten auf. Sie verdienen sorgfältige Beachtung.
Zeigt der Traum in seinem weiteren Verlauf ein Opferritual, so ist das als Hinweis zu verstehen, daß der Träumende im Interesse der Partnerbeziehung Opfer an Gewohnheiten und Verhaltensweisen bringen muß. ↗Hinrichtung, ↗Opfer.

Höhle

Seit alter Zeit ist die Höhle eine Wohnung und Zufluchtstätte für den Menschen. Der Mutterleib ist ebenfalls eine Höhle, in deren Schutz neues Leben heranwächst. In diesem Sinne hat das Symbol die Bedeutung von Mütterlichkeit, Weiblichkeit und Geborgenheit. Auch die weibliche Sexualität kann gemeint sein, denn die Scheide ist ja ebenfalls eine Höhle. Ist die Höhle einladend und behaglich, so kann das ein Hinweis auf Unsicherheit, Lebensangst, Schutzbedürfnis und Mutterbindung sein. Wirkt die Höhle gefährlich, so deutet das auf Partnerschaftsprobleme oder Störungen in der Beziehung zur Umwelt hin. ↗Grotte.

Hölle

Dieses Traumsymbol veranschaulicht Gewissensqualen und Schuldgefühle. Es weist auf unterdrückte, unbefriedigte Bedürfnisse hin. Höllenfeuer und starke Hitze veranschaulichen unterdrückte Triebwünsche. Wiederholte Alpträume, in denen die Höllensymbolik auftritt, deuten auf eine ernstliche Störung in der Entwicklung der Persönlichkeit hin. ↗Gericht, ↗Gewalt.

Holz

Weiches, biegsames Holz junger Bäume deutet auf die Anschauungen und Verhaltensweisen, die sich im Laufe des Lebens eines Menschen entwickeln. Ist das Holz alt, morsch, abgestorben, verwittert oder splitternd, so deutet das darauf hin, daß der Träumende starr geworden ist, sich kaum noch anpaßt und sich nur widerwillig weiterentwickelt. Wird Holz gehackt oder verarbeitet, um damit ein Feuer zu nähren oder etwas Neues zu bauen, so drückt sich darin aus, daß wir bereit sind, Neues zu lernen und produktiv zu bleiben. Handwerker, die mit Holz zu tun haben, haben als Traumsymbol die gleiche Bedeutung wie Holz. Der genauere Sinn ergibt sich aus dem Traumzusammenhang. Wichtig ist, wofür das Holz verwendet werden soll und welche Einstellung der Träumende zu dem Geschehen hat. ↗Baum.

Holzwurm

Wenn in einem Gegenstand der Wurm ist, dann wird die Funktionsfähigkeit dieses Gegenstandes – im Traum wie in der Wirklichkeit – beeinträchtigt. Was schadhaft, morsch, nicht mehr tauglich ist, braucht die besondere Aufmerksamkeit des Träumenden. ↗Insekten.

Honig

↗Bienenhonig.

hören

Erlebt man im Traum Bilder von aufmerksam lauschenden Ohren, ohne gleichzeitig Geräusche zu hören, so deutet dies auf eine intensive Beschäftigung mit der eigenen Person hin. Der Träumende horcht in sich hinein und denkt über seine innerpsychischen Vorgänge nach. Hört man viele Geräusche gleichzeitig, so daß sich Einzelheiten kaum noch unterscheiden lassen, so deutet das auf übermäßige Beeinflußbarkeit hin. Wer auf alles hört, was ihm zu Ohren kommt, der hat möglicherweise keinen eigenen Standpunkt. Heimliches Lauschen läßt auf Mißtrauen und Neugier schließen. Schwerhörigkeit oder Taubheit weisen auf Unbelehrbarkeit, Eigensinn und Rechthaberei hin. Man sollte die Meinung anderer ernster nehmen. Alle diese Traumbilder können aber auch durch äußere Geräuscheinflüsse, durch Krankheiten der Gehörorgane oder durch nervöse Erschöpfungszustände ausgelöst werden.

Horizont

Dieses Traumbild symbolisiert die Grenzen des Träumenden in der Aufnahme und Verarbeitung geistiger und seelischer Eindrücke. ↗Himmel.

Horn

↗Fanfare, ↗Geweih.

Hornissen

↗Insekten, ↗Wespe.

Hose

↗Kleidung.

Hotel

Das Hotel symbolisiert im Traum eine Übergangssituation. Eine Veränderung ist zu erwarten. Die fremden Menschen, denen der Träumende im Hotel begegnet, zeigen unbewußte Seiten seines Ichs und psychische Inhalte, die ihm bewußt werden sollten. ↗Bahnhof.

Hubschrauber

↗Flugzeug.

Hufeisen

Dieses Symbol hat meist einen engen Bezug zu dem Traumbild des Pferdes. Ausnahmsweise kann das Hufeisen einfach als Glücksbringer gemeint sein. Wird ein Pferd neu beschlagen, so verstärkt dieses Bild die Grundbedeutung. Es weist dann auf gebändigte, disziplinierte Kraft hin. Alte, abgenutzte Hufeisen schwächen diese Grundaussage ab. Wirft ein Pferd seine Hufeisen ab, so kehrt es zu seiner ursprünglichen Wildheit zurück. Unterdrückte Triebkräfte werden freigesetzt.

Huhn

Während der Hahn die männlichen sexuellen Triebkräfte verkörpert, weist die Henne eher auf weibliche und mütterliche Gefühle hin. Brütende Hennen oder Hennen mit Küken symbolisieren Fruchtbarkeit und Familiensinn. ↗Ei, ↗Hahn, ↗Küken, ↗Nahrungsmittel, ↗Vogel.

Hühneraugen

In der Traumsprache sind sie meist Hinweise auf Schwachstellen, die den Träumenden in seiner Fähigkeit, im Leben voranzukommen, einengen oder behindern.

Hülsenfrüchte

Sie symbolisieren Lebenskräfte, die zur Entfaltung der Persönlichkeit notwendig sind. Manchmal verweisen sie auch auf sexuelle Bedürfnisse. ↗Nahrungsmittel.

Hummer

↗Krebs.

Hund

Der Hund kommt im Traum in zweifacher Symbolbedeutung vor: Er gilt als Wächter für den Besitz des Menschen, als Schutz gegen Angriffe und als treuer Freund. Er kann aber auch Symbol für Aggressionen darstellen. ↗Haustier, ↗Tier.

Hunger

Dieses Traumbild weist auf einen Mangel hin. Es symbolisiert körperliche oder geistig-seelische Bedürfnisse. Wird übermäßig viel gegessen, so ist das eine Warnung vor Maßlosigkeit. Die genauere Bedeutung ergibt sich daraus, was gegessen wird und wie die Einstellung des Träumenden zu der Speise ist.

Hure

↗Prostitution.

Hut

↗Kopfbedeckung.

Hyäne

Wie der Geier, so symbolisiert auch die Hyäne Skrupellosigkeit, Egoismus und Besitzgier. Rücksichtslos fällt sie über Schwache her, um sich Vorteile zu verschaffen. Dieses Traumbild mahnt zu mehr Verantwortungsbewußtsein und Gefühl für die Gemeinschaft. Manchmal weist die Hyäne als Traumsymbol auch auf Triebhaftigkeit und Aggressivität hin. ↗Aas.

I

Igel

Nicht jeder, der sich nach außen hin abweisend gibt, ist deswegen gleich aggressiv. Oft schützt eine rauhe Schale einen weichen Kern. In diesem Sinne symbolisiert der Igel als Traumbild Empfindsamkeit. Jemand verletzt, um nicht selbst verletzt zu werden.

Iltis

↗Marder.

Imker

Ohne gefährdet zu sein, geht der Imker mit den Bienen um. Als Traumbild verkörpert er Gemeinschaftsgefühl und Kameradschaft. Zwischen Persönlichkeit und Umwelt besteht ein entspanntes Verhältnis oder der Wunsch nach einem solchen.

Immergrün

Alle immergrünen Pflanzen weisen auf Beständigkeit und Treue hin. Im Traum kann sich dies auf alle Bereiche des Lebens beziehen, vor allem aber auf Partnerschaften. Die Hoffnung auf Fortbestand von jugendlicher Kraft, Kreativität und Vitalität drückt sich so aus.

Impfung

↗Spritze.

Impotenz

In diesem Traumbild drücken sich meist Enttäuschungen in der Partnerschaft besonders im sexuellen Bereich aus. Manchmal weist Impotenz im Traum auch auf Minderwertigkeitsgefühle und auf Angst vor Verlust von Fähigkeiten hin, die für den Träumenden von Bedeutung sind.

Indianer

Dieses Symbol verkörpert Abenteuerlust, übertriebenes Geltungsstreben, unreife Männlichkeit und Flucht vor der Realität.

Industrie

↗Fabrik.

Inflation

Der Träumende fürchtet den Verlust von Fähigkeiten, die ihm Sicherheit geben. ↗Geld.

Injektion

↗Spritze.

Insekten

Insekten verkörpern im Traum tief verankerte, unbewußte Inhalte. Treten sie in Massen auf, so ist das ein Gefahrensignal. Das gilt vor allem für Ameisen, Spinnen, Schaben und ähnliche Tiere. Das Traumbewußtsein signalisiert nervliche Störungen auf diese Weise. ↗Ameisen.

Insel

Eine Insel liegt isoliert im Meer, dem Symbol für das Unbewußte. Träume von einer Insel können auf seelische Komplexe hindeuten, die zu einer Isolierung von den Mitmenschen und der Gesellschaft führen. Es kann sich aber auch um Wunschvorstellungen handeln, denen der Bezug zur Wirklichkeit fehlt. ↗fliegen, Flugzeug.

Intendant

↗Chef.

Internat

Wird dieses Traumbild als angenehm empfunden, so weist es auf Geselligkeit, Kameradschaft und Geborgenheit hin. Beunruhigt es den Träumenden, so symbolisiert es Isolation und Einsamkeit. ↗Haft, ↗Jugend.

Invalide

Körperbehinderungen deuten als Traumbild auf Minderwertigkeitsgefühle, Selbstzweifel und Lebensangst hin. Das gilt vor allem, wenn sich der Träumende aufgrund einer Behinderung in seiner Aktionsfähigkeit eingeschränkt erlebt oder in Gefahr gerät.
↗Alter, ↗Krankheit, ↗Mißgestalt.

Inzest

↗Blutschande.

J

Jacht

Dieses Traumbild weist auf Selbstbewußtsein und das Streben nach Luxus hin. ↗Schiff.

Jacke

↗Kleidung.

Jagd

Traumbilder mit Jägern und mit Wild in freier Natur deuten auf Selbstbewußtsein, Natürlichkeit, Vitalität und unkomplizierte, körperbetonte Männlichkeit. Je erfolgreicher die Jagd verläuft, um so stärker ist die positive Grundbedeutung dieses Traumsymbols. Genauere Aussagen über die Traumbedeutung ergeben sich aus dem Handlungszusammenhang. Aufschlußreich kann vor allem die Art des Wildes sein, die gejagt wird.

Jäger

↗Förster, ↗Jagd.

jäten

Das Jäten von Unkraut im Traum bedeutet, daß sich der Träumende von belastenden Einflüssen befreien will. Diese Einflüsse können sich auf die Partnerbeziehung auswirken, aber auch auf die Kontakte zu anderen Menschen im Berufsleben oder im Bereich der Freundschaften. Der Träumende möchte sein Innenleben ordnen.

Aufschlußreich für die genauere Traumbedeutung ist, in welchem Zustand sich der Garten oder das Feld befindet, in dem gejätet wird. ↗Feld, ↗Garten, ↗Unkraut.

Jesus

↗Christus.

Jockei

Meistens deutet dieses Traumbild sexuelle Bedürfnisse an. Es kann aber auch auf eine kritische Auseinandersetzung mit der eigenen Person oder mit Menschen aus der Umgebung des Träumenden hinweisen. ↗Kampf, ↗Pferd, ↗reiten.

Johannisbeere

↗Beeren.

Jongleur

↗Akrobat, ↗Clown.

Jugend

Träume, die zurück in die Kindheit und Jugendzeit des Träumenden führen, sind meist als Lebensbilanz zu verstehen. Sie treten daher vorwiegend in der zweiten Lebenshälfte auf. Dabei zeigen sich besonders Traumbilder, die Verhaltensweisen widerspiegeln, welche bei dem Träumenden später zu neurotischem Fehlverhalten führten. (Solches neurotisches Verhalten findet sich in gewissem Umfang heute bei fast jedem Menschen.) In dieser Lebensphase treten beispielsweise Schulträume besonders häufig auf. In ihnen meldet sich unsere Gewissensinstanz, das Über-Ich.

Erscheint ein naher Angehöriger als Kind oder sehr viel jünger, als er ist, im Traum, so kann das als Todesbotschaft zu verstehen sein. Entsprechendes gilt, wenn der Träumende sich selbst als kleines Kind sieht. Angehörige, die bereits verstorben sind, treten in unseren Träu-

men oft sehr viel jünger auf, als wir sie zuletzt in ihrem Leben erlebt haben.
Ein Kind zu bekommen oder ein unbekanntes Kind im Traum zu sehen, gilt als positives Signal: Es deutet auf neue Möglichkeiten hin. ↗Kind.

Jugendherberge

Bei Erwachsenen zeigt dieses Traumbild, daß der Träumende Schwierigkeiten hat, sich mit seiner Erwachsenenrolle abzufinden. Er wünscht, jünger zu sein, als es seinem tatsächlichen Alter entspricht. Er sehnt sich nach Ungebundenheit, jugendlicher Unbeschwertheit und nach Abenteuern. ↗Jugend.

Junge

↗Baby, ↗Jugend, ↗Kindheit, ↗Sohn.

Jungfrau

Wie alle unbekannten Frauen, so vertritt auch die Jungfrau die weibliche Seite des Träumenden, die Anima, wenn ein Mann von ihr träumt. In den Träumen einer Frau verkörpert sie den Schatten, Traumhandlungen der Jungfrau sind als Hinweise auf unbewußte Eigenschaften oder Verhaltensweisen des Träumenden zu verstehen. Bei Frauen deutet das Symbol der Jungfrau in der Regel auf eine starke Vaterbindung. Es weist auf aggressiv emanzipiertes Verhalten gegenüber dem Mann, Egozentrik in der Liebe, unter Umständen auch auf Frigidität hin.
Bei Männern signalisiert das Traumbewußtsein mit dem Bild einer Jungfrau meist einen Mutterkomplex mit allen seinen Konsequenzen. Die Jungfrau ist ein Hinweis darauf, daß der Mann sich scheut oder nicht imstande ist, in der Lebenswirklichkeit die Frau in ihrer vollen Weiblichkeit anzunehmen. ↗Frau, unbekannte, ↗Mutterkomplex.

Juwelen

↗Edelsteine, ↗Schmuck.

K

Kadaver

↗Aas.

Käfer

↗Ameisen, ↗Insekten.

Kaffee

Dieses Traumbild weist auf Geselligkeit, geistige Anregungen, gesteigerte Aktivität und Lebensgenuß hin.

Käfig

↗Gefängnis, ↗Haft.

Kai, Dock

Dieses Traumbild weist meist auf das Bedürfnis nach Schutz und Geborgenheit hin. Nähere Aufschlüsse lassen sich fast immer aus dem Traumzusammenhang erkennen, in dem dieses Symbol steht. ↗Hafen.

Kaiser(in)

↗Geliebte(r).

Kakao

↗Süßigkeiten.

Kaktus

Dieses Traumsymbol deutet auf Abwehr, Schroffheit und das Bemühen um Distanz zu anderen Menschen hin. Diesem Verhalten liegen Unsicherheit, Empfindsamkeit und Verletzlichkeit zugrunde. Es ist notwendig, mehr Selbstsicherheit zu entwickeln und die Kontakte zu anderen Menschen entspannter zu gestalten.

Kalb

In den Märchen wie in den Träumen bedeutet dieses Bild jugendliche Unerfahrenheit, naives Fühlen, Denken und Handeln. Die genauere Aussage ergibt sich aus dem Traumzusammenhang.

Kalender

Als Traumsymbol weist der Kalender auf die Vergänglichkeit der Zeit hin. Er mahnt, daß jede Lebenszeit begrenzt ist und deshalb intensiv genutzt werden sollte. Manchmal deutet dieses Bild auf die Angst des Träumenden vor Alter und Tod hin. Die genaue Bedeutung ergibt sich aus dem Traumzusammenhang.

Kalk

Beim Hausbau wird Kalk zu Mörtel verarbeitet. Er ergibt ein stabilisierende Bindemittel. In diesem Sinne symbolisiert Kalk Festigkeit, Stabilität und Dauerhaftigkeit. Er weist aber manchmal auch auf Starrsinn, mangelndes Anpassungsvermögen und psychische Unbeweglichkeit hin.

Kälte

↗Eis, ↗Gletscher.

Kamel

Als Wüstentier, das an Entbehrungen gewöhnt ist, verkörpert das Kamel im Traum Bedürfnislosigkeit, Geduld und Langmut.

Der Träumende bemüht sich, Durststrecken in seinem Leben mit Geduld zu meistern. Manchmal warnt dieses Symbol vor allzu großer Demut und Ergebenheit in das Schicksal. Mehr lebensgestaltende Aktivität ist notwendig.

Kamera

Wer im Traum mit einer Kamera fotografiert, hat meist den Wunsch, die Wirklichkeit festzuhalten, auf diese Weise sein Erleben vor der Vergänglichkeit zu bewahren. Fühlt sich der Träumende selbst von einer Kamera fotografiert, so verbirgt sich dahinter oft die Angst, von anderen beobachtet zu werden. Bei einigen Naturvölkern geht diese Angst so weit, daß die Menschen glauben, sie würden ihre Seele verlieren, wenn sie fotografiert werden. Ein wenig davon steckt offenbar noch in uns, obwohl wir als aufgeklärte Menschen in einer modernen Zivilisation aufgewachsen sind.

Kamin

In dieser offenen Feuerstelle brennt das Feuer gezügelt und unter Kontrolle. In diesem Bild drückt sich beherrschte Energie aus. Der Kamin gilt auch als Symbol für häusliche, familiäre Behaglichkeit, Gefühlswärme und Geborgenheit.

Kamm

↗Friseur.

Kampf

Dieses Traumbild symbolisiert die Auseinandersetzung mit einander widerstreitenden Gefühlen, Gedanken und Handlungen. Diese Bedeutung gilt für ernsthaftere Kämpfe ebenso wie für sportliche Wettkämpfe. Sie kann sich auf einen Kampf beziehen, den der Träumende mit sich selbst auszufechten hat. Ebensogut ist denkbar, daß es sich um einen Streit mit anderen Menschen handelt. Auch der Kampf zwischen den Geschlechtern drückt sich in diesem Traumbild aus. Liebe zwischen Frau und Mann enthält ja immer auch ein Element der Aggression. ↗Geschlechtsverkehr, ↗Krieg.

Kanal

Ähnlich wie das Symbol des Flusses verkörpert der Kanal den Zustand der psychischen Energie des Träumenden. Doch der Kanal ist ein künstlich fließendes Gewässer. Je stärker sein Lauf im Traum reguliert ist, um so mehr deutet das Traumbild auf unnatürlich disziplinierte und kontrollierte seelische Energie hin. Die gleiche Bedeutung ergibt sich, wenn die Strömung stark gebändigt oder die Ufer technisch perfekt angelegt, womöglich betoniert sind. Die genauere Bedeutung ergibt sich aus dem gesamten Traumgeschehen. Wichtig ist, in welchem Zustand sich das Wasser befindet und welche Gefühle das Geschehen in dem Träumenden auslöst. ↗Fluß, ↗Schiff, ↗Wasser.

Kanarienvogel

↗Haustiere.

Kaninchen

↗Hase.

Kanister

↗Gefäß.

Kannibalismus

Szenen von Kannibalismus symbolisieren im Traum den Wunsch, mit einem anderen Menschen eine innige Beziehung aufzunehmen. Es kann sich dabei um das Aufnehmen von Geist und Wissen handeln. ↗Kuß, ↗Sexualität.

Kanone

↗Waffen.

Kanzel

Wer auf einer Kanzel steht, möchte den Menschen in seiner Umgebung meist eine Botschaft vermitteln. Manchmal steht hinter diesem Traumsymbol auch die Bedeutung, andere „abzukanzeln", sie also herabzusetzen. In diesem Bild kann der Appell an den Träumenden enthalten sein, von seiner Kanzel herabzusteigen, sich nicht selbst zu erhöhen, sondern den anderen auf gleicher Ebene zu begegnen.

Kapitän

Meist symbolisiert der Kapitän eine Leitfigur, ein Vorbild, eine Respektsperson, einen väterlichen Freund, Berater oder Beschützer. Er kann aber auch den Träumenden selbst darstellen, wenn dieser ein starkes Selbstvertrauen hat oder haben möchte, um sein Lebensschiff sicher durch die Stürme zu steuern. Manchmal verkörpert das Bild des Kapitäns im Traum das Schicksal oder Gott. Selbst eine sexuelle Bedeutung ist möglich, bei der das Schiff die weibliche Sexualität und der Kapitän Männlichkeit darstellt. Die zutreffende Deutung läßt sich nur aus dem Traumzusammenhang erkennen, besonders aus dem Verhalten des Kapitäns und dem Empfinden des Träumenden in seinem Traum. ↗Meer, ↗Schiff, ↗Wasser.

Kappe

↗Kopfbedeckung.

Karneval

Der Karneval hat seinen Ursprung in kultisch-religiösen Feiern, bei denen sexuelle Orgien stattfanden, die im Alltag streng verboten waren.

Im Mittelalter gewann der Karneval als Ausgleich gegen die im Alltag geltende kirchliche Moral und die staatlichen Gebote an Bedeutung. Heute sind diese ursprünglichen Bedeutungen weitgehend verlorengegangen.

Die Traumaussagen von Karnevalsszenen ergeben sich im einzelnen aus der persönlichen Einstellung des Träu-

menden und aus dem gesamten Zusammenhang der Traumhandlung.
↗Dirne, ↗Esel, ↗fliegen, Flugzeug, ↗Maske.

Kartoffeln

↗Nahrungsmittel.

Karussell

Dieses Traumbild deutet auf den Wunsch nach kindlicher Unbeschwertheit, Ausgelassenheit und Lebensfreude hin. Diesem Wunsch liegen meist Probleme mit dem Älterwerden zugrunde. Manchmal fühlt sich der Träumende den Anforderungen nicht gewachsen, die das Leben an ihn stellt. Deshalb sehnt er sich nach der Unbeschwertheit der Kindheit zurück. Für den Träumenden ist es in diesem Falle wichtig, Minderwertigkeitsgefühle zu überwinden, mehr Selbstvertrauen und stärkere Leistungsbereitschaft zu entwickeln.

Käse

Ähnlich wie Milch und andere Milchprodukte verweist Käse als Traumbild auf die weibliche Sexualität, auf Fruchtbarkeit, Schwangerschaft, Mütterlichkeit und kindliche Geborgenheit. Die genauere Bedeutung ergibt sich aus dem Traumzusammenhang. ↗Milch, ↗Nahrungsmittel.

Kaserne

↗Militär.

Kasper

↗Clown, ↗Puppe.

Kasse

↗Geld.

Kastanie

↗Baum, ↗Kaktus, wenn die stachelige Frucht der Kastanie im Traum gemeint ist, ↗Nahrungsmittel.

Kasten

↗Gefäß.

Kastration

Dieses Traumsymbol weist auf unterdrückte Triebbedürfnisse hin. Minderwertigkeits- oder Schuldgefühle können dabei eine Rolle spielen, auch moralische Bedenken oder das Gefühl zu alt, nicht attraktiv oder potent genug zu sein. Manchmal steckt hinter diesem Traumbild die Ablehnung der Sexualität überhaupt oder eines Partners. Die genauere Bedeutung ergibt sich aus dem Traumzusammenhang.

Katze

Die Katze als Traumsymbol informiert über die Gefühlsseite des Träumenden. Das Spielerische und Katzenhafte kann sich auch auf das sexuelle Verhalten des Träumenden beziehen. Die Katze sucht von sich aus die Freundschaft des Menschen, aber sie unterwirft sich dem Menschen nicht sklavisch wie ein Hund. In der Traumsymbolik deutet die Katze auf Individualität, aber auch auf eine gewisse Egozentrik des Träumenden hin. ↗Haustier.

kauen

In der Traumsprache ist dieses Symbol meist als Hinweis auf die seelische Verarbeitung zu verstehen. Dabei kann es um das Verarbeiten von Konfliktmaterial gehen, an dem wir „zu kauen haben". Manchmal ist aber auch positive seelische Nahrung gemeint. Wichtig ist, ob der Träumende das Kauen in seinem Traum als angenehm oder als mühsam empfunden hat. Auch spielt der Zusammenhang, in dem das Kauen geschah, für die Deutung dieses Symbols eine entscheidende Rolle. ↗Hunger, ↗N ahrungsmittel.

kaufen

In der Traumsprache deutet das Einkaufen meist auf unsere Ansprüche an das Leben oder an Menschen in unserer Umgebung hin. ↗Kaufhaus, ↗Kaufmann.

Kaufhaus

Dieses Traumsymbol gilt als Zeichen für die Erinnerungen, Erfahrungen und Wünsche des Träumenden. Die genauere Bedeutung ergibt sich aus dem Traumgeschehen. So liefern oft die Waren, die in dem Kaufhaus angeboten werden, ihr Zustand und die Einstellung des Träumenden zum Geschehen ergänzende Hinweise auf den Sinn der Traumbotschaft.

Kaufmann

Als Traumsymbol verkörpert er die geschäftlichen oder finanziellen Interessen des Träumenden. Ist der Kaufmann erfolgreich, so deutet er auf das Streben nach finanzieller Sicherheit. Ein am Erfolg verhinderter Kaufmann warnt vor leichtsinnigen Geldausgaben und mangelndem Sicherheitsdenken. Zusätzliche Bedeutungshinweise ergeben sich aus der Art der Waren, mit denen gehandelt wird.

Keks

↗Gebäck.

Keller

↗Haus.

Kellner

In der Traumsprache gilt er als Symbol für Entgegenkommen, Freundlichkeit und Hilfsbereitschaft. Auch der Wunsch nach diesen Eigenschaften kann sich so ausdrücken. ↗Restaurant.

Keramik

↗Porzellan.

Kerker

↗Gefängnis, ↗Haft.

Kerze

Für die Symbolbedeutung der Kerze im Traum kommt es auf den Gesamtzusammenhang an. Das Licht der Kerze wird oft mit dem Lebenslicht gleichgesetzt. ↗Feuer.

Kette

Die Kette symbolisiert eine feste Bindung im positiven wie im negativen Sinne, auch in der Form einer Gebundenheit. Einzelheiten über Art und Beschaffenheit dieser Bindung ergeben sich im allgemeinen aus dem Traumzusammenhang. ↗Fessel, ↗Kreis, ↗Schmuck.

Keuschheitsgürtel

↗Gürtel.

Kind

Das Kind im Traum symbolisiert neue Möglichkeiten. Es gilt für gewöhnlich als sehr positives Traumsymbol. Doch sind die Traumumstände zu berücksichtigen. Ein krankes oder gebrechliches Kind läßt beispielsweise auf seelische Störungen schließen. ↗Jugend.

Kindergarten

↗Kindheit.

Kindheit

Meist drücken sich in diesem Bild Probleme mit dem Reifen und Älterwerden aus. Der Träumende sehnt sich nach dem unkomplizierten Leben und der Geborgenheit der Kindheit zurück. Wichtig ist in diesem Falle, mehr Selbstvertrauen und Leistungsbereitschaft zu entwickeln. Manchmal spiegeln Träume von Kindern Probleme mit den eigenen Kindern wider. Sie können aber auch den Wunsch nach Kindern, Ehe und Familie symbolisieren. Die genaue Bedeutung ergibt sich aus dem Traumzusammenhang. ↗Baby, ↗Junge, ↗Mädchen.

Kino

↗Fernsehen.

Kirche

Träume, in denen die Kirche eine Rolle spielt, sind Hinweise, sich mit dem Sinn des Lebens auseinanderzusetzen. Gerade bei Menschen, die keine religiöse Erziehung erfahren und auch sonst keine religiöse Bindung entwickelt haben, treten Kirchenträume auf. Die Psyche sucht auf diese Weise ein bestehendes Defizit auszugleichen.
Mit dem Bild der Kirche können auch Kindheitserlebnisse verbunden sein, denen bei der Deutung nachgegangen werden sollte. ↗Christus.

Kirsche

Die Kirsche gilt vielfach volkstümlich als Symbol der Lippen und als Zeichen der Liebe. So weist sie auch im Traum auf den Gefühlsbereich und auf Liebesbeziehungen hin. ↗Apfel, ↗Baum.

Kissen

In der Traumsprache bringen sie meist den Wunsch nach Ruhe und Entspannung, nach Erholung und häuslicher Geborgenheit zum Ausdruck. Aber auch eine erotische Bedeutung ist möglich, besonders wenn Kissen im Schlafzimmer oder auf einer Couch liegen. ↗Bett.

Kiste

↗Gefäß.

Klage

Dieses Traumbild weist auf moralische Bedenken, Gewissenskonflikte, Minderwertigkeits- und Schuldgefühle hin. Es kann aber auch im Sinne von Wehklagen, Weinen gemeint sein. ↗Gericht, ↗weinen.

Klapperschlange

↗Schlange.

Klavier

Meist ist das Klavier ein Symbol für intensives Gefühlsleben, für Verinnerlichung, geistige Lebendigkeit und Mitteilungsbedürfnis. Manchmal hat das Klavierspielen auch sexuelle Bedeutung. Die spielenden Hände sind als Ausdruck der Zärtlichkeit zu verstehen. Das Instrument verkörpert, wie andere Musikinstrumente, den Leib der Frau. Die genauere Bedeutung ergibt sich aus dem Zusammenhang des Traumgeschehens. Wichtig ist, welche Art von Musik auf dem Klavier gespielt wird und was der Träumende dabei empfindet. ↗Musik.

Klebstoff, Leim

Etwas Brüchiggewordenes soll gekittet werden. Meist ist damit die Beziehung zu einem anderen Menschen gemeint.

Kleider

Die Kleider im Traum beziehen sich auf die vom Unbewußten her beeinflußte Persönlichkeit, wie sie sich gegenüber der Umwelt darstellt. Die Art der Kleidung im Traum, ihr Zustand, ihre Farbe, ihre Zweckmäßigkeit für bestimmte im Traum vorkommende Handlungen ergeben eine Fülle möglicher Deutungen, die meist verhältnismäßig leicht verständlich sind, wenn man sie mit entsprechenden realen Situationen vergleicht. ↗Farben, ↗Nacktsein, ↗Kopfbedeckung.

klein

Erscheinen Gegenstände oder Personen im Traum ungewöhnlich klein, so deutet das auf Unsicherheit, zu wenig Selbstvertrauen und Minderwertigkeitsgefühle hin. Das Märchen vom Däumling und die Erzählung von Alice im Wunderland handeln von dieser Problematik der Kleinheit. Sie gehört zum normalen Entwicklungsprozeß, den Kinder auf ihrem Weg zum Erwachsenwerden durchlaufen. Tritt sie bei Erwachsenen auf, so gibt sie dem Träumenden ein Zeichen, mehr Selbstbewußtsein und Leistungsbereitschaft zu entwickeln. ↗groß.

Klette

Als Traumsymbol weist sie auf lästige Anhänglichkeit und Unterwürfigkeit hin. Die genauere Bedeutung hängt von anderen Traumbildern ab, die im Zusammenhang mit der Klette auftreten.

klettern

↗steigen.

Kletterpflanze

↗Schlingpflanze.

Klinik

↗Krankenhaus.

Klippe

↗Fels.

Klistier

↗Spritze.

Klo

Dieser unscheinbare, kleine Raum hat im Leben der Menschen eine weit größere Bedeutung, als man allgemein zugibt. Es ist der Ort, auf den selbst der Kaiser zu Fuß geht. Diese volkstümliche Umschreibung zeigt, daß in diesem Raum Amt und Würden nichts gelten. Jeder Mensch wird hier auf seine Kreatürlichkeit zurückgeworfen. Er ist mit sich allein und reinigt sich von den zu Ballast gewordenen Nahrungsresten. Kloträume kommen sehr häufig vor. Sie weisen auf die Notwendigkeit einer Entlastung von seelischen Abfallstoffen hin. Meist ist damit ein psychischer Reinigungsprozeß gemeint.
Kot ist in der Traumsprache nichts Unanständiges. In der Landwirtschaft ist er Dünger. Aus ihm wächst Neues. Die Alchimisten meinten, aus Kot müsse Gold zu gewinnen sein. ↗Haus, ↗Kot, Exkremente.

Kloster

Wie in der Wirklichkeit, so ist das Kloster auch im Traum ein Ort der Stille, der Sammlung, Geborgenheit und Selbstbestimmung. In diesem Symbol können sich Lebensunsicherheit und Schutzbedürfnis ausdrücken. ↗Kirche.

Knoblauch

↗Zwiebel.

Knochen

Dieses Traumbild gibt Hinweis auf Erfahrungen, Anschauungen, Verhaltensweisen und Wesenszüge, die sich im Laufe des Lebens entwickelt haben und das „Gerüst" der Persönlichkeit bilden. Junge, weiche, gesunde Knochen deuten auf Entwicklungsfähigkeit, Beweglichkeit und Anpassungsfähigkeit hin. Alte, steife, morsche, splitternde Knochen symbolisieren dagegen Starrsinn, die Gefahr, an Lebendigkeit zu verlieren, zu verhärten und zu verknöchern. Die genauere Bedeutung ergibt sich aus dem Traumzusammenhang, vor allem aus der Einstellung des Träumenden zu dem Geschehen. ↗Skelett.

Knospe

↗Blumen, Blüten.

Knoten (gordischer)

Ein unlösbarer Knoten, eine verknotete Schnur oder ein vielfach verschlungenes Seil, das der Träumende vergeblich zu entwirren versucht, signalisieren ein scheinbar unlösbares Problem. Es durchschneiden, wie das Alexander der Große der Sage nach mit seinem Schwert tat, wäre keine echte Problemlösung.
Oft will uns das Traumbewußtsein mit dem Bild eines gordischen Knotens signalisieren, ein Konflikt sei auf diese Weise zu lösen.

Kobold

↗Dämonen, ↗klein.

Koch

↗kochen.

kochen

Das Kochen und alle mit dieser Tätigkeit zusammenhängenden Geräte und Arbeitsvorgänge symbolisieren im Traum einen Prozeß der Wandlung und psychischen Entwicklung der Persönlichkeit. Die genauere Bedeutung ist vor allem davon abhängig, welche Speisen gekocht werden, ob das Kochen gelingt und was der Träumende bei dieser Tätigkeit empfindet. ↗Bäcker, Backofen.

Kochherd

↗kochen, ↗Ofen.

Koffer

Koffer und andere schwere Gepäckstücke im Traum sind Symbole für Lasten und Probleme, die der Träumende im Leben mit sich herumträgt. Ein Verlust der Koffer bedeutet nicht, daß der Träumende seine Belastungen losgeworden ist, sondern der Traum informiert, daß er zu wenig über diese Probleme und ihre Lösungen nachdenkt. ↗Bahnhof.

Kohle

Als Brennmaterial ist Kohle dazu bestimmt, einen Umwandlungsprozeß zu durchlaufen. Entsprechend bezieht sich das Traumsymbol Kohle auf die Umwandlung von erlebnishaften Sinneswahrnehmungen in Erfahrung und Wissen. Dieses Traumbild kann aber auch einen Hinweis auf Autorität, Einfluß und finanzielle Sicherheit enthalten. ↗brennen, ↗Feuer, ↗Glut.

Kohlrabi

↗Gemüse.

Kompaß

Im allgemeinen zeigt ein Kompaß im Traum das Verlangen nach zielgerichtetem Denken und Handeln, nach Selbstverwirklichung an. Ist die Orientierung anhand des Kompasses aus irgendwelchen Gründen nicht möglich, so deutet dies auf Zweifel an der Richtigkeit des eingeschlagenen Lebensweges hin.

Komponist

Dieses Traumbild weist auf den Wunsch nach kreativer Entfaltung und Selbstverwirklichung hin. Dabei besteht gleichzeitig ein Bedürfnis nach psychischer Ausgeglichenheit und Harmonie m den Beziehungen zu anderen Menschen. ↗Dichter.

Konditor

Durch den Vorgang des Backens verwandelt der Konditor Mehl und andere Zutaten in Gebäck und Kuchen. Dementsprechend weist er in der Traumsprache auf Vorgänge der Wandlung hin, auf Veränderungen in dem Prozeß der

Persönlichkeitsentfaltung. Lebensgenuß, Sinnenfreude und eine Verfeinerung der Erlebnisweise können dabei mit im Spiel sein. ↗Bäcker, Backofen, ↗Süßigkeiten.

König

Der König im Traum ist ein archetypisches Vatersymbol. Er verkörpert die seelische Gewissensinstanz, die oft wertvolle Hilfe vermitteln kann. Wenn die Gestalt des Königs bedrohliche oder dämonische Züge aufweist, so kann das auf eine starke, noch kindliche Vaterabhängigkeit des Träumenden deuten. Aber sie zeigt doch, daß dem Träumenden die Vaterproblematik bewußt zu werden beginnt.
In den Träumen von Männern kann der König auch den Kern der Gesamtpersönlichkeit des Träumenden darstellen. ↗Chef, ↗Direktor.

Konkurs

Meist deutet dieses Traumsymbol auf die Furcht vor einem Zusammenbruch hin. Dabei kann es sich um einen Zusammenbruch wirtschaftlicher, sozialer, geistiger oder psychischer Art handeln. ↗Krankenhaus, ↗Krankheit.

Konzert

↗Gesang, ↗Lied, ↗Musik.

Kopf

Dieses Traumsymbol weist auf den Verstand, die Vernunft, auf Disziplin und auf Selbstbeherrschung hin. Wer kopflos handelt, der hat die Kontrolle über sich selbst verloren. ↗Enthauptung, ↗Gehirn.

Kopfbedeckung

Die Kopfbedeckung deutet in ähnlicher Weise wie Kleider im Traum auf die Persönlichkeit des Träumenden hin, wie sie sich im Beruf und in der Umwelt darstellt. Wir sprechen im Alltag von der Arzt- oder Richterpersönlichkeit, vom Typ des Beamten, des Sportlers. Entsprechend Vielfältiges können Kopfbedeckungen aussagen: Das Barett des Richters, die rote Mütze des Bahnbeamten, die Bäckermütze, der Zylinder des Schornsteinfegers, die Mütze des Polizisten, der Helm des Soldaten – sie alle haben als Standeszeichen eine entsprechende Bedeutung im Traum. Freud sah im Hut ein männliches Sexualsymbol. Das kann, muß aber nicht zutreffen. ↗Kleider.

Köpfen

↗Enthauptung.

Kopftuch

Dieses Traumbild gilt als Zeichen für Schlichtheit, Natürlichkeit, aber auch für Diensteifer und Unterwürfigkeit. ↗Kopfbedeckung.

Koralle

Sie gilt als Symbol für Gefühlswärme und Herzlichkeit. Sexuelle Leidenschaft ist dabei nicht im Spiel. ↗Schmuck.

Korb

Der Korb ist ein Symbol des Weiblichen, das auf die Ehe hindeutet. Früher erhielt die Braut einen Brautkorb überreicht. In unserer Sprache drückt sich diese Bedeutung in der Wendung „jemandem einen Korb geben" aus: das bedeutet, den Brautkorb zurückgeben oder ihn nicht annehmen.

Der Korb kann eine erotische Nebenbedeutung haben.

Korn, Kornfeld

Korn und Kornfeld sind sehr positive Traumsymbole. In ihnen drücken sich Fruchtbarkeit und Erfolg in jeder Hinsicht aus.

Korsett

↗Gürtel.

Kot, Exkremente

Kot als Traumbild hat eine positive Bedeutung als wachstumsförderndes Mittel in ähnlicher Weise wie der Dünger für den Landwirt.
Die Kotabgabe im Traum kann auch auf Probleme der frühkindlichen Reinlichkeitserziehung hinweisen, die bei übertriebener Strenge vom Kleinkind als Liebesverlust empfunden wird. ↗Gold.

Krähe

↗Rabe, ↗Vogel.

Kranich

Dieses Symbol weist auf Zufriedenheit, Ausgeglichenheit und Weisheit oder auf das Verlangen nach diesen Eigenschaften hin. ↗Vogel.

Krankenhaus

Ein Krankenhaus im Traum weist auf die Hilfsbedürftigkeit des Träumenden oder der Person hin, die ein Krankenhaus aufsuchen soll. Die Krankheiten, die dort zu behandeln sind, haben seelischen Charakter. Die einzelnen Abteilungen des Krankenhauses oder die Art der behandlungsbedürftigen Organe geben Aufschluß über die Art der Störung: Herzkrankheiten weisen auf Störungen im Gefühlsbereich, Augenleiden auf die Unfähigkeit hin, ein Problem oder die Beziehung zu einem Mitmenschen richtig zu sehen. Ein Magenleiden kann anzeigen, daß ein Konflikt unverdaulich erscheint und daher krank macht. Anweisungen des Arztes sind entsprechend als hilfreiche Hinweise für den Träumenden zu verstehen. ↗Arzt.

Krankenschwester

↗Krankheit.

Krankheit

Erkrankungen aller Art symbolisieren meist ein geschwächtes Selbstvertrauen, Schuldgefühle und Lebensuntüchtigkeit. Aber auch auf Trost- und Schutzbedürfnis und auf Furcht vor dem Tod kann dieses Traumbild hinweisen. ↗Alter, ↗Arzt.

Kranz

↗Begräbnis, ↗Kopfbedeckung.

Krebs

Als Meeresbewohner verweist der Krebs im Traum allgemein auf psychische Lebensenergie. Seine verborgene Lebensweise und die Neigung, rückwärts zu gehen, symbolisieren stärker unbewußte seelische Vorgänge und negative Aspekte des Gefühlslebens. Der Krebs gilt manchmal auch als Unglücks- oder Todesbote. ↗Meer, ↗Wasser.

Kredit

↗Bank.

Kreis

Der Kreis ist, wie auch der Ring, ein Ganzheitssymbol. Ihm wurde in alter Zeit in den Märchen und Mythen die Kraft eines Schutz- und Abwehrzaubers zugeschrieben.
Alles, was sich im Traum in dem Kreis abspielt, hat besondere Bedeutung. Allgemein signalisiert der Kreis im Traum eine Konzentration psychischer Energie. ↗Ball, ↗Kugel.

Kreuz

Im Traum ist das Kreuz häufig als Richtungs- und Ordnungssymbol zu verstehen.
Im christlichen Kulturbereich überwiegt bei der Kreuzsymbolik der Opfergedanke.
Das Hakenkreuz symbolisiert das Sonnenrad. Es gehört zu den Ursymbolen, die bereits zur Steinzeit bekannt waren. Als Hoheitszeichen des Nationalsozialismus hat es im Traum häufig destruktive Bedeutung. ↗Chaos, ↗Christus, ↗Kreis.

Kreuzotter

↗Schlange.

Kreuzweg

Dieses Traumbild symbolisiert einen Wendepunkt im Leben des Träumenden. Es gilt, eine wichtige Entscheidung zu treffen, die für die Persönlichkeitsentwicklung und für den Lebensweg ausschlaggebende Bedeutung hat. Es fällt dem Träumenden schwer, diese Entscheidung zu treffen. Bedenken stehen noch im Wege und lassen ihn zögern.

kriechen

Dieses Symbol weist in der Sprache der Träume meist auf Demut oder unoffenes, kriecherisches Verhalten hin. ↗bücken.

Krieg

Das Traumbewußtsein signalisiert mit Bildern vom Krieg eine unbewußte Auseinandersetzung unterschiedlicher Seiten der Persönlichkeit des Träumenden, die untereinander im Widerspruch stehen.
Mit Kriegsbildern, wie sie Soldaten an der Front in der Wirklichkeit erlebten, informiert das Traumbewußtsein über unbewältigte Erlebnisse aus der Vergangenheit, die aber selten auf tatsächliches Kriegsgeschehen zurückzu-

führen sind. Kriegsverwundungen im Traum sind als seelische Verwundungen zu verstehen, die nur oberflächlich vernarben und einer gründlicheren Aufarbeitung bedürfen. ↗Amputation, ↗Verfolgung.

Kristall

Kristallglas als Traumbild symbolisiert Empfindlichkeit, Verletzlichkeit, Mißtrauen und Distanz zu den Menschen der Umgebung, aber auch nüchternes, sachliches Denken und kalte Berechnung. Kristallbildungen deuten dagegen auf Ausgewogenheit, Harmonie, Klarheit, Unbestechlichkeit und Härte. ↗Glas.

Krokodil

↗Drache.

Krokus

Der Krokus blüht an der Grenze zwischen Winter und Frühling, in einer Zeit also, in der neues Leben nach einer Phase der Starre und Ruhe beginnt. Dementsprechend weist dieses Traumsymbol auf von neuem mit Leben erfüllte, von Zweifeln und Ungewißheiten befreite Gefühlsregungen. ↗Blumen, Blüten.

Krone

↗Kopfbedeckung.

Kröte

↗Frosch.

Krücke

Dieses Traumsymbol kann einen Hinweis darauf enthalten, daß der Träumende unter Hemmungen und Minderwertigkeitsgefühlen leidet. Aber auch Lebensangst, Hilflosigkeit und Schutzbedürfnis können sich in dem Traumbild von Krücken darstellen. ↗Invalide, ↗Krankheit.

Krug, Gefäß

Krüge und Gefäße haben als Traumsymbole einen weiblichen Aspekt. Der Krug kann im Traum Lebenswasser enthalten. Der Milchtopf oder Honigtopf, wie er in vielen Märchen vorkommt, hat in der Traumsprache meist erotische Bedeutung. Was auch im Traum mit dem Krug geschieht: Es ist immer im Zusammenhang mit der persönlichen Problematik des Träumenden zu sehen. ↗Brunnen, ↗Quelle.

Krüppel

↗Invalide, ↗Krücke, ↗Mißgestalt.

Kruzifix

Meist deutet dieses Traumbild auf Selbstbesinnung, Läuterung und Reifung hin. Aber auch Schuldgefühle, Trost- und Schutzbedürfnis und das Verlangen nach Erlösung können sich in diesem Symbol ausdrücken.

Küche

Die Küche ist im Traum wie in der Realität der Raum, in dem die tägliche Nahrung der Familie zubereitet wird. Meist besteht ein Bezug zur Hausfrau. Im übertragenen Sinne ist die Küche als Ort der Nahrungsumwandlung oft der Bereich der Umwandlung psychischer Energie. Was im Traum in der Küche geschieht, weist auf Ehe- und Familienprobleme hin. ↗Haus, ↗Herd.

Kuchen

Dieses Traumbild weist auf verfeinerte, seelische, geistige oder körperliche Bedürfnisse hin. ↗Brot.

Kuckuck

In der Natur legt der Kuckuck seine Eier in fremde Nester und kümmert sich nicht um die Brut. Entsprechend deutet dieses Symbol in der Traumsprache auf Oberflächlichkeit, Leichtsinn, Egozentriertheit und sexuelle Verantwortungslosigkeit hin. ↗Vogel.

Kugel

Seit alten Zeiten ist die Kugel ein Symbol für Vollständigkeit und Ganzheit. Ihre Traumbedeutung ist stets positiv. Die Kugel und alle kugelförmigen Gebilde im Traum stellen eine psychische Dynamik dar, die sich auf ein gemeinsames Zentrum hin orientiert. So kann sich das Streben der Psyche nach einer Vereinigung von Gegensätzen im Leben und nach Herstellung des psychischen Gleichgewichts in der Traumsprache ausdrücken. ↗Ball, ↗Kreis.

Kuh

Im Traum ist die Kuh meist ein Sinnbild umsorgender mütterlicher Weiblichkeit.
In den Träumen von Frauen weist sie die Träumende häufig auf die Notwendigkeit hin, die vernachlässigte mütterliche Seite in sich oder in einer Beziehung stärker zu beachten.
In den Träumen von Männern weist die Kuh vielfach auf eine zu starke Mutterbindung hin. ↗Haustier, ↗Mutterkomplex.

Küken

Sie symbolisieren mütterliche Gefühle, den Wunsch nach Ehe und Familie, nach Schwangerschaft und Kindern. Das gilt besonders, wenn die Küken von einem Muttertier umhegt und umsorgt werden.

Künstler

↗Dichter.

Kupfer

Dieses Metall symbolisiert meist Gefühlswärme, Aufgeschlossenheit und Lebensbejahung. Die genauere Bedeutung läßt sich aus dem Traumzusammenhang bestimmen.

Kürbis

Diese Frucht gilt als Sinnbild für die Sexualität der Frau. ↗Frucht.

Kuß

Der Kuß symbolisiert eine innige Annäherung. Sie kann, aber muß nicht erotischen Charakter haben. Der Mund ist das Organ der Sprache. So meint das Traumbewußtsein mit dem Kuß meist eine geistige Kommunikation, eine Verbundenheit, wie sie sich im Bruderschaftskuß der Politiker mancher Länder, z. B. in Frankreich und Rußland, als Symbol friedlicher Verständigung ihrer Völker ausdrückt.

Mit dem Kuß weist das Traumbewußtsein darauf hin, daß der Träumende mit einem bestimmten Menschen eine engere Beziehung aufnehmen oder – falls Streit herrscht – sich mit ihm versöhnen soll.

Selbst Zungenküsse im Traum brauchen nicht sexuell motiviert zu sein. Sie unterstreichen nur den Hinweis auf die Notwendigkeit der seelischen oder geistigen Beziehungsaufnahme zu dem im Traum dargestellten Menschen. ↗Kannibalismus.

Küste

↗Ufer.

Kutsche

Sie ist ein ursprüngliches Persönlichkeits- und Statussymbol. Meist weist sie dabei auf Verspieltheit und Extravaganz hin. Manchmal symbolisiert die Kutsche Flucht aus der Realität in eine Welt der Phantasie. ↗Auto, ↗Pferd.

L

Laboratorium

Dieses Symbol hat die Grundbedeutung von beruflicher Aktivität, Gemeinschaftsgefühl und Sicherung der Existenz. Doch viele Probleme, mit denen wir uns im Laufe unseres Lebens auseinandersetzen müssen, lassen sich nicht so exakt wie ein Experiment im Labor planen und berechnen. Eine befriedigende Problemlösung läßt sich oft nur erreichen, wenn wir unsere ganze Persönlichkeit, auch den gefühlsmäßigen Anteil, voll einbringen. Hierzu will dieses Traumbild oft auffordern. Wichtig für die Deutung ist es, den gesamten Traumzusammenhang zu beachten, vor allem, wie sich der Träumende in der Situation fühlt. ↗Büro.

Labyrinth

Das Verirren in den Straßen einer unbekannten Großstadt, das endlose nächtliche Wandern durch Straßen, die sich gleichen und weder Namens- noch Richtungshinweise tragen, oder das Umherirren in verwinkelten Kellergängen eines riesigen Gebäudes – die meisten Menschen kennen solche Traumerfahrungen und erinnern sie als äußerst unangenehm. Das archetypische Muster des Labyrinths ist sehr alt. Es informiert über die sexuelle Triebhaftigkeit, die für das Bewußtsein unergründlich ist. In der Regel signalisiert der Traum mit dem Bild des Labyrinths eine Gefahrensituation. Der Träumende fürchtet, sich zu verirren. ↗Mutterkomplex, ↗Spinne, ↗Stier.

lachen

Im allgemeinen deutet dieses Traumbild auf Unbeschwertheit, Entspanntheit und auf Befreiung von Konflikten hin. Aber auch das Verlangen nach der Lösung von Spannungen kann sich in diesem Symbol ausdrücken.

Lack

↗Schminke.

Laden

↗Kaufhaus.

lahm

↗hinken.

Lähmung

Eine Lähmung im Traum ist wörtlich zu verstehen. Sie drückt eine Behinderung im seelischen oder geistigen Bereich aus. Die Art dieser Behinderung läßt sich im allgemeinen aus der weiteren Traumhandlung näher erkennen. ↗Amputation, ↗Arm, ↗Bein.

Lamm

Dieses Symbol deutet meist auf Reinheit, Sanftmut, Geduld und Unschuld hin. In religiösem Sinne drückt sich manchmal der Opfergedanke in diesem Traumbild aus.

Lampe, Laterne

Das Bild der Lampe oder Laterne findet sich öfters in den Märchen. Es erscheint dort stets, wenn die Handlung darauf zielt, daß dem Helden ein Licht aufgehen soll, oder wenn das Aufgehen eines solchen Lichts unmittelbar bevorsteht.

Im Traum deutet das Bild eines Lichts, einer Lampe oder Laterne darauf hin, daß ein dem Träumenden unbewußtes Problem sich dem Bewußtsein nähert. ↗Fackel, ↗Feuer, ↗Flamme.

Landkarte

↗Atlas.

Landschaft

Der Blick auf eine Landschaft symbolisiert in der Sprache unserer Träume meist die Lebensperspektiven des Träumenden. Sie sind so beschaffen, wie sich ihm die Traumlandschaft präsentiert. Sieht die Landschaft dunkel, trüb oder verhangen aus, so kann sich darin eine düstere, pessimistische Lebenseinstellung ausdrücken. Eine sonnige Landschaft ist dagegen eher Ausdruck einer positiven, tatkräftigen Grundhaltung.

Landsknecht

Dieses Traumbild verkörpert Abenteuerlust, den Drang nach Selbstbestätigung und Geltung, unreife Männlichkeit und Flucht aus der Realität. ↗Cowboy.

Landstreicher

↗betrügen, ↗Diebstahl.

Lanze

Für die Psychoanalyse Freuds ist die Lanze wie jede Waffe oder jeder längliche Gegenstand ein Phallussymbol. Diese Erklärung ist jedoch zu eng. Die Lanze im Traum kann auf sexuelle Spannungen hinweisen. Dieses Bild kann aber auch in Anlehnung etwa an die mittelalterliche Gralserzählung auf eine religiöse Problematik deuten. Mitunter signalisiert das Bild der Lanze – als Leidenslanze – körperliche Krankheitssymptome.

Lärm

↗hören.

Larve

Wie die Larve im Tierreich auf zu erwartende Gestaltveränderungen hinweist, so symbolisiert sie auch im Traum Persönlichkeitsentwicklungen, Läuterungen, Wandlungen.
Die Larve kann aber auch im Sinne von Maske zu verstehen sein. ↗Maske.

Lasso

Allgemein deuten Lassos oder Schlingen auf eine Behinderung der Persönlichkeitsentwicklung und der Selbstentfaltung hin. Auch der Wunsch nach aggressivem Abreagieren aufgestauter Bedürfnisse kann sich in diesem Symbol ausdrücken. Wichtig für die Bedeutung ist, wozu der Lasso gebraucht wird. ↗Fessel, ↗Gefängnis, ↗Gewalt.

Last

↗Koffer.

Lastkraftwagen

Da Lastkraftwagen Verkehrsmittel zur Güterbeförderung sind, liefert meist die Art der geladenen Güter wichtige Hinweise für die Traumbedeutung. Allgemein zeigt dieses Traumbild Bedürfnisse, Hoffnungen, Wünsche und Pläne des Träumenden an.

Laub

Die Blätter an Bäumen und Sträuchern symbolisieren im allgemeinen die Gefühle und Gedanken des Träumenden. Der jahreszeitliche Entwicklungsstand der Blätter läßt dabei nähere Rückschlüsse auf deren Beschaffenheit zu. Junge, knospende Blätter deuten auf neue Gedanken, keimende Hoffnungen oder erwachende Gefühle. Voll entwickeltes, gesundes grünes Laub weist auf seelische Ausgeglichenheit und ein erfülltes Leben hin. Herbstlaub bringt durch Lebenserfahrung gereiftes und geordnetes Denken und Fühlen zum Ausdruck. Welkendes, abfallendes Laub symbolisiert überlebte Gedanken, sterbende Gefühle, Enttäuschungen und Resignation. Das gilt vor allem, wenn dieses Traumbild in Zusammenhang mit einer Winterlandschaft auftritt. ↗Eis, ↗grün, ↗Kälte, ↗Schnee.

Lauch

Dieses Symbol gilt als Hinweis auf die männliche Sexualität. ↗Gemüse.

laufen

↗gehen.

Laus

Die Laus kann als Traumsymbol auf tatsächlich im Körper ablaufende Krankheitsprozesse, vor allem auf Nervenstörungen hinweisen. Häufig symbolisiert dieses Traumbild aber destruktive und selbstquälerische Gedanken und Gefühle, die das Selbstwertgefühl und die Tatkraft beeinträchtigen. ↗Insekten.

Laute

Dieses Traumbild deutet auf Aufgeschlossenheit, Kontaktfreudigkeit, Geselligkeit, aber auch auf romantische Schwärmerei und Gefühlsbetontheit hin. Die Laute kann auch sexuelle Bedeutung haben. Dann symbolisiert das Instrument den Körper der Frau. Die genauere Bedeutung ergibt sich aus dem Traumzusammenhang. Wichtig ist, welche Art von Musik auf der Laute gespielt wird, wie die beteiligten Personen auf die Musik reagieren und was der Träumende selbst in der Situation empfindet. ↗Musik.

Lava

Dieses Traumsymbol deutet auf die Sinnlosigkeit unbeherrschter Entladung von Spannungen hin. Insbesondere abgekühlte Lava weist auf das schale Gefühl hin, das nach Ausbrüchen unkontrollierter Aggressivität oft bleibt. Dieses Traumbild mahnt zur Beherrschung und Disziplin. ↗Gewalt, ↗Vulkan.

Lawine

Dieses Traumbild weist auf unkontrolliertes aggressives Abreagieren seelischer oder körperlicher Spannungen hin. Gefühle erkalten. Enttäuschungen, Vereinsamung, Verbitterung, Resignation, versiegende Lebenskraft und Tod können sich in diesem Symbol darstellen. ↗Eis, ↗Gewalt.

Lazarett

↗Krankenhaus.

Leber

Tritt dieses Symbol auf, so können tatsächliche organische Beschwerden oder Krankheitssymptome vorliegen. Trifft dies nicht zu, so weist die Leber als Traumbild auf übermäßige Geduld, aber auch auf zunehmende Unruhe und Reizbarkeit hin. Die genauere Aussage ergibt sich meist aus dem Traumzusammenhang.

Leck, undichte Stelle

Dieses Symbol gilt als Warnsignal: Es will den Träumenden darauf hinweisen, daß irgendwo in seinem Leben etwas in Ordnung gebracht werden sollte. Manchmal handelt es sich im Traum um ein Leck in einem Schiff. Damit ist das Lebensschiff des Träumenden gemeint, das in seiner Fahrtüchtigkeit infolge eines Defekts beeinträchtigt wird. Oft zeigt der Traum aber auch ein Leck in einem Gefäß, durch das Wasser oder eine andere energetische Flüssigkeit ausfließt und zu einem unnötigen Verlust an Lebensenergie führt.

Leder

Kleidung aus Leder, lederne Peitschen und ähnliche Gegenstände sind Traumsignale für aggressive Tendenzen. Für Sadisten und Masochisten hat Leder fetischistische Bedeutung. Ihr sexuelles Begehren ist in besonderer Weise auf Leder fixiert. ↗Pelz.

Leere

In den östlichen Kulturen ist die große Leere, die in der Meditation erlebbar wird, ein besonders starkes Energiesymbol. Ähnliche Bedeutung hat sie meist in den Träumen. ↗Wind.

Lehrer

Dem Träumenden unbekannte oder bekannte Lehrer verkörpern im Traum meist eine hilfreiche seelische Funktion. Die Lehren und Ratschläge, die der Lehrer dem Träumenden erteilt, sind Hinweise des Traumbewußtseins, die sich auf die Lebenssituationen des Alltags beziehen. Oft verdankt der Träumende dem Lehrer im Traum schöpferische Problemlösungen. ↗Direktor, ↗Mann, unbekannter, ↗Schule.

Lehrling

Dieses Traumbild drückt meist Aufgeschlossenheit, Wißbegierde, Lernwilligkeit, Fleiß und Leistungsbereitschaft aus. Es kann aber auch auf Unsicherheit, Unzufriedenheit, Geltungsstreben und das Bedürfnis nach Selbstbestätigung hinweisen. Die genauere Bedeutung ergibt sich aus dem Traumzusammenhang, vor allem aus der Einstellung des Träumenden zu diesem Traumsymbol.

Leiche

Die Leiche erscheint im Traum als Symbol einer abgestorbenen Seite der Persönlichkeit. Sie ist ein Warnsignal. Der Träumende schleppt im Unbewußten einen abgekapselten Komplex wie einen toten Fremdkörper mit sich herum.

Häufen sich Leichenträume, so ist eine psychotherapeutische Beratung dringend zu empfehlen. ↗Begräbnis, ↗Tod.

Leiter

Die Leiter symbolisiert im Traum eine Übergangssituation im Sinne eines Auf- oder Abstiegs.

Bereits in der Bibel findet sich die Symbolbedeutung der Leiter in dem Traum Jakobs von der Himmelsleiter. ↗Treppe.

Leopard

Als Traumsymbol weist dieses Tier auf Lebenskraft, Leidenschaftlichkeit, Emotionen, männliche Triebenergie und Aggressivität im positiven wie im negativen Sinne hin. Die nähere Bedeutung ergibt sich aus dem Traumzusammenhang. Ist der Leopard gefährlich, so warnt dieses Traumbild vor Überheblichkeit, Rücksichtslosigkeit und vor einer Fehleinschätzung der eigenen Grenzen. Ist er dagegen alt, krank, gezähmt oder träge, so deutet dies auf den Wunsch nach Selbstbeherrschung hin.

Lerche

↗Singvogel.

lesen

Im Traum deutet dieses Symbol auf Aufgeschlossenheit, Wissensdrang und kritische Selbstwahrnehmung hin. ↗Bibliothek.

Leuchtkäfer

↗Licht.

Leuchtturm

Ähnlich wie die Lampe oder Laterne signalisiert auch der Leuchtturm im Traum hilfreiche Orientierung in schwierigen Lebenssituationen. Er informiert über eine unbewußte Problematik, die im Begriff ist, ins Bewußtsein zu rücken. ↗Lampe, Laterne.

Libelle

Wie auch andere Insektenarten verweist die Libelle als Traumbild auf übermäßige Ichbezogenheit, auf Überheblichkeit und Aggressivität. Diese Eigenschaften wirken sich belastend auf die Beziehungen zu den Mitmenschen aus. ↗Insekten.

Licht

Licht ist Symbol für Bewußtsein, Verstand, Erkenntnisvermögen, geistige und gefühlsmäßige Klarheit, Ausgeglichenheit und Lebenskraft, Hoffnung und Freude am Leben. Das Licht beseitigt Unwissenheit und Zweifel.
Was im Licht liegt, kann man erkennen und begreifen. Man braucht es nicht zu fürchten. In diesem Sinne verkörpert das Licht als Traumsymbol den schöpferischen Geist, der Unwissenheit und Zweifel überwindet. Licht ist auch Hoffnung und Lebensfreude, Bewußtheit, geistige und gefühlsmäßige Klarheit, Ausgeglichenheit und Lebenskraft. Diese Bedeutung schließt erotisch-sexuelle Erfüllung mit ein.
Wird das Licht allerdings zu grell, dann blendet es uns und wir sind wie blind. Schwindet das Licht, wird es dämmerig oder dunkel, so lassen Sicherheit und Zielstrebigkeit nach und innere wie äußere Spannungen und Probleme treten in den Vordergrund. Mitunter zeigt abnehmendes Licht auch Angst vor dem Alter und dem Tod an. ↗blind, ↗Dunkelheit, ↗Fackel, ↗Feuer, ↗Flamme, ↗Kerze, ↗Lampe, Laterne.

Lied

Das Lied hat eine sehr ursprüngliche und tiefe Bedeutung im Leben der Menschen. Erklingt im Traum ein Lied, so lohnt es sich meist, ihm im Wachzustand näher nachzuspüren. Manchmal erinnert uns die Melodie an eine wichtige Szene in unserem Leben. Manchmal ist es der Text, der uns an etwas Wichtiges denken läßt. Oft ergibt sich der Sinn der Liedbotschaft aus dem Traumzusammenhang. ↗Gesang, ↗Musik.

Lift

Mit dem Fahren im Lift informiert das Traumbewußtsein über seelische Wandlungsvorgänge ähnlich wie bei

der Leiter oder Treppe. Nur bedeutet das Liftfahren keine Veränderung aus eigener Kraft.
Die Beförderung mit dem Fahrstuhl geschieht schnell und mühelos. Oft entsteht dabei ein Gefühl des Schwebens oder Fliegens. In der Traumsprache weist es meist auf ein Abheben aus der Realität hin, auf Selbstüberschätzung und auf Vorstellungen, die sich mit der Lebenswirklichkeit nur schwer vereinbaren lassen. Fährt der Lift nach oben, so drückt sich darin oft der Wunsch nach Erfolg und Selbstbestätigung aus. Bleibt der Lift stecken, so deutet dies auf Minderwertigkeitsgefühle und Hemmungen in der Entwicklung der Persönlichkeit. Empfindet der Träumende eine Fahrt abwärts im Lift als unangenehm, so weist das auf Zukunftsängste hin. ↗fallen, ↗fliegen, ↗Leiter, ↗Treppe.

lila

In der Traumsprache gilt diese Farbe als Ausdruck für das Streben nach Erkenntnis, nach Vollkommenheit und nach dem Sinn des Lebens. Die genauere Bedeutung ergibt sich aus dem Traumzusammenhang.

Lilien

Sie haben in der Traumsprache meist eine positive Bedeutung im emotionalen Bereich. Besonders Träume von Wasserlilien weisen darauf hin, daß etwas zerbrechlich Schönes aus dem Grund des Unbewußten wächst und blüht. ↗Blumen, Blüten, ↗Rose.

links

Links ist in der Traumsymbolik die Seite des Herzens, des gesamten Gefühlsbereichs des Träumenden und des Unbewußten. Links kann auch ein Hinweis auf einen weiblichen Aspekt sein. Die Bedeutung ist nicht im politischen Sinne zu verstehen.

Lippen

↗Mund.

Loch

Tritt dieses Symbol im Sinne von Abgrund auf, so deutet es auf Unsicherheit, Hilflosigkeit und mangelndes Selbstvertrauen. Gleicht das Loch eher einer Spalte oder einer Höhle, so veranschaulicht es die weibliche Sexualität. Löst dieses Traumbild Angst oder Ablehnung aus, so drücken sich darin sexuelle Hemmungen und Gefühle von Unsicherheit gegenüber mütterlich dominierenden Frauen aus. Erlebt der Träumende Gefühle der Geborgenheit, so gilt dies als Zeichen für Lebensunsicherheit, Schutzbedürfnis und zu starke Mutterbindung. ↗Abgrund, ↗Höhle.

Lokomotive

Für das Traumbewußtsein ist die Lokomotive Symbol für kollektive psychische Energie im positiven wie im negativen Sinne. Die Reise mit der Lokomotive oder mit dem Zug informiert über die Lebensreise. Die gemeinschaftliche fortbewegende Kraft kann positiv das Eingebundensein in die Familie oder Gesellschaft ausdrücken. Wenn der Träumende aber zu stark der Kollektivmeinung unterliegt, so kann das auf Kosten seiner individuellen Persönlichkeitsentfaltung gehen. ↗Bahnhof, ↗Reise.

Lorbeer

Dieses Traumbild weist auf das Streben nach Erfolg, Ruhm und Anerkennung hin. Es warnt oft vor einer Überbetonung dieser Ziele. ↗Immergrün.

Lotse

↗Kapitän.

Löwe

Der Löwe im Traum ist ein mehrdeutiges Symbol. Als König der Tiere kann er wie im Märchen und als Wappentier ein Herrschaftssymbol und ein Sinnbild für körperliche Kraft sein. Der Löwe kann aber auch schöpferische geistige Kräfte und Kreativität ausdrücken. Er kommt schließlich als Sinnbild für Aggressionen und Unbeherrschtheit vor. Die jeweilige Bedeutung ergibt sich aus dem Handlungszusammenhang im Traum. ↗Adler, ↗Tier.

Luft

Sie gilt als Symbol für schöpferisches Denken und die Kräfte der Phantasie. Dieses Traumbild warnt manchmal aber auch davor, den Boden unter den Füßen zu verlieren, sich allzu weit von der Realität zu entfernen. Die genauere Bedeutung ergibt sich meist aus dem Traumzusammenhang. Wichtig sind dabei die Empfindungen des Träumenden. Fühlt er sich leicht und beschwingt in klarer, reiner Luft, so deutet das auf eine erfolgreiche Persönlichkeitsentfaltung hin. Fühlt er sich beklommen in stickiger Luft, so zeigt dieses Bild Schwierigkeiten bei der Bewältigung von Problemen an. Der Erfüllung von Hoffnungen und Wünschen stellen sich Schwierigkeiten entgegen. ↗Atem, ↗fliegen, Flugzeug, ↗Himmel.

Luftballon

↗fliegen, Flugzeug, ↗Kugel, ↗Spiele.

Luftschiff

↗fliegen, Flugzeug.

lügen

↗betrügen.

Lunge

Treten im Traum Schwierigkeiten mit der Atmung auf, so beziehen sie sich meist auf psychische Atemprobleme. Das Organ der luftförmigen, also der geistigen Nahrungszufuhr arbeitet nicht einwandfrei. ↗Atem, ↗Luft, ↗Krankheit.

M

Mädchen

↗Baby, ↗Jugend, ↗Kindheit, ↗Tochter.

Madonna

Dieses Symbol verweist auf die Sehnsucht nach Erlösung von Schmerz, Schuld oder Leid. Zugleich deutet es auf die Kraft hin, die Probleme des Lebens zu bewältigen und sein Schicksal anzunehmen.

Magen

Zunächst einmal kann hier ein körperliches Unwohlsein oder ein Krankheitszustand vorliegen. Trifft dies nicht zu, so deutet der Magen als Traumbild auf die psychische und geistige Aufnahme- und Verarbeitungsfähigkeit, aber auch auf körperliche Bedürfnisse hin. Essen und Trinken mit Genuß symbolisieren in der Traumsprache seelisches Gleichgewicht und Vitalität, jedenfalls wenn sich der Träumende wohl dabei fühlt. Ein übervoller Magen weist auf Schwierigkeiten bei der Verarbeitung von Eindrücken und auf belastende Gedanken oder Gefühle hin. Ist der Magen im Traum hungrig, so symbolisiert dieses Bild Einschränkungen in der Lebensführung und Mangel an geistigen und emotionalen Anregungen. ↗Durst, ↗Erbrechen, ↗Hunger.

Magnet

Ähnlich wie in der Wirklichkeit, weist der Magnet auch in der Traumsprache auf eine starke Anziehungskraft hin. Es kann sich dabei um eine Versuchung, eine Verführung, auch um Zuneigung handeln. Die genauere Bedeutung ergibt sich aus dem Traumgeschehen. Wichtig ist dabei, ob der Träumende die Kraft als angenehm oder als unangenehm empfindet.

Mahlzeit

Die Mahlzeit im Traum bedeutet Zufuhr psychischer Energie. Ein gemeinsames Mahl mit anderen Personen symbolisiert seelische und geistige Kommunikation. Die Speisen, die gegessen werden, weisen auf die entsprechenden seelischen Funktionen oder Problemstellungen hin. Auch die Anzahl der anwesenden Personen und die Form des Tisches kann aufschlußreich sein. Bei religiösen Menschen drückt sich mitunter die christliche Abendmahlssymbolik in einem solchen Traum aus. ↗Bäcker, ↗Backofen, ↗Herd, ↗Küche.

Maikäfer

↗Käfer.

Mais

↗Getreide.

Maler

↗Dichter.

Mandala

Das Mandala ist ein Bild, das aus Kreisen, Dreiecken und religiösen Symboldarstellungen besteht. In den östlichen Religionen hilft es, durch meditative Betrachtung eine Bewußtseinsänderung zu bewirken. C. G. Jung sieht in den Mandalas Ordnungsymbole, die auf tiefgreifende psychische Entwicklungsprozesse hinweisen. Gerade in Zeiten einer anstehenden inneren Neuorientierung können Mandalas in den Träumen eine wichtige Rolle spielen. ↗Kreis, ↗Würfel.

Mandel

↗Nuß.

Mann, unbekannter

Ein unbekannter Mann symbolisiert in Männerträumen immer die unbewußt männliche Seite des Träumenden. In den Träumen einer Frau drückt dieses Traumbild die innere Vorstellung der Träumenden vom Mann und dessen Eigenschaften aus. Dieses Bild wird als Erwartungsmuster in der Kindheit und Jugendzeit durch den Vater geprägt. Später projiziert es die Frau auf den Partner ihrer Wahl. Entspricht der Partner diesem unbewußten Erwartungsmuster nicht, so sind Enttäuschungen und Konflikte die Folge. ↗Frau, unbekannte.

Manna

↗Brot.

Manöver

↗Krieg.

Mantel

Der Mantel als Traumsymbol hat Schutzfunktion. Als Standeszeichen einer bestimmten Berufsgruppe (Priester, Richter, Arzt) symbolisiert der Mantel entsprechende Eigenschaften dieser Berufe. ↗Kleider.

Marder

Im Traum symbolisiert dieses Tier Lebenskraft, Leidenschaftlichkeit, unbeherrschte Gefühle, männliche Triebenergie und Aggressivität. Dieses Traumbild warnt vor einer Überschätzung der eigenen Möglichkeiten, vor Rücksichtslosigkeit, Aggressivität und Hemmungslosigkeit. Ist der Marder alt oder krank, gefangen, gezähmt, tot oder schläft er, so weist dies auf den Wunsch nach Selbstbeherrschung hin. ↗Raubtiere.

Marionette

Dieses Traumbild kann Abhängigkeiten darstellen, die den Träumenden belasten. Aber auch der Wunsch, andere Menschen in Abhängigkeit zu bringen, Macht über sie auszuüben, drückt sich manchmal auf diese Weise in der Traumsprache aus.

Markt

Dieses Traumbild gibt Hinweise auf die Beziehungen des Träumenden zu den Menschen in seiner Umgebung. Ist der Markt belebt oder geschehen dort Dinge, die den Träumenden interessieren, so deutet dies auf Kontaktfreudigkeit und Ausgeglichenheit hin. Herrschen Hektik und Nervosität in dem Marktgeschehen vor, so symbolisieren sich darin Hemmungen und Kontaktschwierigkeiten. Ist der Markt menschenleer, so läßt dies auf Einsamkeit oder auf das Bedürfnis nach Ruhe schließen.

Marmelade, Konfitüre

Marmelade als Brotaufstrich veredelt gleichsam den Brotgenuß. Brot gilt in der Traumsprache als seelische Nahrung. Wer also im Traum Marmeladenbrot ißt, der führt sich psychische Energie in geschmackvoll kultivierter Form zu. Erotik kann dabei durchaus eine Rolle spielen, denn Marmelade wird aus Früchten hergestellt. Und Früchte haben in der Sprache der Träume oftmals erotisch-sexuelle Bedeutung. ↗Brot, ↗Frucht.

Marmor

Dieses Traumbild deutet auf Schönheitssinn und Luxus hin, aber auch auf glatte Unverbindlichkeit, Distanziertheit, Berechnung und Gefühlsarmut. Die genaue Bedeutung ergibt sich meist aus dem Traumzusammenhang.

Maschine

Vertraute Alltagsmaschinen ersetzen im Traum oft ihrer Funktion entsprechende Natursymbole. So kann die

Waschmaschine beispielsweise als Reinigungssymbol vorkommen.
Alle fremdartigen, in ihrem Sinn nicht recht verständlichen Maschinen und technischen Konstruktionen aller Art sind als Traumbilder Warnsignale. Sie weisen meist auf psychische Konflikte hin, deren Art sich aus der Funktion und Beschaffenheit der Maschine näher erkennen läßt. ↗Elektrizitätswerk.

Maschinenpistole

Träume mit dem Bild einer Maschinenpistole signalisieren Gefahr. Die Maschinenpistole weist auf Aggressivität hin. Je nach dem Traumzusammenhang kann es sich um sexuelle Triebenergie handeln. Die besondere Gefährlichkeit dieser Waffe drückt sich in der Automatik aus, mit der sie funktioniert. ↗Gewehr.

Maske

Im Traum bedeutet die Maske eine Identifikation mit archetypischen Gestalten aus dem Bereich des Kollektiven Unbewußten, die meist Gewalttätigkeit verkörpern. Die Maske hat überwiegend negative Traumbedeutung. Sie weist vielfach auf übersteigertes Geltungsstreben hin, wenn sich der Träumende außerhalb der Karnevalszeit mit einer Maske sieht. Die Ursachen für solche Träume sind vor allem in zu schwachem Selbstwertgefühl oder in Potenzstörungen zu sehen. ↗Karneval.

Matrose

Dieses Traumbild verkörpert Energien, die das Gefühlsleben ordnen und in seiner Richtung näher bestimmen. Darin kann sich der Wunsch ausdrücken, seine Probleme selbst zu lösen. Es kann sich aber auch um einen Hinweis auf das Bedürfnis nach Hilfe durch männlichen Schutz handeln. ↗Schiff, ↗Wasser.

Mauer

↗Hindernis.

Maulwurf

Dieses Tier gilt als Traumsymbol für unbewußte oder teilweise bewußte Triebwünsche. Sie drängen immer deutlicher ins Bewußtsein und fordern Beachtung.

Maurer

↗Baustelle.

Maus

Im Volksmund wie in den Märchen hat die Maus meist erotische Bedeutung.
Eine ungünstige Bedeutung haben Mäuse im Traum, wenn sie in Massen auftreten. Sie gelten dann als Symbol für nagende Gedanken. ↗Haustiere, ↗Tier.

Medikamente

↗Arznei.

Meer

Das Meer ist ein archetypisches Symbol für den Ursprung des Lebendigen überhaupt, nicht des persönlichen Lebens eines Individuums. In seiner unabsehbaren Tiefe und Weite stellt es im Traum das Kollektive Unbewußte dar. Die Bedeutung kann von einem Aufbruch zu neuen Ufern, in seelisches Neuland, bis hin zu den gefährlichen Notsituationen reichen, die eine Fahrt über das Meer in sich birgt. Handelt der Traum am Meeresufer, so informiert er über eine Problematik im Grenzbereich zwischen dem persönlichen und dem Kollektiven Unbewußten. Welcher Art diese Problematik im einzelnen ist, ergibt sich aus den näheren Umständen des Traumgeschehens. ↗Fluß, ↗Reise, ↗Schiff, ↗Wasser.

Mehl

↗Bäcker, Backofen, ↗Getreide, ↗Hunger, ↗Nahrungsmittel.

Meise

↗Singvogel.

Meister

↗Chef.

Melodie

↗Musik.

Melone

↗Frucht, ↗Kürbis.

Menschenfresser

↗Kannibalismus.

Messer

Eine phallisch-sexuelle Bedeutung, wie Freud sie annahm, hat das Messer in den seltensten Fällen. Häufig deutet es im Traum im übertragenen Sinne auf ein gedankliches Zerteilen, also ein Analysieren und Differenzieren hin. Wird es im Traum als Angriffswaffe benutzt, so verkörpert es Aggressionstendenzen. Der Mann, der eine Träumende mit dem Messer verfolgt, will sie im allgemeinen weder töten noch vergewaltigen. Das Traumbewußtsein möchte mit diesem Bild erreichen, daß sich die Träumende dieser Traumgestalt mutig zuwendet und mit dem Messer die Probleme, die der Mann für sie verkörpert, analysiert, sie sich bewußt macht. ↗Gewehr.

Messing

In der Traumsprache gilt dieses Metall als Hinweis auf den Wunsch nach Erfolg und Wohlstand. Die genaue Bedeutung ergibt sich aus dem Traumzusammenhang. Wichtig sind zum Beispiel Gegenstände, die aus Messing gefertigt werden.

Metzger

↗Fleisch.

Mikroskop

Wer im Traum durch ein Mikroskop schaut, möchte der Wahrheit auf den Grund gehen. Sein Forschergeist drängt ihn, alles im Leben, auch Probleme, ganz besonders genau anzuschauen und zu analysieren. Manchmal fordert dieses Traumbild den Träumenden auf, genau hinzuschauen, wo er im Begriff ist, etwas Wichtiges zu vernachlässigen, über ein Problem hinwegzusehen, es zu verdrängen. ↗Brille.

Milch

Milch im Traum deutet auf den nährenden und sorgenden Aspekt des Weiblichen hin. Im übertragenen Sinne bedeutet Milch, die jemand im Traum trinkt, eine Zufuhr von Wissen und Erkenntnis. Diese Bedeutung drückt sich beispielsweise in der alten Bezeichnung Alma Mater – das bedeutet im Lateinischen soviel wie nährende Mutter – für die Universität aus. ↗Mutter.

Militär

Meist symbolisieren Traumbilder von Soldaten oder militärischen Anlagen den Drang nach Selbstbestätigung, nach Geltung und Abenteuern. Unreife Männlichkeit und Aggressivität können sich ebenfalls in diesem Symbol darstellen. Löst das Traumbild bei dem Träumenden unangenehme Empfindungen aus, so ist er bemüht, die hier genannten Eigenschaften zu überwinden und sich zu positiveren Lebenszielen hin zu entwickeln. ↗Krieg.

Mimose

Dieses Traumbild weist auf Hemmungen, Minderwertigkeitsgefühle und auf Schwierigkeiten im mitmenschlichen Kontakt hin. Es kann auch Überempfindlichkeit darstellen.

Mißgestalt

Die Persönlichkeit kann sich nicht entsprechend ihren vorhandenen Anlagen und Begabungen voll entwickeln. Bestimmte Eigenschaften oder Neigungen werden unterdrückt. Zumindest bleiben sie unbeachtet. ↗Dämonen, ↗Invalide, ↗Krankheit, ↗Ungeheuer.

Mißhandlungen

↗Gewalt.

Mistkäfer

↗Käfer.

Mittag

Die Mittagsstunde ist ein Orientierungshinweis für die Traumsituation. Sie ist die Zeit, in der die Sonne ihren Höchststand erreicht. Damit kann gemeint sein, daß sich die Traumproblematik stark dem Bewußtsein nähert. Häufig symbolisiert der Mittag aber auch die Zeit der Lebensmitte. ↗Abend, ↗Nacht.

Mitte

Traumbilder von der Mitte sind Hinweise auf den inneren Entwicklungsprozeß des Träumenden. Diese Mitte kann sich als Zentrum eines umschlossenen Gartens abbilden. Oft stellt sie sich aber auch als ein Baum dar – es ist der Lebensbaum – oder als die nach allen vier Himmelsrichtungen strömende Quelle. Der Traum symbolisiert die Mitte manchmal auch als festen Turm, als Burg, oder als von einem zentralen Gebäude gekrönte Insel, die aus dem Meer des Kollektiven Unbewußten aufragt. Der Weg zur Mitte ist oft mit Schwierigkeiten und Gefahren verbunden. Auf diesem Weg begleiten den Träumenden aber vielfach hilfreiche Gestalten. Träume von der Mitte haben immer große Bedeutung für den Träumenden, weil sie auf entscheidende Wandlungsprozesse hinweisen, die in seiner Persönlichkeitsentwicklung anstehen. ↗Kreis, ↗Mandala, ↗Quadrat, ↗Würfel.

Möbel

Wie das Haus in der Traumsprache die gesamte Persönlichkeit des Träumenden verkörpert, so weisen die Möbel im Hause auf bestimmte Eigenschaften und Wünsche des Träumenden hin. Sie lassen sich näher bestimmen, wenn man darauf achtet, zu welchem Zimmer die Einrichtungsgegenstände gehören. Der Schreibtisch symbolisiert beispielsweise beruflichen Leistungswillen. Bücherregale deuten auf geistige Interessen und Lebenserfahrung hin. Einrichtungsgegenstände der Küche verkörpern eher körperliche und seelische Bedürfnisse. Sessel symbolisieren das Verlangen nach Ruhe und Entspannung, Betten den Wunsch nach Geborgenheit, Selbstbesinnung und sexueller Erfüllung. Wichtig für die Traumbedeutung ist auch, in welchem Zustand sich die Möbel befinden. ↗Haus.

Möhre

Sie gilt als Sinnbild männlicher Sexualität. ↗Gemüse.

Molkerei

↗Milch.

Mönch

Dieses Traumbild kann auf Selbstbesinnung und Religiosität hinweisen, aber auch auf Lebensunsicherheit und Schutzbedürfnis. Oft deutet dieses Symbol auf das Bemühen des Träumenden hin, sich selbst zu beherrschen, Disziplin zu üben und seinen Grundsätzen treu zu bleiben. ↗Enthaltsamkeit, ↗Kloster.

Mond

Der Mond hat im allgemeinen weibliche Symbolbedeutung. Er stellt seit alters her die kosmische Entsprechung der obersten weiblichen Gottheit dar. In vielen Sprachen ist er dem weiblichen Geschlecht zugeordnet (z. B. la lune im Französischen). Bekannt ist seine Beziehung zu Stimmungen und dem Monatszyklus der Frau. ↗Sonne.

Moor

Traumbilder, in denen man selbst im Schlamm watet oder andere darin waten sieht, deuten auf unangenehme Eindrücke, Erlebnisse und Erfahrungen. Morast, Schlamm oder Sumpf können im Traum auch auf Triebwünsche hinweisen, die dem Träumenden unangenehm sind. Besteht die Gefahr, in dem Sumpf zu versinken, so liegen starke Angst- und Schuldgefühle vor. Überwindet der Träumende die Gefahr, so zeigt sich darin der Wille, einen bestehenden psychischen Konflikt zu lösen.

Moos

Hat das Traumbild den Charakter eines zarten, weichen Rasens, so deutet es auf eine ausgeglichene psychische Verfassung des Träumenden hin. Es kann auch den Wunsch nach einer solchen Ausgeglichenheit symbolisieren. Erinnert das Moos eher an einen Sumpf, ist es unangenehm feucht, so warnt dieses Traumbild vor unkontrollierten Gefühlen und Triebwünschen. ↗Moor.

Morast

↗Moor.

Mord

Der Mord im Traum ist ein Warnsignal, wenngleich er keine echte Lebensgefahr bedeutet. Er signalisiert ein gewaltsames Abtrennen eines unbewußten psychischen Inhalts, gleich ob der Träumende den Mord verübt oder selbst Opfer des Mordes ist. Dieses Abtrennen kann sich auf ungenutzte Fähigkeiten, Talente oder die seelische Beziehung zu einem anderen Menschen beziehen. Mordträume können im Zusammenhang mit Depressionen auftreten, die ja vielfach als gegen die eigene Person gerichtete Aggressionen zu verstehen sind. ↗Begräbnis, ↗Leiche.

Morgen

Der Morgen, die Morgendämmerung, die Morgenröte, der Sonnenaufgang – diese Zeitangaben im Traum haben positive Bedeutung. Etwas Wesentliches rückt in das Bewußtsein des Träumenden. ↗Abend, ↗Mittag.

Morgenröte

In der Traumsprache ist die Morgenröte fast immer ein Symbol für Hoffnung, Neubeginn und reichhaltige Chancen zur Entfaltung der eigenen Persönlichkeit. ↗Abend, ↗Mittag.

morsch, verfault

Was morsch oder verfault ist, verliert an Tauglichkeit. Es ist im Absterben begriffen. Dem entspricht die Traumbedeutung dieses Symbols. Allerdings ist das Absterben im Traum fast nie etwas Endgültiges, sondern aus dem Morschen, Faulen entsteht meist etwas Neues. Psychisches Wachstum setzt immer auch das Absterben alter, überlebter Strukturen voraus. Der Satz „Stirb und Werde" gibt dieses Gesetz seelischen Wachstums und der Persönlichkeitsentwicklung am klarsten wieder. ↗Begräbnis, ↗Leiche, ↗Tod.

morsen

Das Senden oder Empfangen von Morsezeichen im Traum drückt den Wunsch nach Kommunikation mit anderen Menschen aus. Verstehen die anderen den Sinn der Morsezeichen, so hat der Träumende die Überzeugung, bessere Beziehungen zu den Menschen seiner Umgebung herstellen zu können. Bleiben die Morsezeichen unentschlüsselt, so herrscht Skepsis vor, ob sich die Kontaktprobleme lösen lassen. ↗Gespräch.

Mörtel

↗Kalk.

Moschee

Ähnlich wie eine Kirche weist das Traumbild einer Moschee auf Selbstbesinnung, Läuterung, Wendung nach innen und auf eine Entwicklung der Persönlichkeit allgemein hin. Manchmal erinnert dieses Symbol an Reiseerlebnisse oder die Sehnsucht nach fernen Ländern. ↗Kirche.

Moskito

Dieses Traumbild deutet auf Unruhe, Nervosität, psychische Erschöpfung, Durchblutungsstörungen oder Fieber hin. ↗Insekten.

Motor

Dieses Traumbild weist auf Energie und Dynamik hin. Es kann aber auch fehlende äußere Eindrücke und langweilige Gleichförmigkeit symbolisieren. ↗Maschine.

Motorrad

Wie das Pferd und das Auto, so gehört auch das Motorrad zu den individuellen Fortbewegungsmitteln auf der symbolischen Lebensreise im Traum. Stärker als das Auto verkörpert es psychische Energie. Als reales Statussymbol der Jugend taucht es im Traum oft als Symbol sexueller Potenz auf. ↗Auto, ↗Pferd.

Motte

Wie die Motte in der Realität Stoffe zerfrißt, so bedeuten die Motten auch im Traum zersetzende Gedanken, Gefühle und Erlebnisse. Sie beunruhigen und belasten den Träumenden, schwächen sein Selbstwertgefühl und beeinträchtigen seine Lebensfreude. Die nähere Traumbedeutung ergibt sich aus dem Sinnzusammenhang. ↗Insekten.

Möwe

↗Vogel.

Mücke

↗Moskito.

Müll

↗Unrat.

Mumie

Dieses Traumbild symbolisiert den Wunsch, etwas für den Träumenden Wichtiges für immer festzuhalten, gleichsam zu konservieren. Es kann sich dabei um ein Gefühl oder einen Zustand handeln. Aber dieses Festhalten gelingt nicht, es ist niemals möglich, weil das Leben sich fortgesetzt verändert und entwickelt. Die genauere Bedeutung ergibt sich aus dem Traumzusammenhang. Wichtig ist vor allem, was der Träumende während dieses Traumes empfindet.

Mund

In der Realität dient der Mund der Nahrungsaufnahme, aber auch der Mitteilung von Gedanken und Gefühlen. Küssen ist ja eine intensive Form, einem anderen Menschen Gefühle mitzuteilen. Dementsprechend symbolisiert der Mund in der Traumsprache die Beziehungen zu anderen Menschen, das Verlangen nach Kontakt und das Bedürfnis, sich mitzuteilen. ↗Durst, ↗Hunger, ↗Kuß.

Mundharmonika

↗Akkordeon, ↗Kindheit.

Münze

↗Geld, ↗Schmuck.

Muschel

Die Muschel ist ein Symbol weiblicher Sexualität. Die geschlossene Muschel symbolisiert weibliche Unberührtheit, fehlende Reife oder Frigidität. ↗Auster.

Musik

Wie in der Wirklichkeit, so hat Musik auch im Traum einen starken Bezug zum Gefühlsbereich. Für die Deutung ist besonders darauf zu achten, welche Wirkung die Musik auf die Gefühle und auf die Stimmung des Träumenden ausübt. Die Art der Musik kennzeichnet oft das Thema des Traums.

Mutter

Das Bild der Mutter im Traum – es kann auch durch mütterliche Frauen aus dem Bekanntenkreis des Träumenden repräsentiert werden – stellt die Bereiche der eigenen Seele dar, die während der Kindheit durch die Mutter geformt werden. Die bewußten und unbewußten Erfahrungen bestimmen in jedem Menschen ein Verhaltensmuster, das für seine Beziehungen zum Partner im späteren Leben ausschlaggebend ist.

Unbekannte Muttergestalten im Traum symbolisieren oft die sozialen Funktionen und Institutionen der Gesellschaft: Sozialeinrichtungen, Versorgungsansprüche, den Wohlfahrtsstaat. Auch „Mutter Kirche" kann gemeint sein.

Neben der lebenspendenden, ernährenden, schützenden und erhaltenden Funktion kann die Mutter als Traumsymbol aber auch bedrohlichen, fordernden und verschlingenden Charakter haben. ↗Drache, ↗Frau, unbekannte, ↗Mutterkomplex.

Mutterbrust

↗Brust.

Mutterkomplex

Der Begriff Komplex stammt von C. G. Jung. Gemeint ist ein Bündel unbewußter Vorstellungen, Gedankenverbindungen und Erfahrungsinhalte, die geballte psychische Energie gleichsam verkapselt in sich einschließen. Solche vom Bewußtsein abgeschnittenen Komplexe können als psychische Störfaktoren bis hin zu körperlichen Erkrankungen wirken. Die am häufigsten zu beobachtenden neurotischen Störungen gehen auf die Mutterbeziehung zurück. Sie sind meist Folgen zu stark verwöhnender oder verhärtender Erziehung. Das Traumbewußtsein wählt für die Darstellung eines Mutterkomplexes manchmal Bilder, in denen sich der bedrohliche, fordernde und verschlingende, jedenfalls der negative Aspekt der Mutter ausdrückt. ↗Frau, unbekannte, ↗Mutter, ↗Nabel.

Mütze

Kopfbedeckung.

N

Nabel

Der Nabel symbolisiert die Mitte des Leibes. Als Weltnabel ist er ein universales kosmisches Symbol. In Männerträumen informiert der Nabel meist über des Bestehen eines Mutterkomplexes. Im Traum junger Frauen kann dieses Bild auf latente lesbische Neigungen hinweisen. ↗Mutterkomplex.

Nachbar

↗Bekannte.

Nacht

Die Nacht stellt im Traum den gesamten Bereich des Unbewußten dar, der im Dunkeln liegt. ↗Abend, ↗Mittag, ↗Morgen.

nackt

↗Akt, ↗entkleiden, ↗Nacktheit.

Nacktheit

In der Traumsprache bedeutet Nacktheit den ursprünglichen naturhaften Zustand des Menschen. Das Bild von Nacktheit im Traum hat fast nie sexuelle Bedeutung. Empfindet der Träumende Peinlichkeit, so liegt das daran, daß er sich seelisch entblößt fühlt. ↗Kleider.

Nadel

Meist ist die Nadel Symbol für seelischen und körperlichen Schmerz. Sie kann aber auch das männliche Glied veranschaulichen. In der Traumsprache weist die Nadel vielfach auf übermäßige Empfindlichkeit oder auf gehemmtes Sexualverhalten hin. Die genaue Bedeutung ergibt sich aus dem Traumzusammenhang, besonders aus den Empfindungen des Träumenden in diesem Traum.

Nadelbaum

↗Baum.

Nagel

↗Hammer, ↗Nadel.

nähren

↗Hunger, ↗Nahrungsmittel.

Nahrungsmittel

Als Traumsymbol enthalten sie Hinweise auf die körperlichen und seelischen Lebenskräfte des Träumenden. Sie veranschaulichen seinen psychischen und körperlichen Zustand und seine Bedürfnisse. Für die Traumbedeutung ist oft die Art der Nahrungsmittel von Bedeutung, auch ihre Beschaffenheit und was mit ihnen geschieht.
↗Bäcker, Backofen, ↗braten, ↗Brot, ↗Fisch, ↗Fleisch, ↗Gemüse, ↗Hunger, ↗kochen, ↗Obst, ↗Salat.

Narbe

↗Wunde.

Narkose

↗Bewußtlosigkeit, ↗Operation.

Nase

Die Nase gilt im Volksmund wie in der Traumsprache als Symbol des männlichen Gliedes. Duftstoffe und das Riechvermögen sind bei der Entfaltung erotischer Wirkung stark beteiligt. ↗Sexualität.

Nashorn

Als Traumsymbol verkörpert es Kraft, Dynamik und aggressive männliche Triebhaftigkeit. Meist will dieses Symbol vor ungeplantem und ungesteuertem Energieeinsatz, vor Unkontrolliertheit, Hemmungslosigkeit und Aggressivität warnen.

Nebel

Wie der Nebel in der Wirklichkeit genaues Erkennen und Orientierung verhindert, so gilt er auch in der Traumsprache als Symbol für Ungewißheit, Zweifel, Unsicherheit und Sinnestäuschung. ↗Dämmerung.

Neger

Das Bild eines Negers im Traum symbolisiert Lebensvitalität auf einer noch einfachen Bewußtseinsstufe. Es verkörpert häufig die triebhaft unbewuBte Seite des Träumenden.

Nelke

↗Blume.

Nest

Dieses Traumbild deutet auf Unsicherheit und auf das Bedürfnis nach Schutz hin. Oft hat es mütterliche Aspekte und drückt den Wunsch nach Ehe und Familie aus. Baut jemand im Traum ein Nest, so weist dies auf den Wunsch nach Geborgenheit, häuslicher Gemütlichkeit und Mutterschaft hin. Verläßt jemand im Traum ein Nest, so zeigt das den Wunsch nach Selbständigkeit und Unabhängigkeit an. ↗Vogel.

Netz

Meist symbolisiert das Netz das Verführerische und Bedrohliche der Sexualität. Der Träumende fürchtet um seine Unabhängigkeit. Manchmal kommt dieses Traumbild aber auch im Sinne von Falle vor. Dann deutet es auf eine verfahrene Situation hin, in dic der Träumende geraten ist und aus der er nun keinen Ausweg sieht. ↗Falle.

Neubau

Ein neues Haus oder ein neuer Anbau im Traum informieren über eine seelische Neuorientierung des Träumenden. ↗Haus.

Neujahr

Dieses Symbol deutet in der Traumsprache meist auf den Beginn eines neuen wichtigen Abschnitts im Leben des Träumenden hin. Bei den Naturvölkern war der Eintritt in eine neue Lebensstufe ein Grund, ein Fest zu feiern. Manchmal weisen unsere Träume auf die Notwendigkeit solcher ritualisierten Feste hin, weil wir sie in unserer modernen Zivilisation zu vergessen beginnen.

Neun

In der Zahlensymbolik hat die Neun – wie alle ungeraden Zahlen – einen männlichen Aspekt. Sie symbolisiert potenzierte (drei mal drei) psychische Energie.
In Analogie zur neunmonatigen Schwangerschaft der Frau gilt die Neun als Symbol für eine Neugeburt im wörtlichen wie im übertragenen geistigen Sinne. ↗Zahlen.

Nieren

Hier kann ein tatsächliches Unwohlsein oder eine organische Krankheit vorliegen. Meist deuten die Nieren als Traumbild auf seelische Verarbeitungsvorgänge hin. Sie können sich auf Probleme der Selbstverwirklichung beziehen, aber auch auf die Befriedigung von Bedürfnissen und Wünschen. ↗Durst.

Nilpferd

↗Nashorn.

Nixe

In den Märchen wird die Nixe als Frau mit einem Fischunterleib dargestellt. Im Traum verkörpert sie die weibliche Sexualität auf einer kalten, gefühlsunbezogenen Stufe. Sie gibt Auskunft über noch nicht entwickelte sexuelle Reife und kann ein Signal für Frigidität sein. ↗Nymphe.

Nonne

↗Mönch.

Norden

↗Himmelsrichtungen.

Notbremse

↗bremsen.

Null

Diese Zahl kann Nichtigkeit, Belanglosigkeit und Wertlosigkeit ausdrücken. Manchmal weist sie auf die vollkommene Leere hin, aus der sich alles entwickelt, ins Leben tritt und in die es mit dem Tod zurückfällt. ↗Zahlen.

Nuß

Die Nuß hat im Traum die Bedeutung eines Ganzheitssymbols.
Die harte Schale, die den weichen Kern umgibt, symbolisiert den Kern der Persönlichkeit. ↗Baum.

Nymphe

Im klassischen Altertum symbolisierte die Nymphe unvergängliche Lebenskraft.
Erst durch den Einfluß des Christentums trat ein Bedeutungswandel zum Negativen hin ein. Die Nymphe erhielt etwa die Symboldeutung der Nixe.
In der Traumdarstellung kann die klassische wie die spätere Bedeutung gemeint sein. Sie läßt sich aus dem Umständen der Traumhandlung erkennen. ↗Nixe.

O

Oase

Dieses Traumbild hat unterschiedliche Bedeutungen. Einmal kann es Erinnerungen an Reisen oder Fernweh nach fremden Ländern ausdrücken. Manchmal deutet es auf einen Ausweg aus einer schwierigen Situation, den der Träumende plötzlich findet. Auch interessante neue Eindrücke oder Gefühle nach einer längeren eintönigen Lebensphase teilen sich mitunter in diesem Symbol mit. Die genaue Traumbedeutung ergibt sich aus dem Zusammenhang, in dem dieses Traumbild auftritt. ↗Wüste.

Oboe

↗Flöte.

Obst

Im allgemeinen verweist Obst als Traumsymbol auf erotischsexuelle Bedürfnisse. Reife, appetitliche Früchte deuten auf Selbstbewußtsein, Lebensfreude und sexuellen Genuß oder auf den Wunsch nach solchem hin. Sind die Früchte faul oder ungenießbar, so symbolisiert dieses Traumbild Unsicherheit, Entbehrungen und sexuelle Enttäuschungen. Zusätzliche Bedeutungshinweise ergeben sich oft aus der Obstsorte, von der man träumt. ↗Hunger, ↗Nahrungsmittel.

Ochse

Dieses Traumbild symbolisiert plumpe Kraft, Schwerfälligkeit und Starrsinn.

Offenbarungseid

↗Gerichtsvollzieher.

Ofen

Der Ofen stellt im Traum den Bereich der Gefühlswärme dar. Ist der Ofen kalt, so fehlt es an emotionaler Wärme im Haus. Dieses Traumbild ist als Information über Probleme in der Partnerschaft zu verstehen. ↗Haus, ↗Herd.

Offizier

↗Direktor, ↗Mann, unbekannter.

Ohnmacht

↗Bewußtlosigkeit.

Ohr

↗hören.

Ohrring

↗Schmuck.

Öl

Dieses Traumsymbol drückt den Wunsch nach Entspannung, Frieden und Harmonie aus. Es ist etwa im Sinne der Redensart „Öl auf die Wogen gießen" zu verstehen.

Olive

Dieses Traumbild symbolisiert Güte und Sanftmut. Es hat meist weibliche oder mütterliche Aspekte. Sie beziehen sich auf die Umsicht und Sorgfalt der Hausfrau und auf ihre Fähigkeit, den Familienfrieden zu bewahren, ausgleichend zu wirken.

Omnibus

Als Verkehrsmittel symbolisiert der Omnibus, ähnlich wie das Auto, schnelles Vorwärtskommen auf der Lebensstraße. Während das Auto aber eher ein Symbol für den Status des Träumenden und für seine Persönlichkeitsentwicklung ist, betont der Omnibus stärker die mit der Gemeinschaft verbindenden Elemente. Er kennzeichnet das private und berufliche Verhältnis des Träumenden zu seinen Mitmenschen. Für die genauere Traumbedeutung ist wichtig, in welchem Zustand sich das Fahrzeug befindet, wie die Fahrt darin verläuft und welche Einstellung der Träumende zu diesem Traumbild hat. ↗Auto.

Onkel

Dieses Symbol weist auf eine Vaterfigur hin, auf ein Vorbild, einen väterlichen Freund oder eine Respektsperson. ↗Chef, ↗Vater, ↗Verwandte.

Oper

Allgemein symbolisiert dieses Traumbild das Schauspiel des Lebens. Oft warnt es vor Eitelkeit, übertriebener Selbstdarstellung und zuviel Pathos. ↗Musik, ↗Theater.

Operation

Eine Operation im Traum weist auf psychische Störungen hin. Die Art der Operation deutet auf die entsprechende seelische Funktion, die behandlungsbedürftig ist. Eine Herzoperation symbolisiert beispielsweise Gefühlskonflikte. Eine Operation am Bein signalisiert eine falsche Lebenseinstellung des Träumenden, der so nicht weiterkommt. Eine Magenoperation deutet auf die Unverdaulichkeit einer Situation im Leben des Träumenden hin. ↗Arzt, ↗Krankenhaus.

Opfer

Die Bedeutung des Opfers im Traum ähnelt der in den Religionen, Mythen und Märchen. Das kultische Opfer stellt eine Symbolhandlung dar. Dahinter steht die Vor-

stellung, daß die Vorteile, die der Mensch von der Natur empfängt, einer Gegengabe als Ausgleich bedürfen.
Im Traum kann das Opfer ein Hinweis sein, gewisse Gewohnheiten zu opfern oder eine ungünstige Beziehung aufzugeben. Das Traumbild des Opfers ist immer auch ein Warnsignal. ↗Amputation, ↗Operation.

Orange

Wie die meisten Früchte, so hat auch die Orange als Traumsymbol meist sexuelle Bedeutung. Zwei Orangen deuten auf die weibliche Brust hin. ↗Durst, ↗Frucht.

Orchester

↗Musik.

Orchidee

Dieses Traumbild symbolisiert, ähnlich wie andere Blumensorten, den Gefühlsbereich. Es weist auf Erotik und Sexualität hin, auch auf Partnerschaft und Familie, auf Zuneigung allgemein. Hinzu kommt bei der Orchidee der Akzent von Luxus, Verwöhntheit und hohen Ansprüchen. ↗Blumen, Blüten.

Orden

In der Traumsprache gelten Orden als Zeichen für Äußerlichkeiten, Geltungsstreben, Ehrgeiz und Eitelkeit.

Orgel

Wird die Orgel in einer Kirche gespielt, so weist sie als Traumsymbol meist auf Religiosität, Läuterung und innere Sammlung hin. Allgemein gilt sie als Zeichen für Gefühlstiefe, für geistige Auseinandersetzung und das Bedürfnis, sich mitzuteilen. Die genauere Bedeutung ergibt sich aus dem Traumgeschehen. Wichtig ist dabei, was auf der Orgel gespielt wird, wie die in dem Traum auftretenden Personen darauf reagieren und was der Träumende selbst empfindet. ↗Kirche, ↗Musik.

Osten

↗Himmelsrichtungen.

Ozean

↗Meer.

P

Paket

Dieses Traumbild symbolisiert Botschaften aus dem Unbewußten, angenehme ebenso wie unangenehme. Meist handelt es sich um Erinnerungen an Erlebnisse, Gefühle und Handlungen, die man längst vergessen zu haben glaubt. Auch ungenutzte Möglichkeiten und versäumte Chancen können sich mit diesem Traumbild Ausdruck verschaffen. Die genauere Bedeutung ergibt sich aus dem Traumzusammenhang. Wichtig ist insbesondere, was das Paket enthält und welche Gefühle es in dem Träumenden auslöst.

Palast

↗Schloß.

Palme

Sie gilt als Symbol für Frieden, Ausgeglichenheit und Güte. ↗Baum.

Panne

Fährt ein Fahrzeug im Traum nicht mehr weiter, so ist der Träumende auf seiner Lebensreise meist auf ein Hindernis gestoßen. Welcher Art dieses Hindernis ist, läßt sich fast immer aus dem Traumzusammenhang erkennen. ↗Auto, ↗Straßc, Weg, ↗Unfall.

Pantoffel

Dieses Traumbild drückt Bequemlichkeit und Trägheit, Unsicherheit und mangelnde Energie aus. ↗Schuhe.

Panzer

↗Gewalt, ↗Rüstung.

Papagei

Wie andere Vögel weist auch der Papagei als Traumbild meist auf Sexualität hin. In der Wirklichkeit erschöpft sich die Lernfähigkeit dieses Tieres im Nachahmen von Lauten ohne Sinnverständnis. Dementsprechend deutet das Traumsymbol auf Unselbständigkeit, Unreife, Gedankenlosigkeit, Unüberlegtheit und Oberflächlichkeit. ↗Vogel.

Papier

Allgemein deutet Papier als Traumbild auf Anpassungsfähigkeit, Unselbständigkeit und das Bemühen um Orientierung. Die genauere Bedeutung hängt von dem Zweck ab, dem das Papier dient. ↗Akten, ↗Paß, ↗schreiben.

Papst

Dieses Symbol deutet auf Selbstbesinnung, Religiosität, manchmal auch auf väterliche Güte und Strenge hin. Mitunter zeigt es den Wunsch nach seelischer Kraft an, das Leben zu bewältigen.

Paradies

Dieses Traumbild weist auf den Wunsch des Träumenden hin, sich selbst mit allen Schwächen und Fehlern annehmen zu können, Gelassenheit und Ausgeglichenheit zu erlangen.

Park

↗Garten, ↗Wald.

Parkett

Dieses Traumbild gibt Hinweise auf den persönlichen Standort des Träumenden. Ist das Parkett glatt, so warnt dieses Symbol vor Unüberlegtheit und Leichtsinn. ↗Fußboden.

Parlament

Dieses Symbol gibt Auskunft über die Beziehung des Träumenden zu den Menschen in seiner Umgebung, über sein Gemeinschaftsgefühl, Verantwortungsbewußtsein, sein Empfinden für Gerechtigkeit und soziales Denken.

Party

Meist drückt dieses Symbol den Wunsch nach Fröhlichkeit und nach Begegnung mit anderen Menschen aus. Entscheidend für die Traumaussage ist der Verlauf der Party im Traum. Welche Rolle spielt der Träumende selbst? Wie fühlt er sich? Steht er im Mittelpunkt des Interesses oder langweilt er sich am Rande? ↗Hotel, ↗Neujahr.

Paß

Manchmal ist dieses Traumbild ein Hinweis auf den Wunsch nach Reisen. Es kann sich aber auch ganz allgemein auf Veränderungen beziehen. Der Träumende möchte dann Abschied nehmen von alten Gewohnheiten, Gefühlen, Anschauungen, um seinem Leben eine neue Richtung zu geben. Der Paß als Traumsymbol kann aber auch eine Art Legitimationsnachweis der Persönlichkeit sein. Wer ausdrücklich auf seine Identität hinweist, der ist meist unsicher, zu wenig selbstbewußt. Er leidet möglicherweise unter Schuldgefühlen.

Pauke

Meist ist die Pauke ein Symbol für Selbstgefälligkeit, Wichtigtuerei und Plumpheit. Sie ist dann etwa im Sinne der Redensart „auf die Pauke hauen“ zu verstehen. Dieses Bild drückt manchmal aber auch Kontaktfreudigkeit und Mitteilungsbedürfnis aus. Bei den Naturvölkern dient die Pauke ja der Übermittlung von Nachrichten. Das Paukeschlagen im Traum kann schließlich auch sexuelle Bedeutung haben. Der genaue Sinn ergibt sich aus dem Traumzusammenhang. Wichtig ist vor allem, wie die am Traumgeschehen beteiligten Personen auf das Paukeschlagen reagieren und was der Träumende empfindet. ↗Musik.

Peitsche

Dieses Traumbild gilt als Symbol der Gewalt, der Demütigung und Unterwerfung. ↗Gewalt.

Pelz

Der Pelz als Tierkleid gehört bei den Naturvölkern zur Maskenkleidung bei kultischen Ritualen. Er symbolisiert die Eigenschaften des Tieres, von dem er stammt. Die gleiche Bedeutung hat der Pelz auch in der Traumsprache. ↗Kleider, ↗Kopfbedeckung.

Perle

Wie in der Wirklichkeit so bedeuten Perlen auch im Traum etwas Kostbares. Sie weisen auch auf Schönheitssinn, Kultiviertheit, Luxus und Erfülltheit hin. ↗Auster, ↗Edelsteine.

Perücke

↗Maske.

Pfändung

↗Gerichtsvollzieher.

Pfanne

↗Gefäß.

Pfarrer, Pastor

Der Pfarrer im Traum kann die Bedeutung eines Seelenarztes haben. Bei älteren Menschen ist er oft ein Traumsignal, das auffordert, sich mit dem Sinn des Lebens auseinanderzusetzen. ↗Arzt, ↗Krankenhaus.

Pfau

Der Pfau ist als Traumbild das klassische Wiedergeburtssymbol und gilt daher als äußerst positiv. Wie der Pfauenschwanz alle Farben enthält, so vereinigt der Pfau symbolhaft alle seelischen Gegensätze. ↗Feuer, ↗Tier.

Pfeffer

↗Gewürze.

Pfeife

Dieses Traumsymbol weist auf eine starke Vaterbindung oder auf den Wunsch nach einem väterlichen Freund, Berater und Beschützer hin. Der Träumende hat vielfach den Wunsch, sich an starken Vorbildern zu orientieren.

pfeifen

Die Traumbedeutung entspricht in etwa dem Sinn der Redensart „Ich pfeife darauf". Wer im Traum pfeift, der nimmt ein Problem, dessen Lösung ansteht, nicht so wichtig.

Pfeil

↗Waffen.

Pferd

Die Beziehung zwischen dem Pferd und seinem Herrn dürfte in früheren Zeiten die persönlichste gewesen sein, die zwischen Tier und Mensch überhaupt denkbar ist. In den antiken Mythen, Sagen und Märchen verkörpert das Pferd biologische Lebenskraft. Der Hengst mit seiner Kraft und Schnelligkeit gilt als Symbol männlicher Vitalität und Potenz. Die Stute gilt als Muttersymbol.

Erst im Mittelalter wurde das Pferd zu einem Sinnbild des Dunklen und Bedrohlichen. Daher rührt wohl auch die Auffassung, die das Pferd im Traum als Todesboten deutet. Ein durchgehendes Pferd beispielsweise, das sich zu Tode stürzt, gilt als Warnsignal. ↗Explosion.

Pflaume

Bei uns ist die Pflaume ein Symbol für das weibliche Geschlechtsorgan. In den Ländern des Fernen Ostens gilt der Pflaumenbaum als Lebensbaum und als Baum der Erkenntnis.
Die Bedeutung des Pflaumenbaums und seiner Frucht in der Traumsprache kann sich im einzelnen nur aus dem gesamten Zusammenhang ergeben. ↗Apfel, ↗Baum.

Pflug

Dieses Symbol kann auf eine Umwälzung, Auflockerung und Veränderung von Gedanken und Gefühlen hinweisen, die zu einer Entwicklung der Persönlichkeit des Träumenden führen. Oft stellt der Vorgang des Pflügens aber den Geschlechtsverkehr symbolisch dar. Die Erde gilt dabei als das Weibliche, der
Pflug weist auf Männlichkeit hin.

Phallus

Der Phallus ist in der Traumsprache meist ein Symbol für Fruchtbarkeit und Lebenskraft. Sexuelle Potenz kann ebenso gemeint sein wie göttliche Schöpfungskraft.

Pilger

Dieses Traumbild gibt entweder Hinweise auf die Suche nach dem Lebensweg im Sinne einer Selbstverwirklichung oder es deutet auf Schuldgefühle, Reue und den Wunsch nach Vergebung hin.

Pille

Dieses Traumsymbol deutet auf bittere Erkenntnisse und Wahrheiten hin, die der Träumende nur sehr ungern zur Kenntnis nimmt. ↗Arznei.

Pilot

↗Kapitän.

Pilz

Pilze symbolisieren im Traum rauschhafte und ekstatische Zustände. Es kann sich um religiöse, aber auch um sexuelle Ekstasen handeln.
In den Träumen von Drogensüchtigen enthält der Pilz manchmal Hinweise auf Rauschgifte. ↗Alkohol.

Pistole

↗Waffen.

Plattenspieler

In der Traumsprache sind Schallplatten, Tonbänder, Kassetten und alle zu ihnen gehörenden Geräte ähnlich zu verstehen wie die Symbole Gesang und Musik. Sie weisen auf den Gefühlsbereich hin und stellen oft Festlichkeit oder auch Mitteilungsbedürfnisse dar. Stehen Tonaufzeichnungen im Vordergrund, so werden damit meist Erinnerungen an die Vergangenheit dargestellt. Die genauere Bedeutung ergibt sich aus dem Traumzusammenhang. ↗Gesang, ↗Musik.

Platz

Ist der Ort des Traumgeschehens ein runder oder ein quadratischer Platz, so liegt darin ein Symbol für das Zentrum der Psyche. Solche Träume sind immer wichtig. Sie weisen auf die Notwendigkeit hin, daß eine unbewußte Problematik ins Bewußtsein tritt. ↗Hauptstadt, ↗Kreis.

Podium

↗Kanzel, ↗Theater.

Polizist

Wie in der Wirklichkeit so kann der Polizist auch in der Traumsprache die Staatsgewalt verkörpern. Meist symbolisiert er im Traum aber mehr eine hilfreiche psychische Ordnungsfunktion, nämlich das Gewissen. ↗Chef, ↗Direktor.

Porzellan

Oft weist Porzellan als Traumbild auf Luxus, Verwöhntheit, häusliche Bequemlichkeit und Geborgenheit hin. Es kann aber auch Hinweise auf Verletzlichkeit, Vorsicht, Hemmungen und Mißtrauen enthalten. Die genaue Bedeutung ist dem Traumzusammenhang zu entnehmen. Wichtig ist dabei die Beschaffenheit des Porzellans, auch sein Bestimmungszweck.

Post

↗Brief, ↗Paket.

Postbote

Im Traum gilt er als neutraler Übermittler von Nachrichten. Da er an den Briefen, die er austrägt, keinen persönlichen Anteil hat, kann er Glücks-, aber auch Unglücksbote sein. ↗Brief.

Praline

↗Süßigkeiten.

Preis

Dieses Traumbild ist als Sinnbild für Opfer zu verstehen, die uns das Leben abverlangt. Entscheidend für die Traumbedeutung ist dabei, wie der Preis beschaffen ist, der gezahlt werden soll.

Priester

↗Papst.

Professor

↗Chef.

Prostitution

Dirnen, Bordelle und ähnliche Bilder deuten im Traum auf sexuelle Spannungen und unbefriedigte sexuelle Bedürfnisse hin. Mögliche Ursachen sind moralische Bedenken, Hemmungen, Mangel an Gelegenheit oder Probleme in der Partnerbeziehung. Die genaue Bedeutung läßt sich nur aus dem Traumzusammenhang erkennen.

Protest

↗Demonstration.

Prüfung

Besteht der Träumende Prüfungen im Traum, so deutet dies auf Ehrgeiz, Strebsamkeit und Gewissenhaftigkeit hin. Besteht er die Prüfung nicht, so symbolisiert dieses Bild Unsicherheit, Hemmungen, fehlendes Selbstwertgefühl und Lebensangst. Manchmal mahnt dieses Traumsymbol, daß ein wichtiges Problem gelöst werden sollte.

Prügel

↗Gewalt, ↗Kampf, ↗Krieg.

Punkt

In den östlichen Kulturen ist der Punkt ein Symbol für die Mitte, für das Wesentliche, das Zentrum. Diese Bedeutung drückt sich bei uns in der Redensart „etwas auf den Punkt bringen“ aus. In der Traumsprache stellt sich der Punkt manchmal als Mittelpunkt eines Kreises dar. Er drückt meist einen Hinweis oder den Wunsch aus, sich auf das Wesentliche zu konzentrieren. ↗Mandala, ↗Kreis.

Punsch

↗Glühwein.

Puppe

Dieses Traumsymbol drückt den – meist unbewußten – Wunsch aus, bestimmte kindliche Charakterzüge beizubehalten, das Leben als Spiel zu betrachten und keine Verantwortung übernehmen zu müssen. Wiederholen sich Träume von Puppen oder von kindlichen Spielen öfters, so kann eine Störung in der Entwicklung der Persönlichkeit vorliegen, die therapeutisch behandelt werden sollte. ↗Kindheit.

Pyramide

Dieses Traumbild erinnert häufig an Reiseerlebnisse und an die Sehnsucht nach fremden Ländern. Mitunter ist es auch Ausdruck der Auseinandersetzung mit kultischen religiösen Problemen.

Q

Quadrat

Das Quadrat symbolisiert seelische Ausgewogenheit und Ganzheit.
Kommt das Quadrat im Traum zusammen mit kreisförmigen Gebilden vor, so kann es auf die „Quadratur des Kreises“ hinweisen: auf die Unmöglichkeit, einen Konflikt zu lösen. Ein Rechteck ist als ein gestörtes Quadrat zu verstehen. Es deutet auf zu starke Ich-Bezogenheit des Träumenden hin. Ist es in die Breite gedehnt, so fehlt es der Persönlichkeit an Höhe und an Tiefe. ↗Kreis ↗Platz ↗Vier, Viereck, ↗Würfel.

Qualle

Dieses Traumbild deutet auf Abneigung und Widerwillen hin, auf unangenehme Gedanken, Gefühle oder Handlungen.

Quark

↗Käse.

Quelle

Die Quelle ist in erster Linie ein Fruchtbarkeitssymbol. In den Märchen symbolisiert sie die Jungfräulichkeit und Reinheit. Sie ist auch ein Zeichen für die Zufuhr seelischer Energie. In jedem Falle gilt die Quelle als positives Traumzeichen.

Quitte

↗Apfel.

P

Rabe

In der germanischen Mythologie hat der Rabe die Bedeutung eines Todesvogels. Im Volksmund gilt er als Seelenvogel. Seine Traumbedeutung gleicht der sprichwörtlichen vom Unglücksraben. In den Träumen signalisiert der Rabe unglückliche Gedanken und Überlegungen des Träumenden. ↗Vogel.

Rad

↗Fahrrad, ↗Kreis.

Radio

Dieses Traumsymbol deutet meist auf das Bedürfnis nach Kontakten zu anderen Menschen, auf den Wunsch nach Information oder allgemein auf Aufgeschlossenheit des Träumenden hin. ↗Gesang, ↗Musik.

Rakete

Die Rakete kann in der Traumsprache Ausdruck kühnen Gedankenflugs sein. Das gilt vor allem, wenn der Träumende begeisterter Science-Fiction-Leser ist.
Oft erscheint sie jedoch als ernstes Warnsignal: Der Träumende ist in Gefahr, sich aus seinem natürlichen Lebensbereich zu entfernen. Auf Depressionen und Selbstmordtendenzen ist zu achten. ↗Atombombe, ↗Explosion.

Rasen

↗Gras, ↗Wiese.

Rathaus

Dieses Traumbild weist allgemein auf die Beziehungen des Träumenden zu seiner Umgebung hin. Löst das Rathaus angenehme Empfindungen bei dem Träumenden aus, so deutet dies auf ausgeglichene Beziehungen zu den Menschen seiner Umgebung hin. Löst das Gebäude dagegen unangenehme Gefühle aus, so symbolisiert dieses Bild soziale Konflikte. Wichtig ist der optische Eindruck, den das Rathaus erweckt. ↗Haus.

Ratte

Ratten im Traum sind Warnsignale. Sie können nagende, fruchtlose Zweifel des Träumenden symbolisieren. Ratten gelten als Traumsignale für den Ausbruch organischer Krankheiten, schon ehe körperliche Symptome erkennbar sind. ↗Maus.

Räuber

↗Einbruch.

Raubtier

Im allgemeinen signalisiert ein Raubtier im Traum Aggressionstendenzen. Eine Ausnahme gilt für den Löwen, der eine spezielle Symbolbedeutung hat. ↗Löwe.
Raubkatzen, Wildkatzen, Iltis, Marder und andere Raubtiere verkörpern den bedrohlichen und oft eher negativen Aspekt der sexuellen Triebhaftigkeit.

Rauch

Schwelender Rauch symbolisiert meist niedrige, dumpfe, stickige Kräfte. Je dunkler, dichter und beißender der Rauch ist, um so konfliktträchtiger sind diese Kräfte. Zieht der Rauch ab, löst er sich auf oder wird er vom Wind auseinandergetrieben, so deutet dies auf Entspannung und Konfliktlösung. ↗Feuer.

rauchen

↗Pfeife, ↗Zigarre, ↗Zigarette.

Raupe

↗Wurm.

Rausch

↗Alkohol.

rechts

Rechts ist in der Traumsymbolik die Seite der Bewußtheit, der Aktivität und der geistigen Interessen. Sie kann ein Hinweis auf einen männlichen Aspekt sein.
Die Bedeutung ist nicht im politischen Sinne zu verstehen.

Rechtsanwalt

↗Gericht.

reden

↗Ansprache, ↗Gespräch.

Regen

Der Regen ist ein Fruchtbarkeitssymbol. Er hat vorwiegend die Bedeutung einer geistigen Befruchtung im Sinne von neuen und schöpferischen Ideen. Manchmal ist dieses Symbol aber auch Ausdruck von Traurigkeit oder depressiver Stimmung. ↗Himmel.

Regenbogen

Der Regenbogen enthält sämtliche Farben des Lichtspektrums. In der Traumsprache gilt er als Symbol seelischer Ganzheit und Vereinigung der Gegensätze. ↗Farben, ↗Regen.

Regenmantel

Wer einen Regenmantel anzieht, möchte sich gegen den als unangenehm empfundenen Regen schützen. Er wehrt sich gegen Fruchtbarkeit, in welcher Form auch immer sie ihm begegnet. Oder er möchte sich gegen Traurigkeit und depressive Gedanken schützen. ↗Regen.

Regenschirm

↗Regenmantel.

Regenwurm

↗Wurm.

Reh

Dieses Symbol weist auf Zartheit, Sanftmut, Scheu und Verletzbarkeit hin. Es hat oft eine Beziehung zur gefühlsbetonten Seite der weiblichen Erotik. Manchmal warnt dieses Traumbild vor zu großer Verletzbarkeit, vor allzu starker Entfernung von der Realität und vor übermäßig romantischer Schwärmerei.

Reis

↗Getreide.

Reise

Die Reise im Traum ist der symbolische Ausdruck für die Lebensreise des Träumenden, gleichgültig mit welchem Verkehrsmittel sie unternommen wird.
Nähere Einzelheiten über die Art der Reise, über Zwischenfälle und Abenteuer ergeben sich aus den Umständen der Traumhandlung. ↗Auto, ↗Bahnhof ↗Fahrrad, ↗fliegen, Flugzeug, ↗Schiff.

reiten

Das Reiten im Traum kann sexuelle Symbolbedeutung haben. Es weist dann auf eine beherrschte und gezügelte Erotik hin.
Scheut das Pferd beim Reiten oder will es sich nicht von der Stelle bewegen, so können darin allgemein symbolische Hinweise auf funktionelle Störungen oder Krankheitssymptome mit seelischen Ursachen liegen. ↗Pferd.

Reiter

Der Reiter ist in der Traumsprache meist ein Symbol für das Beherrschen ungezügelter Kraft. ↗Pferd, ↗reiten.

rennen

↗gehen.

Restaurant

Dieses Traumsymbol verweist auf Kontaktfreudigkeit, Aufgeschlossenheit, auf das Bedürfnis nach Abwechslung und Geselligkeit, auf Entspanntheit in jeder Hinsicht. Es kann aber auch vor Oberflächlichkeit und Vergnügungssucht warnen oder den Wunsch ausdrücken, Kontaktschwierigkeiten zu überwinden, mit Hemmungen und dem Gefühl von Einsamkeit besser umgehen zu lernen. Die genauere Aussage läßt sich aus dem Traumzusammenhang erkennen. Dabei kommt es vor allem auf die Art des Restaurants an, in dem sich der Traum abspielt. Wichtig ist auch, was der Träumende empfindet. ↗Alkohol, ↗Hunger, ↗Nahrungsmittel, ↗Musik, ↗Tanz.

Rettich

Dieses Traumbild gilt als Symbol der männlichen Sexualität. ↗Gemüse, ↗Salat.

Revolution

↗Aufruhr.

Revolver

Der Revolver ist Symbol männlicher Aggressivität. Er ist das typische Attribut des Western-Helden, des harten Mannes, und symbolisiert dessen unerschöpfliche Potenz. ↗Gewehr, ↗Supermann.

Richter

↗Gericht.

riechen

↗Geruch.

Riegel

Wer im Traum einen Riegel vor eine Tür schiebt, möchte sich meist gegen andere Menschen abgrenzen, manchmal sich gegen die Übergriffe anderer schützen.
Öffnet der Träumende oder ein anderer in seinem Traum den Riegel einer Tür, so erschließen sich ihm neue Perspektiven, Begegnungen oder Erkenntnisse. ↗Tür, Tor.

Riese

Der Riese symbolisiert im Traum eine übermächtige, archetypische Vaterfigur. Im Kampf gegen Riesen und Ungeheuer genügen in den Märchen nicht Körperkraft und wacher Verstand, sondern die richtige Lösung findet meist der introvertierte Grübler, der Kontakt zu seinem Unbewußten hat und seine schöpferischen Einfälle der Intuition, dem Zugang zu seinem Traumbewußtsein verdankt. ↗Dämonen, ↗Engel.

Ring

↗Kreis, ↗Schmuck.

Ritter

Dieses Traumbild verkörpert meist Abenteuerlust, Kampf, das Bedürfnis nach Selbstbestätigung, unreife Männlichkeit und Flucht aus der Realität.
↗Burg, ↗Gewalt, ↗reiten, ↗Rüstung.

Roboter

↗Computer.

Rock

↗Kleidung.

Roggen

↗Getreide.

Röhre

Muß der Träumende durch eine Röhre kriechen und erlebt er dabei Beklemmungsgefühle, so deutet das auf sexuelle Abwehr oder Hemmung gegenüber einer als mütterlich dominierend erlebten Frau. Kriecht man im Traum dagegen freiwillig in eine Röhre, die schützt und birgt, so liegt in diesem Bild ein Hinweis auf Lebensangst, übermäßiges Schutzbedürfnis und starke Mutterbindung. ↗Falle, ↗Höhle.

Rose

Dieses Traumbild gilt als Symbol für Verehrung, Zuneigung und Liebe. Das gilt vor allem, wenn die Farbe der Rosen rot ist.
Manchmal drückt dieses Bild auch den Wunsch aus, intensive Gefühle in einer Partnerschaft zu erleben. Welkende oder schwarze Rosen weisen auf Enttäuschungen, absterbende Gefühle und Trennungen vom Partner hin. ↗Blumen, Blüten, ↗Farben, ↗Rot.

Rosenkohl

Dieses Traumbild gilt als Symbol für die weibliche Sexualität. ↗Gemüse.

Rosenkranz

↗beten.

Rost

Dieses Traumbild weist auf Vergänglichkeit hin. Die genauere Bedeutung ergibt sich aus dem Traumzusammenhang. Wichtig ist, welche Gegenstände rosten.

Rot

Die Farbe Rot drückt Leidenschaft, Sinnlichkeit, Feuer und gesteigerte Vitalität aus.
Aber Rot ist auch die Farbe der Revolution, der blutigen Unterdrückung. Sie kann – wie bei der Verkehrsampel – ein Gefahrensignal bedeuten. ↗Farben, ↗Rose.

Rübe

Dieses Traumbild ist Symbol der männlichen Sexualität. ↗Gemüse.

Rubin

Dieser besonders kostbare Edelstein gilt wegen seiner roten Farbe als Symbol für leidenschaftliche Liebe und für seelische Ganzheit. ↗Edelsteine, ↗Farben, ↗Rot.

Rücken

Hinter unserem Rücken geschieht, wovon wir nichts wissen. Der Rücken liegt im Schatten unseres Bewußtseins. Wie bei Siegfried in der Sage, liegt auch bei uns im Rücken unsere verwundbare Stelle. Dieses Traumbild will meist darauf hinweisen, daß aus dem Hintergrund des Unbekannten Gefahren drohen.

Rucksack

Meist weist dieses Symbol auf die Lasten an Schicksalsschlägen, Irrtümern und Fehlentscheidungen hin, die sich in unserem bisherigen Leben angesammelt haben und die wir tragen müssen. Manchmal deutet dieses Traumsymbol aber auch auf Naturverbundenheit, Einfachheit, gesunde Lebensweise und Vitalität.

Rundfunk

↗Radio.

Rüstung

Meist deutet dieses Traumbild auf das Bemühen, Distanz zu anderen zu schaffen, sich zu schützen. Manchmal symbolisiert es aber auch Kampfbereitschaft und Aggressivität. ↗Ritter.

rutschen

Wer rutscht, kann nicht mehr sicher gehen und sich im Leben vorwärtsbewegen. Sein Standpunkt ist in Gefahr. Er kann den Halt verlieren. Oft warnt das Traumbild vor dem Fallen. ↗fallen, ↗gehen, ↗Gleichgewicht, ↗stehen.

S

Saat

Jede Art von Saatgut deutet in der Traumsprache auf Fruchtbarkeit, Wachstum und Reifung. Das Säen symbolisiert meist den Geschlechtsverkehr. Mitunter weisen Saat und Säen auch auf geistige oder seelische Fruchtbarkeit hin, auf eine Entwicklung und Entfaltung der ganzen Persönlichkeit.

Säbel

↗Waffen.

Sackgasse

Der Träumende hat sich selbst in eine schwierige Lage gebracht, aus der er jetzt keinen Ausweg sieht. Die beste Lösung ist meist umzukehren, aus alten Fehlern zu lernen und nach einem anderen Weg zu suchen.

Saft

↗Frucht, ↗Obst.

Säge

Wie die meisten schneidenden oder stechenden Geräte, so weist auch die Säge auf Energie, Aktivität, Aggressivität und Durchsetzungsvermögen hin. Die genaue Bedeutung ergibt sich aus dem Traumzusammenhang. Wichtig ist, welche Gegenstände zersägt werden oder welche anderen Arbeiten mit der Säge ausgeführt werden. ↗Holz.

Sahne

↗Milch.

Salamander

In der Traumsprache verkörpert dieses Tier das Unbewußte mit seinen intuitiven, instinktiven, nicht vom Verstand her gesteuerten Handlungen. Gleicht der Salamander eher einem schlangenartigen Ungeheuer, das Angst auslöst, so warnt dieses Bild vor den unkontrollierten triebhaften Kräften des Unbewußten. ↗Schlange, ↗Ungeheuer.

Salat

Dieses Traumbild weist auf den Wunsch nach Lebenskraft, Gesundheit und natürlicher Lebensweise hin. ↗Hunger, ↗Nahrungsmittel.

Salz

Salz und Brot sind Symbole der Gastfreundschaft. Ist das Brot im Traum ein Zeichen für seelische Nahrung, so bedeutet das Salz gleichsam die geistige Würze. Muß der Träumende im Traum eine versalzene Suppe auslöffeln, so ist das ein Hinweis dafür, daß er seine Probleme zu einseitig intellektuell sieht. ↗Brot, ↗Gewürze.

Samen

Samen – ob als Samenkorn oder als menschlicher Samen – ist ein Symbol für psychische Energie, für die Entstehung und Entfaltung des Lebendigen.
Befruchtungsvorgänge und sexuelle Vereinigungen im Traum sind fast nie als sexuelle Vorgänge zu deuten. ↗Saat, ↗Sexualität.

Sand

In der Traumsprache ist Sand meist ein Symbol für Zeit und Vergänglichkeit. Ähnlich wie die Sanduhr mahnt rinnender Sand an das Vergehen unserer Lebenszeit. Die Angst vor dem Alter und dem Tod drückt sich häufig in solchen Traumbildern aus. Sandstrände und Sanddünen sind eher als Erinnerung an Urlaub und Reisen oder als Wunsch nach Entspannung und Erholung zu verstehen.

Saphir

Wegen seiner blauen Farbe gilt dieser Edelstein als Symbol himmlischen Schutzes. Ihm wird Heilwirkung zugeschrieben. ↗Blau, ↗Edelsteine, ↗Farben.

Sarg

↗Begräbnis, ↗Grab.

Säugetiere

Handelt es sich um Raubtiere, so weist dieses Traumbild auf Aggressivität, Unbeherrschtheit und Triebhaftigkeit hin. Es mahnt zu mehr Rücksichtnahme und Verantwortung. Kommen im Traum Säugetiere als Haustiere vor, so trifft diese Bedeutung nur in abgeschwächter Form zu. Empfehlenswert ist, jeweils unter dem Stichwort für die spezielle Tierart nachzuschlagen, da für viele Säugetiere besondere Bedeutungsakzente hinzukommen.

Säugling

↗Baby.

Säule

Die Säule ist in der Traumsprache meist ein Symbol für tragende Kraft. Zerbricht die Säule oder gerät sie ins Wanken, so ist dies meist ein Hinweis, daß die Kraft des Träumenden nachläßt oder seine Persönlichkeit aus dem Gleichgewicht geraten ist. In diesem Traumbild können sich gesundheitliche Probleme widerspiegeln, aber ebenso auch andere Schicksalsschläge, die der Träumende erlitten hat. ↗Phallus.

Saxophon

Dieses Instrument ist Symbol für Gefühlsstärke, Mitteilungsbedürfnis und die Fähigkeit zu Begeisterung. Die genaue Aussage ergibt sich aus dem Traumzusammenhang. Wichtig ist, welche Art von Musik auf dem Saxophon gespielt wird, wie die im Traum beteiligten Personen auf diese Musik reagieren und wie sich der Träumende dabei fühlt. ↗Musik.

Schabe

↗Ameise, ↗Insekten.

Schach

↗Spiele.

Schachtel

↗Gefäß.

Schaf

↗Lamm.

Schaffner

↗Direktor, ↗Kapitän.

Schale

Die Schale ist häufig ein Hinweis auf Lebensfülle. Sie gilt als weibliches Symbol, das auf Empfangen deutet. ↗Gefäß.

Schallplatte

↗Plattenspieler.

Schatten

Der Träumende meint, von jemanden in den Schatten gestellt zu werden, oder er empfindet sich nur noch als Schatten seiner selbst. Meist deutet dieses Traumbild auf ein beeinträchtigtes Selbstwertgefühl. Manchmal symbolisieren Schattenbilder auch Vorgänge aus dem Unbewußten. Entscheidend für die Traumbedeutung ist der Zusammenhang, in dem die Schattenbilder vorkommen. Aufschlüsse ergeben sich oft aus der Art der Gegenstände, die Schatten werfen.

Schatz

Ein Schatzfund im Traum deutet auf neue Möglichkeiten hin. Oft enthält er einen Hinweis für den Träumenden, vernachlässigte Fähigkeiten und Begabungen stärker zu fördern. ↗Geld, ↗Gold.

schauen

↗sehen.

Schauspiel

↗Theater.

Scheck

↗Geld.

Scheibe

Bei den Ägyptern und in Indien galt die Scheibe früher als Sonnenzeichen. Sie ist meist als Mandala und damit als Kraftzeichen zu verstehen. ↗Mandala, ↗Kreis, ↗Sonne.

Scheidung

↗Abschied, ↗Ehe.

Scheinwerfer

↗Licht.

Schelle

↗Glocke.

Schere

Wie die meisten schneidenden und stechenden Geräte so symbolisiert auch die Schere männliche Sexualität und Aggressivität. Manchmal deutet sie auf die Neigung zu Kritik und Ironie hin. Zusätzliche Hinweise für die Traumbedeutung ergeben sich oft aus der Art der Tätigkeit, zu der die Schere im Traum benutzt wird. ↗schneiden.

Scheune

Wie die Scheune in der Wirklichkeit der Ort ist, an dem die eingefahrene Ernte gelagert wird, so symbolisiert eine gefüllte Scheune als Traumbild Erfolg, Wohlstand und Sicherheit. Eine leere, schadhafte oder verfallene Scheune weist dagegen auf Unsicherheit, Zweifel und Angst vor der Zukunft hin. ↗Ernte.

schießen

↗Gewalt, ↗Jagd, ↗Krieg, ↗Waffen.

Schiff

Ein Schiff im Traum symbolisiert das Lebensschiff. Die Fahrt mit dem Schiff über große Gewässer oder Flüsse deutet auf die Lebensreise hin. ↗Fluß, ↗Meer, ↗Reise.

Schildkröte

In der Wirklichkeit zieht sich die Schildkröte in ihren schützenden Panzer zurück, wenn ihr jemand zu nahe tritt. Dementsprechend symbolisiert dieses Tier in der Traumsprache Zurückhaltung, Verschlossenheit, Empfindlichkeit, Unsicherheit, Ängste und Kommunikationsprobleme im Umgang mit anderen Menschen.

Schilf

Die Redensart „wie ein Rohr im Winde schwanken" erklärt die Bedeutung dieses Traumsymbols ziemlich genau. In der Traumsprache gilt Schilf meist als Zeichen für starke Anpassungsfähigkeit, aber auch für labiles, wenig zuverlässiges Verhalten. Spielt in dem Traum der Schilfkolben eine Rolle, so ist er als Hinweis auf die männliche Sexualität zu verstehen. Die genaue Bedeutung ergibt sich aus dem Traumzusammenhang. Dabei ist die Beschaffenheit des Schilfs wichtig, auch die Umgebung, in der das Schilf wächst. Zusätzliche Hinweise ergeben sich meist aus den Empfindungen des Träumenden in diesem Traum. ↗Moor, ↗Wasser.

Schimmel

Das weiße Pferd ist oft mit dem Erlebnis oder mit der Ahnung des Todes verbunden. Der „Schimmelreiter" taucht nach der Sage dort auf, wo Tödliches geschehen kann. Die Farbe Weiß bedeutet in der Traumsprache aber manchmal auch ein Unschuldssymbol. Das Weiß selbst ist noch keine Farbe. In ihm ist oft die Aufforderung enthalten, es aufzulösen wie das weiße Licht in die darin enthaltenen Spektralfarben, die Farben des lebendigen Lebens. ↗Farben, ↗Pferd, ↗Weiß.

schimpfen

↗Beleidigung, ↗Streit.

Schirm

Der Schirm ist ein uraltes Herrschaftssymbol. Das Traumbewußtsein drückt mit diesem Bild eine beschützende und beschirmende seelische Funktion aus, vor allem wenn der Traum einen aufgespannten Schirm abbildet. ↗Kleider, ↗Kopfbedeckung.

Schlacht

↗Kampf, ↗Krieg.

Schlachthaus

Im Traum ist dies wie in der Realität meist ein Ort, an dem Lebendiges abgetötet wird. Als Traumbild symbolisiert das Schlachthaus dabei das Abtöten instinktiver oder triebhafter Seiten der Persönlichkeit des Träumenden, die dieser ablehnt. ↗Begräbnis, ↗Leiche, ↗Tod.

Schlafzimmer

Mit dem Bild des Schlafzimmers stellt der Traum meist den Ort der ehelichen Beziehungen und der Probleme, die sich hieraus ergeben, dar. ↗Haus.

schlagen

↗Gewalt.

Schlamm

↗Moor.

Schlange

Die Bedeutung der Schlange läßt sich nur aus dem gesamten Traumzusammenhang erkennen. Sie kann die instinkthafte Triebnatur des Träumenden verkörpern. Vor allem in den Träumen junger Menschen hat sie häufig sexuelle Bedeutung. Die Schlange ist gelegentlich aber auch ein Wandlungs- und Wiedergeburtssymbol. Als Warnsignal erscheint sie, wenn jemand den Verführungskünsten einer kalt-berechnenden „Schlange" verfällt, wie die volkstümliche Sprache dies bildhaft ausdrückt. ↗Apfel, ↗Raubtier.

Schleier

Das Bild des Schleiers im Traum symbolisiert ein Geheimnis, dessen Art unterschiedlich sein kann.
Das Geheimnis der Sexualität wird bei fast allen Völkern durch den Schleier der Braut dargestellt. Das Zerreißen des Schleiers bedeutet Defloration. Für Mädchen wie für junge Männer weist er auf die Problematik der Jungfräulichkeit hin. Mit dem Bild des Schleiers kann aber auch eine Gefahr signalisiert werden. Geheimnisse haben für die menschliche Seele oftmals eine Schutzfunktion. Auf eine gewaltsame Entschleierung ihrer Intimsphäre reagieren fast alle Menschen sehr emotional und schockartig. ↗Amputation, ↗Nacktheit.

Schlinge

↗Lasso.

Schlingpflanze

Dieses Traumbild weist auf eine Behinderung in der Entfaltung der Persönlichkeit hin. Wie die Schlingpflanze in der Wirklichkeit Bäume umrankt und sie in ihrem Wachstum bedrängt und bedroht, so ist ihre Traumbedeutung zu erklären: besitzergreifend, erstickend. Häufig verkörpert dieses Traumbild den umklammernden Einfluß einer Person, aus dem sich der Träumende nicht zu lösen vermag.

Schlitten

Schnee und Eis gelten in der Sprache der Träume meist als Symbole für Not und Einsamkeit. Sie weisen oftmals darauf hin, daß auf der Gefühlsebene Erfrieren droht. Wer im Traum einen Schlitten, beladen mit seinen Problemen, als Gepäck hinter sich herzieht und allein durch eine Winterlandschaft wandert, befindet sich ziemlich sicher in einer emotionalen Krise. Gefühle in ihm drohen zu erstarren. ↗Eis, ↗Ski, Skilaufen.

Schlittschuhlauf

↗Eislauf.

Schloß, Burg

Ein Schloß als Ort der Handlung weist im Traum auf einen Bereich des seelischen Lebens hin, der mit altertümlichen, abenteuerlichen, märchenhaften Vorstellungen verbunden ist.
Oft erscheinen Schloß oder Burg als archetypisches Muttersymbol. Das Traumbewußtsein informiert in vielen Fällen auf diese Weise über einen Mutterkomplex. ↗Mutter, ↗Mutterkomplex, ↗Schlüssel.

Schlucht

↗Abgrund.

Schlüssel

In engerem Sinne ist der Schlüssel ein Symbol für das männliche Glied. Dementsprechend gilt das Schloß als die Scheide der Frau. Wird der Schlüssel in das Schlüsselloch gesteckt, darin umgedreht oder herausgezogen, so symbolisiert dieses Bild den Geschlechtsverkehr. In übertragenem Sinne öffnet der Schlüssel aber auch den Zugang zu bislang verschlossenen neuen Erfahrungsbereichen. Dieses Symbol kann daher auch auf eine sich ankündigende Entwicklung der Persönlichkeit hinweisen.

schmecken

↗Geschmack.

Schmetterling

Das Traumbewußtsein symbolisiert mit dem Bild des Schmetterlings die Seele. Das Flattern des Schmetterlings in seinem Flug ist vielfach als Bildausdruck für das Umherirren und Suchen der Seele zu verstehen. Der Schmetterling verwandelt sich in seinem realen Leben mehrfach: vom Ei zur Raupe, von der Raupe zur Puppe und dann erst zum Schmetterling. Ebenso drückt das Bild des Schmetterlings im Traum oft seelische Verwandlungen aus.

Schmied, Schmiede

Der Beruf des Schmieds hatte früher magischen und künstlerischen Charakter, weil der Schmied im Feuer die Eigenschaften der Metalle vollkommen veränderte. Sprödes Eisen verwandelte er in federnden, harten Stahl. Für das Traumbewußtsein hat der Schmied diese Symbolbedeutung beibehalten. Die Schmiede hat ähnliche Traumbedeutung wie die Küche. Sie ist Ort der Wandlung und der Verwandlung. ↗Feuer, Flamme, ↗Herd, ↗Küche.

Schminke

↗Maske.

Schmuck

Als Traumsymbol weist Schmuck meist auf den Wunsch nach Anerkennung und Zuneigung hin. Manchmal symbolisiert dieses Traumbild aber auch Geltungsstreben, Eitelkeit und unrealistische Vorstellungen und Wünsche. Diese Bedeutung trifft vor allem zu, wenn in dem Traum besonders viel oder sehr auffälliger Schmuck eine Rolle spielt. ↗Amulett, ↗Edelsteine, ↗Gold, ↗Koralle, ↗Perle, ↗Silber.

Schmutz

↗Unrat.

Schnaps

↗Alkohol.

Schnecke

Wie sich die Schnecke in der Wirklichkeit bei der geringsten Berührung in ihr Haus zurückzieht, so gilt sie auch in der Traumsprache als Symbol für Empfindsamkeit, aber auch für Hemmungen, Kontaktschwierigkeiten und Einsamkeit.

Gelegentlich kommt die Schnecke im Traum auch als Anspielung auf die weiblichen Geschlechtsorgane vor. ↗Muschel.

Schnee

↗Eis, ↗Gletscher.

schneiden

Dieses Symbol weist auf aggressive Triebkraft hin, aber auch auf Probleme in der Partnerschaft, auf Auseinandersetzungen und Trennungen. ↗Gewalt.

Schnur

↗Faden.

Schokolade

↗Süßigkeiten.

Schornstein

↗Kamin.

Schrank

↗Möbel.

Schranke

↗Grenze, ↗Zaun.

Schraube

Einmal kann dieses Traumbild auf Schmerzen körperlicher oder seelischer Art hinweisen. Zum anderen deutet es öfters auf die Sexualität hin. Der Schraubenzieher kann ein Symbol des männlichen Gliedes sein. Das Eindrehen von Schrauben ist dann als Hinweis auf den Geschlechtsverkehr zu verstehen.

Schreck

Dieses Traumsymbol deutet auf Unsicherheit, Hemmungen und Gewissenskonflikte hin. Die genauere Bedeutung ergibt sich aus dem Traumzusammenhang. Dabei ist wichtig, wovor der Träumende erschrickt. Das Nachschlagen unter dem entsprechenden Stichwort ergibt hier meist zusätzliche Hinweise. Wiederholen sich Träume öfters, in denen der Träumende heftig erschrickt, so deutet das auf eine ernsthafte psychische Störung hin. Therapeutische Hilfe kann notwendig sein.

Schrei

↗Geschrei.

schreiben

Schreibt der Träumende in seinem Traum, so möchte er über sein Denken, Fühlen und Handeln Klarheit gewinnen. Er hat den Wunsch, mehr über sich selbst zu erfahren, Rechenschaft abzulegen – wie jemand, der ein Tagebuch führt. Ängstigt sich der Träumende, daß er nicht die richtigen Worte finden oder sonst mit dem Schreiben nicht fertig werden könnte, so ist das ein Hinweis auf die Neigung zu selbstquälerischer Beschäftigung mit der eigenen Person. ↗Akten, ↗Brief.

Schreiner

↗Holz.

Schriftstück

↗Akten, ↗Brief, ↗Dokument, ↗Paß, ↗schreiben.

Schuh

Allgemein deutet der Schuh auf die geistige oder seelische Einstellung des Träumenden hin. Der Schuh zeigt dessen Standort an. Zu beachten sind bei der Deutung der Zustand der Schuhe und ihre Eignung für den jeweiligen Zweck, der sich aus dem Traumzusammenhang erkennen läßt.

Schule

Mit dem Bild der Schule im Traum informiert das Traumbewußtsein über Lernsituationen im Leben, das ja ein fortgesetzter Lernprozeß ist. ↗Lehrer.

Schüssel

↗Gefäß.

Schwan

Dieses Traumsymbol weist auf geistige Interessen, auf guten Kontakt zur Welt der eigenen Psyche, auf Idealismus und Gefühlsbetontheit hin. Schwarze Schwäne gelten als Hinweise auf Intuitionen und Ahnungen. Manchmal sind sie Unglücks- oder Todesboten.

Schwangerschaft

Dieses Traumbild kann auf eine tatsächlich bestehende Schwangerschaft hinweisen oder auf den Wunsch nach einem Kind. Oft bezieht es sich aber auf eine Neuorientierung der Persönlichkeit. Ein neuer Lebensabschnitt mit neuen Aufgaben, Interessen, Gefühlen und Wünschen beginnt. ↗Geburt.

Schwarz

Schwarz ist im Traum das Signal für einen seelischen Stillstand, auch für Trauer und Tod.
Dagegen symbolisiert Schwarz-Weiß die Gegensätzlichkeit, wie wir sie von Begriffen wie hell – dunkel, gut – böse, richtig – falsch her kennen. ↗Farben.

Schwein

Das Schwein kann die aus dem Alltag bekannte Bedeutung als Glückssymbol manchmal auch im Traum haben. Es kann aber auch die natürliche Geschlechtlichkeit der Menschen, Zeugungsvorgänge und weibliche Fruchtbarkeit darstellen. Im übertragenen Sinne bedeutet es sehr oft seelische Bereicherung oder geistige Potenz. ↗Bauer, ↗Haustier.

Schwert

In den Träumen von Menschen unserer modernen Zeit kommt das Schwert oder der Kampf mit einem Schwert nur noch selten vor. Doch wenn ein solches Bild erscheint, weist es auf ein archetypisches Verhaltensmuster.
Das Schwert kann Herrschaftsgewalt und Gerichtsbarkeit bedeuten. Oft hat es im Traum aber auch die Bedeutung eines Instruments zum Teilen oder Unterscheiden psychischer Probleme. ↗Messer.

Schwester

Im Traum von Frauen symbolisiert das Bild der leiblichen Schwester meist Eigenschaften der Träumenden selbst. Im Traum eines Mannes informiert es über seine Gefühlsseite.
Eine Krankenschwester signalisiert Störungen und Hilfsbedürftigkeit im Gefühlsbereich. ↗Arzt, ↗Krankenhaus.

schwimmen

Dieses Traumbild symbolisiert körperliche und seelische Entspanntheit, Ausgeglichenheit und ein positives Selbstwertgefühl. Eine sexuelle Bedeutung im weitesten Sinne ist möglich, wenn der Träumende es als besonders beglückend empfindet, mit dem Wasser eins zu sein, von ihm getragen zu werden. Angst oder Unbehagen beim Schwimmen weisen dagegen auf Unsicherheiten, Spannungen und Konflikte hin. Die nähere Bedeutung ergibt sich aus dem Traumzusammenhang. Dabei ist wichtig, wo der Träumende schwimmt, ob im offenen Meer oder in einer Badeanstalt. Zu beachten ist auch der Zustand des Wassers, ob es sauber ist und klar, ruhig oder ob heftiger Wellengang herrscht. ↗Fluß, ↗Kanal, ↗Meer, ↗Teich.

schwitzen

↗Wärme.

Schwur

Der Träumende möchte willensstark sein, zuverlässig und seinen Grundsätzen treu. Doch insgeheim hegt er Zweifel, ob er diesen Anforderungen an sich selbst genügen kann. Dieses Traumbild deutet daher zugleich auf Unsicherheit, Unentschlossenheit und Selbstzweifel. Schuldgefühle können vorliegen, wenn der Träumende in einer Gerichtsverhandlung schwört, um auf diese Weise seine Unschuld zu beteuern. ↗Gericht.

Sechs

Die Sechs als Zahl gilt als Symbol der partnerschaftlichen Harmonie und Ausgeglichenheit zwischen Mann und Frau.
Die Sechs kann durchaus auch mit dem gleichklingenden Sex gleichzusetzen sein. ↗Zahlen.

See

↗Meer, ↗Teich.

Seerose

Mit Blumen, die im Wasser gedeihen, verweisen Seerosen in der Traumsprache auf die Gefühlswelt. Sie können auch erotische Wünsche symbolisieren. ↗Blumen, Blüten, ↗Wasser.

Segel

Das Segel eines Schiffes deutet in der Traumsprache meist darauf hin, daß das Lebensschiff des Träumenden vom Wind, also von geistiger Energie, vorwärtsbewegt wird. ↗Fluß, ↗Meer, ↗Schiff, ↗Wind.

sehen

In der Traumsprache deutet das Sehen auf Aufgeschlossenheit, geistige Wachheit und das Bemühen, sich zu orientieren, hin. ↗beobachten, ↗erkennen.

Seide

Dieses Traumbild deutet auf hohe Lebensansprüche hin und auf die Neigung, sich mit Luxus zu umgeben. Die genauere Bedeutung ergibt sich aus dem Traumzusammenhang. Wichtig ist, zu welchem Zweck die Seide dient, ob bestimmte Kleidungsstücke aus ihr hergestellt sind. ↗Kleidung.

Seife

↗baden, ↗waschen.

Seil

↗Band.

Sekt

↗Alkohol.

Sellerie

Dieses Traumbild weist auf die männliche Sexualität hin. ↗Gemüse, ↗Salat.

Senf

↗Gewürze.

Sense

Die Sense symbolisiert – ähnlich wie auch andere scharfe und schneidende Werkzeuge – aggressive Energie und hartes Durchsetzungsvermögen. Diese Bedeutung kann hinreichen bis zur Gefühlsarmut und Rücksichtslosigkeit. Zusätzliche Bedeutungshinweise ergeben sich aus der Art der Tätigkeit, zu der die Sense benutzt wird.
In Verbindung mit einem Totenkopf, einem Skelett oder einer Sanduhr ist die Sense auch ein Symbol für die Endlichkeit unseres Lebens und ein Hinweis auf Alter, Krankheit und Tod.

Sessel

↗Möbel, ↗sitzen.

Sexualität

Sexuelle Handlungen im Traum können, aber müssen nicht immer sexuelle Bedeutung haben. Es kann sich dabei um unerfüllte Wunschvorstellungen handeln. Aber die meisten Träume mit sexuellem Inhalt haben ihre Ursache nicht in mangelnder Befriedigung, sondern sie signalisieren eine fehlerhafte Einstellung des Träumenden zur Sexualität.
Eine sexuelle Vereinigung im Traum bedeutet meist einen Hinweis auf eine seelische Kontaktaufnahme. Bei allen Träumen mit sexueller Färbung sind die persönlichen Lebensumstände des Träumenden bei der Deutung verstärkt zu berücksichtigen.

Sichel

↗Sense.

Sieben

Seit alters her gilt die Sieben als magische und als heilige Zahl. In der Traumsprache weist die Sieben auf Wechsel, Wandlung der Persönlichkeit und auf Veränderungen hin. ↗Zahlen.

Signal

Signale geben in der Traumsprache oftmals konkrete Hinweise zur Lebensreise des Träumenden. Steht das Signal auf „Halt", so kann dies eine Warnung bedeuten. Die Traumaussage ist hier etwa die gleiche wie bei dem Bild einer auf Rot stehenden Ampel; ein Hinweis, die Lebensreise nicht so fortzusetzen wie bisher. Vorsicht ist geboten. Steht das Signal dagegen auf „Freie Fahrt", so sind alle Hindernisse überwunden. Dem Beginn einer wichtigen Unternehmung im Leben des Träumenden steht nichts im Wege. ↗Grün, ↗Rot.

Silber

Das Silber galt im Altertum als Botschaft der Mondgottheit. Seine Farbe gleicht der des Mondlichts. Als Mondmetall hat das Silber im Traum weiblichen Symbolcharakter. Silberne Münzen zeigen positive weibliche Werte an. ↗Geld, ↗Gold.

singen

↗Gesang.

Singvogel

Die Friedfertigkeit der Singvögel, ihre Fluggewandtheit und ihr Gesang in der Wirklichkeit unterstreichen ihre Traumbedeutung im Sinne einer gefühlsbetonten, geistig vertieften Erotik und Sexualität. ↗Gesang, ↗Vogel.

sitzen

Bequemes Sitzen deutet auf seelische und körperliche Gelöstheit, auf Behaglichkeit oder auf den Wunsch nach Entspannung hin. Gestaltet sich das Sitzen unbequem oder treten alle möglichen Hindernisse dabei auf, so weist dieses Bild auf Spannungen, Verkrampfung und Erschöpfung hin. Die genauere Bedeutung ergibt sich aus dem Traumzusammenhang.

Skarabäus

↗Käfer.

Skelett

Oft ist das Skelett in der Traumsprache ein Hinweis auf klares Denken, auf Berechnung, kühle Verstandesbetontheit und Gefühlsarmut. Manchmal erinnert es auch an Vergänglichkeit, Alter und Tod. Das gilt besonders, wenn zusätzliche Symbole wie Sense und Sanduhr in dem Traum vorkommen. Fühlt sich der Träumende beunruhigt, so hat er wahrscheinlich Probleme mit dem Älterwerden und Angst vor dem Tod.

Ski, Skilaufen

Winterlandschaften haben in der Traumsprache oft etwas Großes und Erschreckendes, Klares und Kaltes. Sie spiegeln häufig Gefühle von Kälte und Einsamkeit wider. Die kühne Fahrt des Skiläufers zeigt als Traumbild schnelles, sportliches Vorwärtskommen an. Dennoch ist auch hier ein kühles Gefühlsklima der Preis, den der Träumende für seine rasante Erfolgsfahrt zahlt. ↗Eis.

Skorpion

In gewisser Weise hat dieses Traumbild Ähnlichkeit mit dem der Spinne. Allerdings sind die gefährlich verführerischen Kräfte bei dem Symbol des Skorpions nicht weiblicher, sondern männlicher, aggressiver Art. ↗Spinne.

Smaragd

Wegen seiner grünen Farbe gilt der Smaragd als Ausdruck für Lebenskraft, Wachstum und Fruchtbarkeit. ↗Edelsteine.

Socken

↗Kleidung.

Sohn

Meist hat dieses Traumbild eine Beziehung zu einem in Wirklichkeit vorhandenen Sohn. Es drückt dann Zukunftshoffnungen und Zukunftssorgen im Hinblick auf den Sohn aus. Manchmal symbolisiert es den Wunsch nach einem Kind. Damit verbindet sich oft die Hoffnung, dieses Kind möge die Ziele erreichen, die den Eltern in ihrem Leben versagt blieben. Klingt dieses Motiv in dem Traum an, so ist es ein Hinweis auf Minderwertigkeitsgefühle, Probleme mit dem Älterwerden und eine zur Resignation neigende Lebenseinstellung. ↗Jugend, ↗Kindheit, ↗Verwandte.

Soldat

Dieses Traumsymbol hat zwei Seiten: Einmal verweist es auf Gemeinschaftsgefühl und Kameradschaft. Zum anderen deutet es aber oft auch auf Geltungsstreben und den Drang nach Selbstbestätigung, auf Abenteuerlust und unreife Männlichkeit hin. ↗Militär.

Sommer

Dieses Traumbild symbolisiert Energie und Tatkraft, Ausdauer und Erfolgsstreben. Zumindest besteht der Wunsch, hohe Leistungen zu erbringen.
Der Sommer ist im Traum auch als Hinweis auf eine Reifezeit und die Mitte des Lebens zu verstehen. ↗Mittag, ↗Sonne.

Sonne

Die Sonne ist eines der positivsten Traumsymbole. Sie kennzeichnet im Traum stets produktive schöpferische Energie, die künstlerische Ideen oder Bewußtseinsprozesse in Gang bringt.
↗Fackel, ↗Feuer, ↗Kerze, ↗König, ↗Lampe, Laterne.

Sonnenblume

↗Blumen, Blüten, ↗Sommer, ↗Sonne.

Spalte

Meist ist dieses Traumsymbol ein Hinweis auf die bergende und schützende weiblich-mütterliche Gefühlswelt zu verstehen. Manchmal kommt es als Gefahrensignal im Sinne eines Abgrundes vor. ↗Abgrund, ↗Höhle.

Spargel

Dieses Symbol gilt allgemein als Abbild des männlichen Gliedes. ↗Gemüse.

Sparkasse

Sparkassen und Banken symbolisieren im Traum seelische Werte und gespeicherte psychische Energie. Gemeint sein kann die seelisch-geistige Bereicherung des Träumenden, auch seine Stellung in der Gesellschaft.

Das Sparen von hohen Geldbeträgen im Traum bedeutet eine Warnung: Der Träumende hält seine Talente zurück. Der Einbruch in eine Sparkasse signalisiert Verluste. ↗Einbruch, ↗Geld.

Spaten

Als Traumsymbol hat der Spaten meist sexuelle Bedeutung. Sein Eindringen in die Erde veranschaulicht den Geschlechtsverkehr. Die genauere Bedeutung ergibt sich aus dem Traumzusammenhang. Wichtig ist vor allem, was mit dem Spaten einoder ausgegraben wird. ↗graben.

Spazierstock

↗Krücke, ↗Stange.

Speer

↗Waffen.

Speichel

Im Volksglauben und bei den Naturvölkern hat der Speichel wie alle Körpersekrete eine magische Bedeutung: Er enthält psychische Energie. Mit dem symbolischen dreimaligen Anspucken – dem bekannten toi, toi, toi – soll dem in solcher Weise Behandelten Kraft zugeführt werden.

Das dreimalige Ausspucken ist als Abwehrzauber zu verstehen. ↗Kot, Exkremente, ↗Urin.

Sphinx

Als Traumbild verkörpert die Sphinx das Geheimnisvolle, Rätselhafte, manchmal Dämonische der Frau. Die genauere Aussage ergibt sich aus dem Traumzusammenhang. Wichtig ist vor allem, was der Träumende beim Anblick der Sphinx empfindet.

Spiegel

In den Märchen hat der Spiegel magische Bedeutung. Er zeigt Verborgenes und künftiges Geschehen. Im Traum hat er die Bedeutung eines Seelenspiegels. Er weist den Träumenden auf seine unbewußten Schattenseiten hin, die für ihn unter Umständen erschreckend sein können. Spiegelträume sollten sorgfältig in allen Einzelheiten analysiert werden.

Spiele

Die Bedeutung dieses Traumsymbols liegt im Bereich der Geselligkeit und Unterhaltung. Manchmal fordern Träume, in denen Spiele vorkommen, dazu auf, mehr spielerische Leichtigkeit zu entfalten. Gelegentlich mahnen sie aber auch vor übertriebener Verspieltheit, vor Oberflächlichkeit und Leichtsinn. Spiele, in denen der Gemeinschaftscharakter betont wird, deuten oft auf den Wunsch hin, Kontaktprobleme zu überwinden und den Mitmenschen lockerer zu begegnen. Handelt es sich in dem Traum um kindliche Spiele, so weist dieses Bild auf Probleme des Träumenden mit dem Älterwerden und auf die Sehnsucht nach der Unbeschwertheit der Kindheit hin. ↗Kindheit, ↗Puppe, ↗Spielzeug.

Spielkarten

Die Bedeutung dieses Traumbildes hängt vor allem von der Art des Spiels ab, das mit den Karten gespielt wird. ↗Spiele.

Spielzeug

Dieses Traumsymbol weist meist auf Kindlichkeit, Unreife und auf den fehlenden Willen hin, Verantwortung im Leben zu übernehmen. ↗Kindheit, ↗Puppe.

Spinne

Der Volksmund vergleicht das Netzknüpfen der Spinne mit dem Spinnen von Intrigen. Als Traumsignal hat die Spinne negative Bedeutung: Für Insekten, die in ihr Netz geraten, ist sie tödlich.
Das Traumbewußtsein signalisiert mit dem Bild der Spinne oft Mutterkonflikte bei weiblichen Personen. ↗Insekten, ↗Labyrinth.

Spion

Manchmal verkörpert sich in diesem Traumbild übermäßige Phantasie, auch Abenteuerlust oder Leichtsinn. Meist verweist der Spion als Symbol aber auf Verstellung und Unaufrichtigkeit. Fragwürdige Wünsche und Handlungen sollen verborgen bleiben.

Spirale

Das Bild der Spirale zeigt im Traum psychische Dynamik. Es gehört zu den positivsten Signalen. Nach Phasen eines seelischen, geistigen oder sonstigen Stillstandes in der Entwicklung zeigt sie stets einen Fortschritt an. ↗Kreis.

Splitter

↗Dorn.

Sport

Alle mit Sport zusammenhängenden Traumsymbole deuten auf Einsatzwillen, Leistungsbereitschaft, Selbstbestätigung und Ehrgeiz hin. Der Träumende ist zu einer kritischen Auseinandersetzung mit sich selbst bereit. Aber auch Spannungen zwischen ihm und seiner Umgebung können sich in diesem Bild mitteilen. ↗Kampf.

sprechen

↗Gespräch.

Sprengung

↗Explosion.

Springbrunnen

↗Brunnen, ↗Fontäne.

Spritze

Dieses Traumbild ist Symbol des männlichen Gliedes. Treten Probleme mit einer Spritze auf, so deutet das auf Potenzschwierigkeiten. Angst vor Spritzen weist auf sexuelle Hemmungen hin. Die genaue Bedeutung ergibt sich aus dem Traumgeschehen.

Staatsanwalt

↗Gericht.

Stab

In der Traumsprache kommt der Stab in unterschiedlicher Bedeutung vor. Erinnert er an einen Baumstamm, so gilt er als Hinweis auf Fruchtbarkeit und Leben. Er kann aber auch zur Abwehr von Aggressionen, Dämonen und des Bösen dienen. Im Sinne eines Zauberstabs deutet er auf das Bewirken von Wundern hin. Oft kommt er auch als phallisches Machtsymbol vor. ↗Phallus, ↗Säule.

Stachel

↗Dorn.

Stadion

↗Sport.

Stadt

Die Stadt stellt im Traum den seelischen Umweltbereich des Träumenden dar. Sie hat als Symbol einen weiblichen

Aspekt und erscheint manchmal in den Träumen als kollektives Muttersymbol. ↗Hauptstadt, ↗Haus.

Stall

Der Stall ist in den Träumen meist der Ort der tierhaften Seite in uns. Er gibt Hinweise auf das Triebleben. ↗Haus, ↗Tier.

Standesamt

↗Hochzeit.

Stange

Stäbe, Stangen und Stöcke sind fast immer als Hinweise auf die männliche Sexualität zu verstehen.

stechen

Dieses Symbol verweist auf die Kraft der männlichen Sexualität, aber auch auf Auseinandersetzungen und Probleme in der
Partnerschaft. ↗Gewalt.

stehen

Je sicherer man auf beiden Beinen steht, um so günstiger ist die Bedeutung dieses Traumbildes. Es deutet auf Festigkeit, Zuverlässigkeit, Selbstbewußtsein und die Fähigkeit zu vernünftig durchdachtem Handeln. ↗Bein.

stehlen

↗Diebstahl, ↗Einbruch.

steigen

Aufwärtssteigen deutet auf eine positive Persönlichkeitsentwicklung hin. Diese Bedeutung trifft selbst dann zu, wenn das Steigen mit Mühe verbunden ist. Vollzieht sich das Steigen in Abwärtsrichtung, so symbolisiert dieses Traumbild Schwierigkeiten im privaten oder beruflichen Bereich. Das gilt besonders, wenn es dabei zum Stolpern oder Stürzen kommt und der Träumende dabei Gefühle von Angst oder Beklemmung empfindet. Die genaue Bedeutung ergibt sich aus dem Traumzusammenhang. ↗Berg, ↗fallen.

Stein

↗Fels.

Steppe

Dieses Symbol weist auf Eintönigkeit, Sprödigkeit, auf Enttäuschungen und Not hin.

sterben

↗Begräbnis, ↗Grab, ↗Leiche, ↗Tod.

Stern

Als Traumbild sind Sterne meist Symbole des Lichts, der Hoffnung, des Glaubens und der Zuversicht. Oft deuten sie auch auf Selbstbesinnung hin. ↗Mond.

Steuermann

Er steuert das Schiff des Lebens. Dementsprechend trägt er hohe Verantwortung und gilt als Symbol für Autorität und Lebensweisheit. ↗Kapitän.

Steuerrad

↗Steuermann.

Stier

Im Traum erscheint der Stier als Sinnbild männlicher Kraft und Potenz.
Auf Kreta war es im Altertum üblich, daß nackte Jünglinge bei kultischen Stierfesten den Stier bei den Hörnern packten und sich auf seinen Rücken schwangen. Der Symbolsinn solcher Spiele lag darin: Der Jüng-

ling soll lernen, seine animalischen Triebkräfte zu meistern. Dann erst gilt er als Mann. Ähnliche Symbolbedeutung hat der Stier meist als Traumsymbol. ↗Labyrinth, ↗Tier.

stillen

↗Hunger.

Stock

↗Krücke, ↗Stange.

stolpern

↗rutschen.

Storch

In seiner Grundbedeutung weist dieses Symbol auf seelisch vertiefte und geistig durchdrungene Gefühlskraft hin. Es verkörpert aus dem Unbewußten aufsteigendes Ahnungsvermögen und psychische Ausgeglichenheit.
Manchmal deutet dieses Traumbild auf den Wunsch nach Partnerschaft, Familie und Kindern. ↗Vogel.

Sträfling

↗Gefängnis, ↗Haft.

Straße, Weg

Straßen oder Wege erscheinen im Traum als Symbole des Lebenswegs. Kreuzungen und Weggabelungen signalisieren notwendige Entscheidungen. Wegweiser und Straßenschilder geben Richtungshinweise für die psychische oder geistige Orientierung.
Wichtig für die Deutung solcher Träume sind Besonderheiten bei der Fortbewegung auf der Traumstaße, auch die Art des verwendeten Fahrzeugs. ↗Abgrund, ↗Auto, ↗Fluß, ↗Schiff.

Straßenbahn

↗Omnibus.

Strauch

Dieses Traumbild symbolisiert den Zustand der Persönlichkeit.
Wachsen Sträucher kräftig und wild, so deutet das auf Vitalität und Unbeherrschtheit. Sträucher mit Blüten oder Früchten weisen auf Selbsterziehung und Disziplin hin. ↗Busch, ↗Dorn, ↗Gestrüpp, ↗Hecke.

Strauß

Bei den alten Ägyptern galten Straußenfedern als Symbole der Gerechtigkeit. In der Traumsprache kommen sie in dieser Bedeutung sehr selten vor. Angeblich steckt der Strauß seinen Kopf in den Sand. Daher erklärt sich die volkstümliche Redensart „seinen Kopf in den Sand stecken". Diese symbolische Bedeutung gilt meist auch in der Traumsprache für Menschen, die unangenehme Tatsachen nicht wahrnehmen wollen. ↗Vogel.

streicheln

Dieses Traumbild symbolisiert Anteilnahme, Zuneigung, Mitgefühl, Zärtlichkeit und Liebe. Die Bedeutung dieses Symbols im Traum entspricht etwa der in der Wirklichkeit. Traumbilder, in denen Gesten der Zärtlichkeit eine Rolle spielen, sind oft als Wunschträume aufzufassen.

Streichholz

↗Feuer.

Streit

Streitigkeiten im Traum sind als kämpferische Auseinandersetzungen mit Worten zu verstehen. Sie weisen auf einander widersprechende Gedanken, Gefühle oder Verhaltensweisen hin. ↗Beleidigung, ↗Duell, ↗Duett.

Strick

↗Fessel, ↗hängen.

Strümpfe

↗Kleidung.

Stuhl

↗Möbel, ↗sitzen.

Sturm

↗Gewalt.

Süden

↗Himmelsrichtungen.

Sumpf

↗Moor.

Supermann

Der Supermann oder ähnliche Gestalten aus den Comics, Krimis, Science-Fiction-Romanen und Western-Geschichten sind moderne Symbole für den Helden im Märchen. Solche Symbolfiguren gehen auf das Streben der Psyche nach Ausgleich zurück. Sie bieten in ausweglos erscheinenden Situationen oft verblüffende Problemlösungen an. Im negativen Sinne signalisiert das Traumbewußtsein mit der Gestalt des Supermannes aber auch Größenwahnvorstellungen und übersteigertes Machtgefühl. ↗Maschinenpistole.

Süßigkeiten

Dieses Traumbild gilt als Symbol für Sinnenfreude, Genußfähigkiet und Luxus, auch für Verwöhntheit und Verschwendung. Die genauere Bedeutung ergibt sich aus dem Traumzusammenhang.

T

Tablette

↗Arznei, ↗Pille.

Tag

Der Tag deutet im Traum auf eine Annäherung der Trauminformation an das Wachbewußtsein. Von besonders positiver Bedeutung als Traumzeit ist der Morgen. ↗Abend, ↗Mittag, ↗Nacht.

Tal

Dieses Traumbild weist auf einen Tiefpunkt hin, auf eine Krise im Denken, Fühlen oder Handeln des Träumenden. Die genauere Bedeutung läßt sich aus der Beschaffenheit des Tales entnehmen. Wichtig ist auch, wie sich der Träumende in diesem Traum fühlt. ↗Abgrund, ↗Fels, ↗Höhle.

Talisman

↗Amulett.

Tanne

↗Baum.

Tanz

Der Tanz ist eine sehr alte Körpersprache des Menschen. Bei den Naturvölkern wurden und werden noch heute alle wichtigen Lebenssituationen im rituellen Tanz modellhaft durchgespielt: die Einweihung der jungen Mädchen und Männer in den Zustand des Erwachsenseins beispielsweise. Eine vergleichbare Bedeutung hat der Tanz als Traumgeschehen. Worum es sich bei solchen Tänzen im einzelnen handelt, ergibt sich meist aus dem Zusammenhang des Traumgeschehens.

Tasche

↗Gefäß.

Taschenlampe

↗Licht.

Tasse

↗Gefäß.

tasten

Dieses Traumbild symbolisiert Unsicherheit, Skepsis, Mißtrauen und Vorsicht, aber auch Empfindsamkeit.

taub

Wer taub ist, kann nicht hören. In der Traumsprache warnt dieses Symbol davor, unangenehme Dinge, die wir nicht hören möchten, zu überhören. Es empfiehlt sich, den Rat und die Kritik von Menschen, die uns nahestehen, ernst zu nehmen. Wer nicht hört, nimmt seine Umgebung nicht voll und ganz wahr. Er erlebt ein verzerrtes Bild der Wirklichkeit und erleidet zwangsläufig Enttäuschungen und Verluste. ↗hören.

Taube

Im Traum signalisiert die Taube häufig schöpferische Gedanken, die aus der geistigen Verbundenheit zweier Menschen entstehen.
Die Taube kommt auch als allgemeines Friedenssymbol oder als Zeichen einer persönlichen, friedlichen Vereinigung durch Liebe vor. ↗Adler, ↗Vogel.

tauchen

Dieses Traumbild hat zwei unterschiedliche Bedeutungen. Einmal drückt es aus, daß man sich der Wahrheit gegenüber verschließt und wegtaucht, um sich unangenehmen Einsichten zu entziehen. Zum anderen bedeutet dieses Symbol, daß der Träumende in sein Inneres eintaucht, um sich mit der Welt seiner Gefühle auseinanderzusetzen und sich selbst zu besinnen. Welche Bedeutung jeweils zutrifft, läßt sich nur aus dem Traumzusammenhang erkennen.

Taufe

↗Bad.

Teddybär

↗Puppe.

Tee

↗Kaffee.

Teich

Stehende Gewässer symbolisieren meist erotische Gefühle. Klares und ruhiges Wasser deutet in diesem Zusammenhang auf ein ausgeglichenes Gefühlsleben oder jedenfalls auf den Wunsch nach einem solchen hin. Ist das Wasser trüb, so weist das auf unbeständige, undurchsichtige Gefühle und auf sexuelle Konflikte hin. ↗schwimmen, ↗Ufer, ↗Wasser.

Telefon

Dieses Traumsymbol läßt Rückschlüsse auf die Kontakte des Träumenden zu seiner Umgebung zu. Ein Telefon, das viel benutzt wird, deutet auf Kontaktfähigkeit oder auf den Wunsch nach zahlreichen Kontakten hin. Ist die Telefonverbindung auf irgendeine Weise gestört, so weist dieses Bild auf Kontaktprobleme und auf Gefühle von Einsamkeit hin. Wird die Störung behoben, so zeigt sich darin das Bemühen des Träumenden, seine Beziehungen zu den Menschen in seiner Umgebung zu verbessern.

Telegramm

↗Brief.

Teller

↗Gefäß, ↗Hunger.

Tempel

↗Kirche, ↗Moschee.

Teppich

Zunächst einmal deutet dieses Symbol auf Behaglichkeit oder den Wunsch nach Luxus hin. Manchmal mahnt dieses Traumbild aber auch, auf dem Teppich zu bleiben, also die Phantasie zu zügeln und eigene Wünsche auf ein erfüllbares Maß zu beschränken.

Terrasse

↗Haus.

Terror

↗Gewalt.

Testament

Der Träumende hat das Bedürfnis, seine persönlichen Lebensverhältnisse zu regeln, Ordnung zu schaffen. Dieses Bestreben kann durch Angst vor Alter, Krankheit und Tod bestimmt sein.
Die genauere Bedeutung ergibt sich aus dem Traumzusammenhang.

Teufel

Für Menschen, die mit einer übertriebenen puritanischen Moral alles Natürliche verteufeln, kann der Teufel im Traum ein Signal bedeuten, das Naturhafte stärker zu akzeptieren. Einem verstandesbesessenen Träumenden signalisiert das Traumbewußtsein manchmal mit dem archetypischen Bild des Teufels das Teuflische, das jedem einseitig intellektuellen Denken innewohnt.

Theater

Alle Begriffe, die mit dem Theater zusammenhängen, warnen davor, die Welt als Bühne und das Leben als Schauspiel zu verstehen. Die Echtheit und Glaubwürdigkeit der Persönlichkeit könnten darunter leiden. Statt dessen würden Selbstgefälligkeit und Eitelkeit in den Vordergrund treten.

Thermometer

Dieses Traumbild ist im Sinne eines Stimmungsbarometers zu verstehen. Es zeigt die seelische Verfassung an, in der wir uns gerade befinden.

Tier

Tiere verkörpern im Traum die Naturseite des Menschen. Sie vertreten gleichsam die Instinkte und Ahnungen. Menschliche Eigenschaften werden in Sprache und Literatur – in den Fabeln und Comics – durch Tiere und Tierverhaltensweisen dargestellt. Soweit es sich bei einzelnen Tieren um archetypische Symbole handelt, sind sie unter dem jeweiligen Stichwort beschrieben.

Tiger

Dieses Tier symbolisiert Lebenskraft, Leidenschaftlichkeit und Aggressivität. ↗Raubtier.

Tisch

↗Möbel.

Tischler

↗Holz.

Tochter

Dieses Traumsymbol kommt in unterschiedlichen Bedeutungen vor. Manchmal bezieht es sich auf Probleme mit der eigenen Tochter des Träumenden. Oft verstecken sich hinter diesem Bild die eigenen Minderwertigkeitsgefühle oder Probleme mit dem Älterwerden. Die Kinder im Traum sollen dann das fortsetzen, was der Träumende in seinem Leben nicht geschafft hat. ↗Jugend, ↗Kindheit, ↗Verwandte.

Tod

Für das Traumbewußtsein ist der Tod kein Zeichen für das Ende des Lebens, sondern für einen Wandlungsvorgang. An die Stelle dessen, was im Traum stirbt, tritt meist etwas Neues. ↗Begräbnis, ↗Leiche.

Toilette

↗Klo, ↗Kot, Exkremente.

Tomate

Die leuchtend rote Farbe dieser Frucht weist auf Leidenschaft, Liebe und Fruchtbarkeit hin.

Tonband

↗Plattenspieler.

Topf

↗Gefäß.

Tor

↗Tür.

Tornister

↗Rucksack.

Torpedo

↗Explosion.

Torte

↗Süßigkeiten.

Tränen

↗weinen.

Traube

Die unvergorene Traube symbolisiert unverfälschte, naturhafte Lebenskraft und Freude. ↗Wein.

Trennung

↗Abschied.

Treppe

Die Treppe als Traumbild kennzeichnet Übergangssituationen.
Dabei kann es sich um einen Aufstieg oder Abstieg handeln. Bilder von einem Aufstieg deuten auf einen Prozeß des Bewußtwerdens hin. ↗Leiter.

trinken

Das Bedürfnis zu trinken weist auf einen Mangelzustand hin.

Trommel

↗Pauke.

Trompete

↗Fanfare.

Tünche

↗Maske.

Tunnel

Im Tunnel begegnen wir dem Unbewußten. Die genauere Bedeutung ergibt sich aus dem Traumzusammenhang. Wichtig ist vor allem, wie der Träumende die Begegnung mit dem Tunnel erlebt, ob er Angst empfindet, erschrickt, sich wie in einer Höhle geschützt oder gefangen erlebt. ↗Gefängnis, ↗Höhle.

Tür, Tor

Tür und Tor zeigen im Traum Zugangsmöglichkeiten an, deren Art sich aus der weiteren Traumhandlung bestimmen läßt.
Entsprechend lassen sich auch verschlossene oder fehlende Türen deuten. ↗Hauptstadt, ↗Haus, ↗Stadt.

Turban

↗Kopfbedeckung.

Turm

Wie in der Wirklichkeit ermöglichen Türme auch als Traumsymbol mehr Überblick. Das Erklettern eines Turmes deutet daher auf Streben nach Erkenntnis. Der Rundblick von einem Turm symbolisiert besseren Weitblick. Die genaue Aussage ergibt sich aus dem Traumzusammenhang.

U

Überfall

↗Gewalt.

Überschwemmung

Das Bild einer Überschwemmung kann ein Traumhinweis auf eine Überflutung des Träumenden durch Gefühle und Affekte sein. Es kann aber auch eine Überschwemmung des Bewußtseins durch das Unbewußte angezeigt werden. Dann ist dieser Traum ein dringendes Warnsignal, das die Gefahr einer Psychose signalisiert. Psychotherapeutische Hilfe ist in diesem Falle erforderlich. ↗Meer.

Ufer

Während Wasser in der Traumsprache auf die Gefühlswelt hinweist, symbolisieren die Ufer den Verstand, der die Gefühle eindämmt, kontrolliert und reguliert. Die Beschaffenheit des Ufers gibt ebenso wie der Zustand des Wassers Hinweise auf die Beziehungen zwischen Gefühl und Verstand, zwischen dem Unbewußten und dem Bewußtsein. Sind die Ufer betoniert, so deutet dies auf Verfestigungen und Verkrustungen hin. Ausgewaschene, sumpfige und vom Wasser überschwemmte Ufer sind ebenfalls ein ungünstiges Zeichen. Dagegen gelten feste, natürlich bewachsene Ufer als ausgesprochen positiv. ↗Fluß, ↗Überschwemmung.

Ufo

Ufos werden für Weltraumschiffe fremder Planeten gehalten. C. G. Jung sah in ihnen Ganzheitssymbole. Sie drücken den Wunsch aus, innere Gespaltenheit und Zerrissenheit zu überwinden. In der Traumsprache sind Ufos oft Ahnungen von schöpferischen Gedanken, die dem Träumenden zufliegen. Sie können aber auch die Gefahr einer Entfernung von der Realität signalisieren. ↗fliegen, Flugzeug.

Uhr

Die Uhr als Traumbild mahnt an die verrinnende Zeit. Gemeint sein kann die Lebensuhr. Die Zeitangabe, die die Uhr im Traum zeigt, hat meist konkrete Bedeutung für das Leben des Träumenden.

Uhu

↗Eule.

Umzug

↗Auszug, ↗Einzug.

Unfall

Dieses Traumbild kommt in zwei unterschiedlichen Bedeutungen vor. Einmal kann es sich um die psychische Verarbeitung eines tatsächlich erlebten Unfallgeschehens handeln. Zum anderen ist dieses Traumsymbol als Hinweis auf eine bestehende Problemsituation zu verstehen. Der Träumende fühlt sich seinen Schwierigkeiten nicht gewachsen. Indem er im Traum einen Unfall erleidet, erklärt er sich für handlungsunfähig. Er flüchtet auf diese Weise aus der Krise.

Ungeheuer

Fabelwesen wie beispielsweise Drachen, Riesenschlangen, Kröten, Krokodile, Meeresungeheuer, Riesenspinnen, Riesenvögel, Vampire und Werwölfe deuten auf Gewissenskonflikte und unbewußte Persönlichkeitsstörungen hin. Das gilt vor allem, wenn solche Träume wiederholt auftreten. Sind sie von starken Ängsten begleitet, so ist therapeutische Hilfe zu empfehlen. ↗Dämonen.

Uniform

In der Traumsprache weisen Uniformen meist auf den Drang nach Selbstbestätigung und Geltung, aber auch auf Ehrgeiz und Machtstreben hin. Auch übermäßige Anpassung oder Autoritätsgläubigkeit kann sich in diesem Bild ausdrücken. ↗Polizist, ↗Soldat.

Universität

↗Schule.

Unkraut

Dieses Traumsymbol weist auf ungeordnet und nutzlos wuchernde Gedanken und Gefühle sowie auf unproduktives Handeln hin. ↗jäten.

Unrat

Abfälle und Schmutz deuten in der Traumsprache auf unsaubere Meinungen und Empfindungen, die uns belasten. Oft ist eine unangenehme Entscheidung zu treffen oder eine notwendige Trennung zu vollziehen. ↗Aas, ↗Abfall, ↗Kot.

Untergang

↗Begräbnis, ↗Grab, ↗Leiche, ↗Tod.

Unterwelt

↗Haus.

Unwetter

↗Gewalt.

Urin

Der Urin gilt wie auch andere Körpersekrete bei den Naturvölkern als magische Flüssigkeit. Die Medizinmänner und Schamanen verwenden ihn als Heilmittel.
Das Urinieren im Traum kann auf sexuelle Spannungen hinweisen. Doch meist liegt darin die Bedeutung eines seelischen oder geistigen Befruchtens. ↗Kot, Exkremente, ↗Samen, ↗Speichel.

Urkunde

↗Paß.

Urne

↗Grab.

Urwald

Unbegehbare Wälder mit undurchdringlichem Unterholz, üppig wuchernden Schlingpflanzen und wucherndem Pflanzendickicht verkörpern Unzuverlässigkeit, Spontaneität, Egoismus und Triebhaftigkeit, ebenso aber auch Anpassungsfähigkeit und starke Vitalität. Ist der Boden sumpfig und mit Schlangen, Insekten, Echsen oder Krokodilen bevölkert, so verstärkt dies die negative Aussage. Wird der Urwald gelichtet oder ein Weg durch das Dickicht geschlagen, so zeigt sich darin das Bemühen um stärkere Disziplin und um Verantwortungsbewußtsein.

V

Vampir, Fledermaus

Vampirartige Flugtiere und Fledermäuse symbolisieren im Traum dunkle, schwermütige Gedanken und Vorstellungen. Der Vampir kann als Traumbild auch auf Schuldgefühle hinweisen. ↗Vogel.

Vase

↗Gefäß.

Vater

Der Vater verkörpert als Traumgestalt die traditionelle Ordnung und natürliche Autorität. Im Traum Erwachsener tritt der Vater meist als hilfreiche Gestalt auf. Im Traum junger Männer ist der Vater meist Gegenspieler. Er weist auf das Bestehen eines Generationskonflikts hin und zeigt sich im Traum dann meist völlig anders, als ihn der Träumende kennt. Das Traumbewußtsein will dem Träumenden helfen, das kindliche Vaterbild zu überwinden und den Vater als den Menschen zu sehen, der er in Wirklichkeit ist.
In Frauenträumen bedeutet der Vater das durch ihn als reale Person in der Kindheit entwickelte Bild des Männlichen, das jede Frau in sich trägt.
Träume, in denen der Vater eine Rolle spielt, sind in ihrer Bedeutung so unterschiedlich, daß in jedem Falle die gesamte Traumhandlung bei der Deutung sorgfältig beachtet werden sollte. ↗Chef, ↗Direktor, ↗König, ↗Mann, unbekannter.

Veilchen

Dieses Traumbild ist Symbol für Bescheidenheit, Anspruchslosigkeit und Treue. ↗Blume.

Verbrecher

In der Traumsprache verweisen Verbrecher meist auf Unehrlichkeit, Gewalttätigkeit, Verluste, Gewissenskonflikte und Schuldgefühle. Oft beziehen sich diese Schuldgefühle auf den sexuellen Bereich. Es kann sich aber auch ganz allgemein um moralische Konflikte handeln. ↗Diebstahl, ↗Einbruch, ↗Mord, ↗Räuber.

verbrennen

↗Feuer, ↗Hölle.

Vereinbarung

In der Traumsprache gelten Verträge und Vereinbarungen als Sinnbild für den Ausgleich widerstreitender Interessen, Meinungen und Gefühle. Gegensätze werden aufgehoben, Spannungen ausgeglichen.

Verfolgung

Das Bild einer Verfolgung im Traum kommt außerordentlich häufig vor. Das Traumbewußtsein weist so auf unbewußte Inhalte hin, die in das Bewußtsein drängen. ↗Einbruch.

Vergewaltigung

Traumbilder, in denen Vergewaltigung eine Rolle spielt, weisen immer auf Triebveränderungen hin. Im Traum erfüllen sich Wünsche, ohne daß Schuldgefühle aufkommen, denn das gefürchtete und zugleich gewünschte Geschehen vollzieht sich ja gewaltsam. ↗Verteidigung.

Verhaftung

↗Haft.

Verkäufer

↗Kaufmann.

Verkleidung

↗Kleidung, ↗Maske.

Verkleinerung

Das Bild der Verkleinerung im Traum ist mehrdeutig. Der Traumzusammenhang ist daher für die Deutung ausschlaggebend.
Wird eine Person oder eine Sache im Traum verkleinert, so kann das auf eine Geringschätzung des Träumenden schließen lassen.
Sieht der Träumende sich selbst kleiner, als er in Wirklichkeit ist, so deutet das auf Minderwertigkeitsgefühle hin.
Das Kleinerwerden einer anderen Person im Traum ist wörtlich zu verstehen: Sie verliert an Bedeutung oder verschwindet aus dem Leben des Träumenden – auf welche Art auch immer. Ein solches Bild kann als Warnsignal zu verstehen sein.

Verletzung

↗Beleidigung ↗Streit, ↗Wunde.

Verlobung

↗Hochzeit.

Verspätung

Wer zu spät kommt, verpaßt den Anschluß – im Traum wie im realen Leben. Viele Menschen verspäten sich, weil sie sich zum Aufbruch nur schwer entschließen können. Der Abschied von Gewohntem fällt ihnen schwer. Sie haben sich in ihrer gegenwärtigen Situation eingerichtet. Aber jeder Wechsel von einem Lebensabschnitt in den nächsten, beispielsweise von der Jugendzeit zum Erwachsensein oder vom Berufsleben in den Ruhestand, hat seine feste Zeit. Wer sich verspätet, kommt in Schwierigkeiten. Seine Lebensfahrt verzögert sich. Er verpaßt den Anschluß. ↗Bahnhof.

Verteidigung

In den wenigsten Fällen versucht man im Traum, sich durch Gewaltanwendung zu verteidigen. Meist entzieht man sich Angriffen durch die Flucht. Dabei treten im allgemeinen alle möglichen Hindernisse auf. Der Fliehende stürzt, rutscht aus oder kommt nicht voran. Die Absicht des Traumes ist es, auf diese Weise die Bedrohung möglichst eindringlich zu gestalten. In Bedrohungen äußern sich Triebwünsche. Sie werden im Traum abreagiert. Die Verteidigung dient dabei im Grunde nur der Gewissensberuhigung. ↗Flucht, ↗Gericht, ↗Gewalt, ↗Vergewaltigung.

Vertrag

↗Vereinbarung.

Verwandte

Im Grunde spiegeln alle im Traum auftretenden Personen bestimmte Seiten der Persönlichkeit des Träumenden wider. Fremde Menschen verkörpern dabei Charakterzüge, die dem Träumenden an sich selbst wenig vertraut sind, die er verdrängt. Verwandte und Freunde deuten auf Eigenschaften, die ihm gut bekannt sind. Je mehr Zuneigung der Träumende zu diesen Personen empfindet, um so positiver ist die Grundbedeutung. Lehnt er Verwandte ab oder verhalten sie sich ihm gegenüber feindlich, so hat der Träumende Zweifel an seinem Denken, Fühlen oder Handeln. Lernt er einen ihm bisher wenig vertrauten Verwandten besser kennen, so deutet das auf zunehmendes Selbstvertrauen und auf mehr Übereinstimmung mit sich selbst.

Vier, Viereck

Die Vier und das Viereck gelten als Ganzheitssymbole, die positive Bedeutung haben. Die Vier ist eine in der Naturordnung wichtige Zahl: Vier Jahreszeiten gibt es, vier Mondphasen und – nach überlieferter Auffassung – vier Grundelemente: Feuer, Wasser, Luft und Erde. ↗Zahlen.

violett

Diese Symbol gilt als Zeichen für das Streben nach Ausgeglichenheit und Vollkommenheit. Es kann auch auf die Suche nach Gott hinweisen. Die genaue Aussage läßt sich aus dem Traumzusammenhang entnehmen. Nähere Aufschlüsse ergeben sich oft aus dem Symbolgehalt der Gegenstände, die mit der Farbe Violett im Traum in Zusammenhang stehen.

Violine

↗Geige, ↗Musik.

Vogel

Im Traum symbolisieren Vögel meist geistige Inhalte des Unbewußten. Gelegentlich stellen sie auch die im Volksmund bekannte erotische Nebenbedeutung dar. ↗Adler, ↗Geier.

Vorgesetzter

↗Chef.

Vorhang

Etwas soll verborgen werden. Oft ist dieses Traumbild aber auch Symbol für Vorsicht, Unsicherheit, Täuschung oder Isolation. Die genaue Bedeutung ergibt sich aus dem Traumzusammenhang. Wichtig ist vor allem, was der Vorhang verbirgt.

Vortrag

↗Ansprache.

Vulkan

Bricht ein Vulkan aus, so ist das ein Hinweis auf Verdrängungen, Triebstauungen oder versteckte Aggressionen, die zum Durchbruch drängen. ↗Gewalt.

W

Waage

Als Traumsymbol ist die Waage ein Zeichen für Gleichgewicht, Ausgeglichenheit, Ordnung, Gerechtigkeit und Harmonie. Wird mit einer Waage etwas gewogen, so entspricht das einem Abwägen, einem Prüfen. Die genaue Bedeutung ergibt sich aus dem Traumzusammenhang. Wichtig ist, welche Gegenstände gewogen werden. ↗Gewichte.

Wachs

Dieses Traumbild symbolisiert Anpassungsfähigkeit, leichte Beeinflußbarkeit, Unbeständigkeit und Empfindlichkeit. ↗Kerze.

Waffen

Alle Arten von Waffen, ebenso alle Geräte und Werkzeuge, die sich als Waffen einsetzen lassen, deuten auf aggressive männliche Triebkraft hin. Sie zeigen Sexualität als rein körperlichen Vorgang. Die geistigen und seelischen Bereiche einer Partnerbeziehung werden nicht berücksichtigt.

Wagen

↗Auto, ↗Kutsche.

Wald

Traumhandlungen im Wald weisen meist auf archetypische Muster des Kollektiven Unbewußten in uns hin. Der Wald gilt als Symbol des Unbewußten. Im Traum wie in den Märchen verkörpert er oft Geheimnisvolles, Abenteuerliches, Dämonisches. ↗Baum, ↗Hexe.

Wallfahrt

↗Pilger.

Wand

Dieses Traumbild kommt in zwei unterschiedlichen Bedeutungen vor: Einmal verkörpert die Wand Schutz und Geborgenheit. Zum anderen stellt sie ein Hindernis dar. ↗Hindernis.

Wärme

Träume, in denen Wärme- oder Kältegefühle eine Rolle spielen, können rein körperliche Ursachen haben. Frieren, Schwitzen, Überanstrengung, Unwohlsein, Erschöpfung oder eine fieberhafte Erkrankung sind denkbare Ursachen.

Im übertragenen Sinne gilt Wärme als Symbol für Anteilnahme, Herzlichkeit, Zuneigung oder Leidenschaft. Nimmt die Wärme ab, so deutet dies auf abkühlende Gefühle. Entwickelt sie sich zur Hitze, so deutet das auf heißes Begehren und Leidenschaft. Wird die Hitze als unangenehm empfunden, so belastet die Hitzigkeit der Gefühle den Träumenden.

waschen

Der Träumende möchte sich von Schuldgefühlen und Gewissensbissen befreien, sich in moralischem Sinne reinigen. ↗Bad.

Wasser

Das Wasser symbolisiert im Traum unbewußte seelische Energie. Es entspricht in etwa dem volkstümlichen Begriff Lebenswasser. Nach den Ergebnissen der modernen Wissenschaft wie in fast allen mythologischen Schöpfungserzählungen hat alles Leben seinen Ursprung im Wasser. ↗Meer.

Weg

↗Straße.

Weide

Zu der Grundbedeutung des Baumes im Traum kommen Aspekte von Anpassungsfähigkeit, Anschmiegsamkeit, Biegsamkeit, aber auch Labilität hinzu. ↗Baum.

Weiher

↗Teich.

Wein

Dieses Traumsymbol deutet auf Lebenskraft, Phantasie, Gedankenreichtum und Sinnenfreudigkeit hin. ↗Alkohol.

weinen

Im allgemeinen bedeutet Weinen im Traum eine Befreiung von seelischen Schmerzen und psychischem Druck, eine Entkrampfung. In seltenen Fällen weist Weinen auch auf starke Glücksgefühle hin. Die genaue Bedeutung ergibt sich aus dem Traumzusammenhang.

Weiß

In unserem Kulturbereich gilt Weiß als Farbe der Reinheit und Unschuld. Im Fernen Osten ist Weiß dagegen die Farbe der Trauer und des Todes.

Beide Bedeutungen können im Traum vorkommen. ↗Farben.

Weißkohl

Dieses Traumbild gilt als Symbol weiblicher Sexualität. ↗Gemüse.

Weizen

↗Ähre, ↗Getreide.

Werkstatt

↗Fabrik.

Wertpapiere

↗Geld.

Wespe

Dieses Traumbild deutet auf egozentrische Lebenseinstellung, auf überbetonten Individualismus, Überheblichkeit und Aggressivität. Wiederholen sich Träume von Wespen öfters oder treten Wespen in großer Zahl auf, so verweist dieses Symbol auf ernsthafte persönliche Konflikte. ↗Bienen.

Westen

↗Himmelsrichtungen.

Wiese

Eine grüne Wiese im Traum ist ein positives Signal. Sie symbolisiert neues Wachstum, Werden und Fortschritt, aber noch nicht Reife. ↗Blumen, Blüten, ↗Farben.

Wiesel

↗Marder.

Wind

Bei vielen alten Völkern galt der Wind als Atem der Erde. Man sah in ihm das Wirken höherer Mächte oder der Windgeister. Wegen seiner ständigen Veränderungen gilt der Wind in der Traumsprache manchmal als Symbol für Unbeständigkeit und Flüchtigkeit.
Wie in der Wirklichkeit so ist der Wind auch im Traum ein Naturereignis: Erhebt er sich, dann wird etwas Besonderes geschehen. Oft ist der Wind Hinweis auf starke geistige Energien.
Wie der Wind ist auch der Geist nicht greifbare Materie. Wo eine starke geistige Bewegtheit einsetzt, dort teilt sie sich oft im Traum als herannahender Sturm mit. Aber auch Windstille kann ein starkes Energiesymbol sein. Sie ist oft Hinweis auf das innere Leerwerden, das die Menschen der östlichen Kulturen und inzwischen auch die Meditierenden des Westens als beglückende Fülle erleben und beschreiben.
Als bedrohlicher Sturm gibt dieses Traumbild manchmal Hinweis auf ↗Gewalt.

Winter

↗Eis.

Wirsing

Dieses Symbol deutet auf die weibliche Sexualität hin.
↗Gemüse.

Wirt, Wirtshaus

In den meisten Märchen ist das Wirtshaus ein abenteuerlicher Ort, an dem der Wirt eine recht zweifelhafte Rolle spielt. Auch im Traum ist der Besuch eines Wirtshauses oft mit unerwarteten Überraschungen verbunden.
Allgemein deutet ein Wirtshaus oder Restaurant im Traum auf Veränderungen hin.

Witwe

Dieses Traumsymbol deutet auf Einsamkeit, die Neigung zum Grübeln und zur Zurückgezogenheit, Resignation, aber auch auf Selbstbesinnung und das Bemühen um Abstand hin. Die genauere Bedeutung läßt sich meist aus dem Traumzusammenhang erkennen.

Wohnung

↗Haus.

Wolf

In der Traumsprache verkörpert dieses Tier Triebhaftigkeit und rücksichtslose Aggressivität. ↗Raubtier.

Wolken

Dieses Traumbild gibt Hinweis auf die gegenwärtige Stimmungslage des Träumenden. Weiße Wolken an einem blauen Himmel deuten auf Heiterkeit und Optimismus. Dunkle Regenwolken symbolisieren eine pessimistische oder depressive Stimmung. Brauen sich Gewitterwolken zusammen, so stehen heftige Gefühlsausbrüche bevor.

Wolkenbruch

↗Gewalt.

Wunde

Verletzungen aller Art symbolisieren schmerzliche Eindrücke und Erfahrungen. Schützt ein Verband die Wunde oder vernarbt sie, so zeigt sich darin der Wunsch, die erlittenen Enttäuschungen zu überwinden. ↗Eiter, ↗Geschwür.

Würfel

Die Basis des Würfels ist das Quadrat. Wie das Quadrat gilt auch der Würfel als Ganzheitssymbol. Oft drückt sich die unbewußte weibliche Kraft im Manne in Symbolen der Zahl Vier aus, beispielsweise in dem Bild einer quadratischen Stadt, eines Hauses oder eines Zimmers mit quadratischen Grundriß. Der Würfel entspricht dem Quadrat. Seine Eigenschaften werden in den Raum ausgeweitet und auf diese Weise verstärkt.

Wurm

Manchmal symbolisiert ein Wurm das männliche Glied. Oft weist dieses Bild aber auch auf sexuelle Wünsche und Schuldgefühle hin, die den Träumenden belasten. Die genauere Bedeutung ergibt sich aus dem Traumgeschehen.

Wurst

Manchmal weist dieses Traumsymbol auf das männliche Glied hin. Häufig kommt es aber auch in der Bedeutung von Fleisch vor. ↗Fleisch.

Wurzel

Manchmal ist dieses Traumbild als Hinweis auf das männliche Glied zu verstehen. Meist läßt sich dieses Symbol aber als Teil eines Baumes verstehen. ↗Baum.

Wüste

Im allgemeinen signalisiert das Traumbewußtsein mit dem Bild der Wüste die Gefahr seelischer Vereinsamung und eines seelisch-geistigen Stillstands.
Wüste im Traum kann aber auch ein Ort freiwilligen Rückzugs und notwendiger Askese sein, aus der neue Ideen und neue Kraft entstehen.

Z

Zahlen

Mit der symbolischen Bedeutung der Zahlen beschäftigen sich die Menschen seit alter Zeit. Im Traum sind Zahlen psychische Ordnungsfaktoren. Wenn Träume Zahlen ausdrücklich mitteilen, so können wir im allgemeinen davon ausgehen, daß in ihnen eine besondere Botschaft enthalten ist. Sie läßt sich meist aus dem Traumzusammenhang entschlüsseln.

Zähne

Zahnträume deuten auf die Thematik der Lebensvitalität hin. Mit dem Ausfallen der Zähne im Alter verbindet sich die Vorstellung von Potenzverlust nicht nur im sexuellen Bereich. ↗Amputation.

Zapfen

Dieses Traumsymbol weist auf das männliche Glied hin.

Zärtlichkeit

Der Träumende wünscht sich Verständnis und Zuneigung. ↗streicheln.

Zauberer

Er kann Hinweis auf die archetypische männliche Kraft sein. Der Zauberer weist als Traumbild oft auf die Nähe einer großen, reinen Kraft hin. Es ist die Kraft der Schamanen, die sich in diesem Symbol widerspiegelt. Dem

Zauberer steht die Magie zur Verfügung. Darin kann eine Gefahr für den Träumenden liegen, sich selbst für übermächtig und bedeutend zu halten. ↗alter Mann.

Zaun

Dieses Traumsymbol kommt in zweifacher Bedeutung vor. Es veranschaulicht Geborgenheit und Schutz. Aber es kann auch im Sinne eines Hindernisses zu verstehen sein. ↗Hindernis.

Zebra

↗Pferd.

Zehn

In der Zahlensymbolik der Träume bedeutet die Zehn einen Neuanfang. Ein neuer Lebens- und Entwicklungsabschnitt beginnt, so wie nach der Neun die Zahlenreihe mit der Eins wieder von vorn anfängt, wenn auch um eine Stelle verschoben. ↗Zahlen.

Zeigefinger

Oft deutet dieses Symbol auf die männliche Sexualität hin. Manchmal ist dieses Traumbild aber eher als mahnender Zeigefinger zu verstehen. Dann weist es auf Minderwertigkeits- und Schuldgefühle hin. ↗Hand.

Zeitung

In der Traumsprache übermittelt sie dem Träumenden meist wichtige Nachrichten. Entscheidend ist der Inhalt der Zeitungsmeldung. So können sich Warnungen vor Gefahren mitteilen, auf dic der Träumende achten soll. Eine alte Zeitung kann bedeuten, daß etwas „Schnee von gestern" ist. ↗Brief.

Zelt

Dieses Traumbild weist auf Abenteuerlust, Wechselhaftigkeit und auf einen vorläufigen Zustand ohne dauerhafte Sicherheit hin.

Zement

↗Beton.

Zeppelin

↗Flugzeug.

zerkleinern, zerstückeln

Oft drückt dieses Traumbild aggressive Gefühle aus. Die Personen und Gegenstände, die an der Traumhandlung des Zerkleinerns oder Zerstückelns beteiligt sind, geben meist nähere Hinweise auf die genaue Beschaffenheit und die Richtung der aggressiven Gefühle des Träumenden.
In den alten Märchen und Mythen bedeutet die Zerstückelung des Helden ein Opfern und ein Neuentstehen. So wurde Osiris zerstückelt und neugeschaffen. Der Geheilte wird zum Heilenden. In diesem Sinne gibt das Traumbild Hinweise auf eine entscheidende Entwicklung der Persönlichkeit des Träumenden. Es gilt, von Altem Abschied zu nehmen, damit Neues sich entwickeln kann – nach dem Grundsatz „Stirb und Werde", der überall in der Natur gilt.

Zerstörung

↗Explosion, ↗Gewalt.

Zeuge

↗Gericht.

Zeugnis

↗Paß, ↗Schule.

Ziege

Der Ziegenbock gilt als Symbol für Eigensinn, Aggressivität und männliche Triebkraft. Die Ziege deutet dagegen auf Genügsamkeit, Gewandtheit und Anpassungsfähigkeit hin.

Zigarette

Dieses Traumbild deutet auf geistige Aktivität, Inspiration und Lebensgenuß hin, aber auch auf Abhängigkeit, Unselbständigkeit und Nervosität. ↗Alkohol.

Zigarre

Oft ist dieses Symbol ein Bild für das männliche Glied. Es kann aber auch den Wunsch nach einem väterlichen Freund und Beschützer ausdrücken. ↗Pfeife.

Zimmermann

↗Holz.

Zirkus

Artistische und akrobatische Veranstaltungen im Zirkus symbolisieren beherrschtes Gefühlsleben, diszipliniertes Denken und durch den Verstand kontrolliertes Handeln. Die genauere Bedeutung ergibt sich aus dem Traumzusammenhang.

Zitrone

Zunächst einmal kommt dieses Traumbild oft in der Grundbedeutung des Symbols Frucht vor. Es veranschaulicht dann Selbstvertrauen, Persönlichkeitsentwicklung, Erfolg und Glück. Doch manchmal tritt als zusätzlicher Aspekt die Bedeutung von Enttäuschung und Verbitterung hinzu. ↗Frucht, ↗Saft.

Zölibat

↗Enthaltsamkeit.

Zuchthaus

↗Haft.

Zucker

↗Süßigkeiten.

Zug

Dieses Symbol eines modernen Verkehrsmittels verweist auf eine Vorwärtsentwicklung der Persönlichkeit und auf Streben nach Erfolg. Der Zug als Traumbild enthält auch Hinweise auf Aufgeschlossenheit und Kontaktfreudigkeit, denn stärker als beim Auto erfolgt hier die Reise in der Gemeinschaft mit anderen Menschen. Güterzüge haben etwa die gleiche Traumbedeutung wie Lastkraftwagen. ↗Auto, ↗Bahnhof, ↗Gleis, ↗Lastkraftwagen, ↗Lokomotive.

Zündholz

↗Feuer.

Zunge

Die Zunge ist das Organ der menschlichen Sprache. Im Traum signalisiert sie den befruchtenden und schöpferischen Aspekt des Geistigen.

Zwangsvollstreckung

↗Gerichtsvollzieher.

Zwei

In der Traumbedeutung der Zahlensymbolik deutet die Zwei auf Gegensätzlichkeit und Widersprüchlichkeit, aber auch auf Ausgleich und Auflösung der Gegensätze hin. ↗Zahlen.

Zweikampf

↗Duell, ↗Kampf.

Zwerg

In den Märchen tauchen Zwerge, Heinzelmännchen und ähnliche Wesen im allgemeinen als Helfer des Menschen auf. Diese hilfreiche Symbolbedeutung haben Zwerge meist auch im Traum.

Zwetschge

↗Pflaume.

Zwieback

↗Gebäck.

Zwiebel

Dieses Traumbild ist Symbol für Lebenskraft, Gesundheit, Fruchtbarkeit und Weiterentwicklung der Persönlichkeit. ↗Frucht.

Zwölf

Bei den alten Babyloniern galt die Zwölf als heilige Zahl. In der Traumsprache ist sie ein Ganzheitssymbol. Zwölf Tierkreiszeichen gibt es. Und Zwölf ist die Zahl der Monate, die das Jahr umfassen. Zwölf Jünger werden Jesus zugeordnet. Als Stunde setzt sie ein Ende. Ist es im Traum fünf vor zwölf, dann wird es „höchste Zeit" ! ↗Zahlen.

Quellenverzeichnis

und Hinweise auf weiterführende Literatur

Ammann, Adolf N.: Aktive Imagination, Darstellung einer Methode, Olten und Freiburg i. Br. 1984.

Cramer, Gerda: Traumzeit im Dschungel, in: psychologie heute, Nr. 9/1983, 67ff.

Drewermann, Eugen: Strukturen des Bösen, Bd. II, Paderborn, München 51985.

Doucet, Friedrich W.: So deuten Sie Ihre Träume richtig, Wien 1978.

Faraday, Anne: Deine Träume – Schlüssel zur Selbsterkenntnis, Frankfurt/M. 1980.

Freud, Sigmund: Die Traumdeutung, Frankfurt/M. 1972 (Nachdruck).

Fromm, Erich: Märchen, Mythen, Träume, Eine Einführung in das Verständnis einer vergessenen Sprache. Reinbek bei Hamburg 1981.

Garfield, Patricia: Kreativ träumen, Schwarzenburg 1980.

Hall, Calvin/Nordby, Vernon: The Individual and His Dreams, New York 1972.

Harnisch, Günter: Meditieren mit Phantasie, Anleitung zum Tag-Traum-Reisen, Freiburg i. Br. 1987.

Harnisch, Günter: Träume lösen Lebenskrisen, Anleitungen zur Traumarbeit mit Kindern, Freiburg i. Br.1985.

Harnisch, Günter: Vertrau dich deinen Träumen an. Tagträume als Lebenshilfe, Freiburg i. Br. 1986.

Harnisch, Günter: Was Kinderträume sagen, Traumbilder verstehen, deuten, gestalten – Mit einem Lexikon der Traumsymbole, Freiburg i. Br. 1995.

Holloway, Gillian: Der Traumführer – Wege zum Selbst, Freiburg i. Br. 1995.

Jaffé, Aniela: C. G. Jung, Erinnerungen, Träume, Gedanken, Olten 81976.

Jung, Carl Gustav: Briefe, Bd. II (1947), Olten und Freiburg i. Br. 1972.

Jung, Carl Gustav: Die Beziehungen zwischen dem Ich und dem Unbewußten, Ges. W. Bd. VII, Zürich 1945.

Leuner, Hanscarl: Lehrbuch des Katathymen Bilderlebens, Bern 1985.

Pössiger, Günter: Was bedeuten meine Träume?, München und Zürich 1985.

Schwäbisch, Lutz/Siems, Martin: Selbstentfaltung und Meditation, Eine praktische Anleitung, Reinbek bei Hamburg 1976.

Strauch, Inge/Meier, Barbara: Den Träumen auf der Spur, Ergebnisse der experimentellen Traumforschung, Bern 1992.

Tietze, Henry G.: Imagination und Symboldeutung, Wie innere Bilder heilen und vorbeugen helfen, Genf 1983.

Walden, Peter: Die hohe Schule der Traumdeutung, Genf 1983.
Williams, Strephon K.: Durch Traumarbeit zum eigenen Selbst, Kreative Nutzung der Träume, Interlaken 1984.
Zimmer, Dieter E.: Schlaf, der sanfte Tyrann, in: Die Zeit vom 15.4.1983, 62f.